湖北省学术著作出版专项资金
Hubei Special Funds for Academic Publications

智慧课堂与信息化教育研究丛书

张　屹　刘清堂 / 主编

智慧教室中基于APT教学的小学生深度学习研究

白清玉　著

華中師範大學出版社

新出图证（鄂）字 10 号

图书在版编目（CIP）数据

智慧教室中基于 APT 教学的小学生深度学习研究/白清玉著. —武汉：华中师范大学出版社，2018.11
（智慧课堂与信息化教育研究丛书/张屹，刘清堂主编）
ISBN 978-7-5622-8399-7

Ⅰ.①智… Ⅱ.①白… Ⅲ.①多媒体教学—教学研究—小学 Ⅳ.①G434

中国版本图书馆 CIP 数据核字（2018）第 232389 号

智慧教室中基于 APT 教学的小学生深度学习研究

© 白清玉 著

责任编辑： 缪 玲	**责任校对：** 刘 峥
封面设计： 罗明波	
编辑室： 学术出版中心	**电话：** 027-67863220
出版发行： 华中师范大学出版社	**社址：** 湖北省武汉市洪山区珞喻路 152 号
电话： 027-67863426（发行部）	027-67861321（邮购）
传真： 027-67863291	**邮编：** 430079
网址： http://press.ccnu.edu.cn	**电子信箱：** press@mail.ccnu.edu.cn
印刷： 湖北新华印务有限公司	**督印：** 王兴平
开本： 710mm×1000mm 1/16	**字数：** 333 千字
版次： 2018 年 12 月第 1 版	**印次：** 2018 年 12 月第 1 次印刷
印张： 19.75	**定价：** 66.00 元

欢迎上网查询、购书

总　　序

我们正处于互联网改变一切的信息时代，社会的方方面面都在发生改变，从我们的生活习惯、工作形式到我们的思维方式等。教育也不例外，无论是其形式还是其内容都在深刻地变化之中。此刻的我们，正处于一个被互联网和信息技术改变的时代，处于一个历史发展的拐点。互联网不仅仅是催生变革的工具性神器，更应该是一种基于互联网理念而重新搭建的全新的教育架构。传统的基于农业时代的时间表、工业化时代的流程以及以课堂为中心、以考试为中心的教学方式，将再难以支撑起未来学生追寻知识的“彩虹桥”。未来教育必然是架构在互联网上的新教育，拥有全新的教育文化、理念和模式。因此，构建新的环境，按照新的方法培养新的教师，建立新的评价体系，便成为迫切需要。

教育信息化，课堂智慧化，这是教育变革的时代要求，也是对未来教师提出的挑战。高水平大学建设中的国际化、信息化的教学改革，应该更注重对“化”的理解。这个“化”，其实是一个渐进式改变的过程，重组与再造才是“化”的本质。在这一开拓性的变革中，教师应当寻求自身在主动与被动中正确的角色定位。青年教师更不该在信息时代的变革中成为被革命者，而应当率先地、勇敢地迈出第一步，主动成为智慧教师、智慧教员。互联网社会的知识就在指尖上，勇敢地去探索和实践，我们就一定能找到 21 世纪信息时代教好学生的根本方法，找到实现教育变革的根本之路。智慧教育是教育发展的未来，相关的探索正慢慢结出硕果，形成新的教学体系。“智慧课堂与信息化教育研究丛书”将为我们拓展思维，开阔眼界。

华中师范大学在教育信息技术领域所进行的研究和探索成效卓著。然而在这个激烈竞争的时代，如何才能让更多的人真正了解信息技术，心悦诚服地接受智慧教育，传播信息化教学，仍有漫长的道路要走。推动智慧教育正是时代赋予我们的光荣使命。

该丛书既有基于宏观层面的对我国教育信息化整体发展水平的测评和预测，亦有基于中观层面即区域和学校层面的对教育信息化发展水平的测评及未来发展规划，还有基于课堂微观层面的智慧教室环境下促进学生深度学习的教学策略和方法，给读者呈现了近些年我国教育信息化发展的进程及当前最新的研究热点，是国内目前不可多得的研究成果之一。每部著作的作者均来自信息化教学一线，他们基于厚实的学养，通过独立思考，对诸多理论进行了高妙的评判和新颖的解读。

信息化与教育的结合带来教育的变革，既是我们教育工作者面临的挑战，同时也是难得的探索新教育模式的机会。美国国家科学基金会在2016年曾提出与教育密切相关的、代表了未来教育方向的两个研究前沿：一是驾驭面向21世纪科学和工程的大数据，特别指出要开发和评价创新型的学习方法和教学机制；二是推进人·技互动前沿研究，特别提出要设计开发和试点新型的校内外学习环境，因为未来的教育教学环境是人机共存、共生共长的环境。由此看来，这套丛书的推出不仅能增进国内教育界对教育信息技术发展的深层次了解，同时还能为我国的信息化实践教学研究，乃至一般意义上的教学研究，甚至包括人文社科领域的学术研究的深化和发展，提供强大助力。

当然，这仅仅是我们的希望。我们也深知，要做好这样一个研究性的大课题绝非易事。因此我们诚恳期望所有关心这套丛书的读者朋友都来参与它的建设，期盼你们提出更多更好的选题，并随时提出批评与建议，让这套丛书成为我们共同的事业。

张屹教授请我为她主持的“智慧课堂与信息化教育研究丛书”作序。收到所寄书稿正值春色满园的时节，在和暖的春光里阅读书稿，备感清新悦目，也忆起大家在一起苦心努力探索我国信息化智慧教育的艰辛时日，感触良多，故而欣然命笔，是为序。

杨宗凯

2018年4月26日

前　言

随着社会的发展，在以人才培养为战略制高点的全球化时代，教育的目标不再是培养机械化的应试学生，而是使学生发展成为真正的人，具备在国际市场上角逐的核心竞争力。如何将学生培养成为21世纪合格的人是当前教育中比较热门的话题之一。美国、新加坡、日本和欧盟等多个国家和组织对信息化时代的学生培养目标提出了新的要求，我们国家于2016年发布了《中国学生发展核心素养》。深度学习正是在这种背景下应运而生的。近几年来，深度学习作为教学的重要目标已成为当前教育研究主题之一，也是21世纪培养学生学习能力的重要途径，因此，如何促进学生的深度学习是亟待解决的研究问题，尤其在信息化环境下促进学生深度学习还存在着诸多挑战。智慧教室作为教育信息化的新型产物，为PBL教学、探究学习、协作学习等提供了技术支持，从而能够提升学生的深度学习质量。

虽然智慧教室为学生的深度学习创造了条件，但目前在智慧教室的教学与研究方面还存在诸多问题与挑战，如：智慧教室中仍以学生学习成绩是否增长作为唯一衡量标准，但学生的创造、探究以及评价等能力却并没有得到体现；技术定位存在误区，很多教师在教学中只是一味地追求技术的酷炫与复杂，而忽略了技术的实用性；仅仅是对传统教学模式的照搬，由于教学中每节课都有固定的教学目标，大多数教师为了完成教学目标，仅仅将传统教学模式照搬到智慧教室中；学生注意力的转移，智慧教室中部分学生总是偷偷下载游戏或者沉浸在一些与教学无关的活动中，这是阻碍教师开展智慧教室教学的重要原因之一。正是这些问题的存在，才促使本书意图研究如何在智慧教室中实现学生的深度学习效果，并提炼出理论与实践方面的策略。基于研究背景分析，本研究提出了以下研究问题：（1）21世纪学生应具备什么样的深度学习能力？如何对新时代学生的深度学习能力进行评测？（2）如何设计评价、教学法来支持学生的深度学习，促进学生在认知领域、能力领域和情感领域的发展？（3）如何在智慧教室中将技术与评价、教学法深度整合，促进学生深度学习的发展？

根据以上研究问题，本书主要包括三部分研究内容：首先，本书构建了基于评价的APT教学模型，该模型融评价、教学法和技术为一体，运用探索性因素分析、验证性因素分析和路径分析对模型的关键要素进行解析，最终确定该模型的关键要素。其次，本书设计了全球化背景下深度学习的评测维度及指标，包括认知、能力和情感三个领域。最后，本书以EDR（基于设计的研究）为研究范式，综合运用比较研究法、调查研究法、内容分析法、课堂观察法及数据统计分析法等定性与定量相结合的研究方法，在真实的教育情境中开展教学研究，并尽可能在实施过程中从多个角度搜集数据，通过三轮的设计、发展、实施与效果评估对基于APT的教学模型与设计原则进行检验与提炼，从而总结出以小学科学为例的教学实践模式。本书的具体章节分布如下所示。

本书共包含8章的内容，分别从理论设计、教学实施、数据搜集与分析等对智慧教室中基于APT教学的小学生深度学习进行研究。

第1章是绪论。其内容主要包括本研究的背景与意义、研究问题、相关概念界定以及研究范式和方法等。

第2章是文献综述。本章内容分别对教育研究领域中的深度学习与智慧教室相关理论、实践文献和研究进行梳理。在深度学习的相关研究中主要包括起源、认知过程和结果评测，以及通过教学方法、评价和信息技术来促进学生深度学习的策略。在智慧教室的相关研究方面，本书主要对其理论与实践进行综述，包括国内外智慧教室的源起、概念和特征以及各国在智慧教室中开展的教学实践研究。

第3章是APT教学模型的构建，以及学生深度学习评测方法设计。在APT教学模型的构建中，主要包括当前信息技术环境下的教学模型研究、课堂教学现状与问题等背景分析，基于文献梳理的APT理论框架与要素解析，基于问卷调查和结构方程模型的APT理论模型要素分析，以及APT教学模型应用于教学的策略设计方法与原则等。在学生深度学习的评测设计中，主要包括学生深度学习评测的维度构建，分别从认知、能力和情感三个维度对学生深度学习进行评测，依据该评测维度，对学生深度分析的测量工具，包括问卷、编码表和评价方法等进行设计。

第4章是本研究的第一轮循环。本研究选择小学科学为研究学科，实施智慧教室中基于APT教学的教学方法，在第一轮的设计研究中，选择“土壤中有什么”为教学内容，通过对教学前端分析，包括学生分析、教学内容分析和教学目标分析等，并在此基础上对教学中的多个要素进行设计，如课堂教学评价、教学方法、信息技术的应用以及两个复合要素，在设计

APT 教学模型的核心要素后，对教学活动进一步分析。在教学要素与活动设计后，将 APT 教学模型在真实自然的环境中展开实施。4.2 节是对本轮循环的整体研究设计，包括研究目的、研究对象与对比研究的步骤等。4.3 节是搜集学生深度学习的认知、能力和情感等三个维度下的学生学习数据的方法与问卷等。4.4 节是依据搜集到的数据对学生的深度学习结果进行分析，分别对学生的知识掌握程度、认知结构、探究能力、元认知能力、学习动机和认知负荷以及学生深度学习的整体状态进行分析。最后依据深度学习的数据结果分析，对本轮教学设计与实施中存在的问题进行分析，为下一轮循环提供借鉴。

第 5 章是本研究的第二轮循环。本研究选择自主设计教学内容“寻宝总动员”为例，在第一轮循环的基础上对教学进行再设计与实践，并对教学要素的设计进行修正。此后进行教学的前端分析、设计、实施以及研究设计、数据搜集与分析进行描述，并发现第二轮教学中存在的问题。

第 6 章是本研究的第三轮循环。本研究选取教学内容“地球的运动”一章为例，在第二轮循环的基础上对教学进行再设计与实践，并对教学要素的设计进行修正。此后进行教学的前端分析、设计、实施，并对研究设计、数据搜集与分析进行描述，并发现第三轮教学中存在的问题。

第 7 章是研究与讨论部分。本章内容主要是基于第 4、5、6 章中三轮的教学设计、实施与数据搜集分析的结果，来探讨智慧教室中基于 APT 的教学对小学生深度学习的影响，分别回答本书的三个研究问题。最终在理论方面总结出智慧教室中基于 APT 的教学对学生的认知、能力和情感三个领域的影响与实施策略，在实践方面则提炼出教学内容、课时数、教学方式、评价方式、技术应用、教学场所及课堂学习文化等应具备的特征。

第 8 章则对本研究的整体内容结构、研究创新与不足进行总结。

本研究提出的 APT 教学模型能够为智慧教室中开展教学提供借鉴，丰富了信息化环境下技术与课程教学融合的理论，为研究者在该领域的研究提供参考。此外，构建的深度学习评价体系为教育的评测提供了新的视角。

白清玉

2018 年 3 月 13 日于山西师范大学

目　　录

1　绪论 …… 1
　1.1　研究背景与意义 …… 1
　　1.1.1　深度学习是新时代中小学的教学需求 …… 1
　　1.1.2　信息化时代智慧教室的教学研究需求 …… 8
　　1.1.3　研究问题的提出 …… 12
　　1.1.4　研究的意义 …… 13
　1.2　概念界定 …… 14
　　1.2.1　深度学习 …… 14
　　1.2.2　APT 教学 …… 18
　　1.2.3　智慧教室 …… 19
　1.3　研究思路 …… 20
　1.4　研究范式与研究方法 …… 21
　　1.4.1　研究范式 …… 21
　　1.4.2　研究方法 …… 23
2　深度学习与智慧教室的研究现状 …… 25
　2.1　深度学习的研究概况 …… 25
　　2.1.1　深度学习的起源与发展 …… 25
　　2.1.2　深度学习的认知过程 …… 30
　　2.1.3　学生深度学习结果评测 …… 34
　2.2　促进深度学习的策略研究概况 …… 46
　　2.2.1　教学法促进深度学习的策略研究 …… 47
　　2.2.2　评价促进深度学习的策略研究 …… 52
　　2.2.3　技术促进深度学习的策略研究 …… 56
　2.3　智慧教室理论与实践方面的应用研究概况 …… 60
　　2.3.1　智慧教室的源起 …… 61
　　2.3.2　智慧教室的概念、特征研究 …… 64
　　2.3.3　智慧教室的教学实践研究 …… 68

2.4 本章小结 …… 77
3 促进深度学习的APT教学模型建构 …… 79
3.1 信息化教学的理论与实践现状研究 …… 79
3.1.1 信息化教学模型的相关研究 …… 79
3.1.2 信息化课堂教学现状与存在问题分析 …… 87
3.2 APT教学模型建构与策略设计 …… 92
3.2.1 基于评价的APT理论框架设计 …… 92
3.2.2 基于APT的理论框架要素探索 …… 99
3.2.3 基于APT理论框架的教学策略与设计原则 …… 124
3.3 深度学习评测设计 …… 132
3.3.1 深度学习评测维度构建 …… 133
3.3.2 深度学习测量方法设计 …… 136
3.4 本章小结 …… 145
4 基于量规评价的探究式教学促进学生深度学习——第一轮APT教学设计研究 …… 146
4.1 量规式评价引导下的探究式教学设计与实践 …… 147
4.1.1 “土壤中有什么”教学前端分析 …… 147
4.1.2 APT教学设计 …… 150
4.1.3 教学活动实施 …… 157
4.2 促进学生深度学习的第一轮研究设计 …… 161
4.2.1 研究目的 …… 161
4.2.2 研究对象 …… 161
4.2.3 研究步骤 …… 162
4.3 深度学习数据搜集与分析方法 …… 163
4.3.1 学生认知领域学习状态评测 …… 163
4.3.2 学生能力领域学习状态评测 …… 168
4.3.3 学生情感领域学习状态评测 …… 169
4.3.4 数据分析方法 …… 170
4.4 基于量规的自我评价式教学对学生深度学习影响的研究 …… 171
4.4.1 学生认知领域结果分析 …… 171
4.4.2 学生能力领域结果分析 …… 175
4.4.3 学生情感领域结果分析 …… 176
4.4.4 学生深度学习整体状态分析 …… 179

4.5 教学设计与实践问题分析 …… 180
4.6 本章小结 …… 181
5 嵌入多元评价的移动学习促进小学生深度学习——第二轮 APT 教学设计研究 …… 183
5.1 基于移动学习的教学再设计与实践 …… 183
5.1.1 APT 教学设计原则的发展 …… 183
5.1.2 基于移动学习的教学实践修正 …… 185
5.1.3 “寻宝总动员”教学前端分析 …… 186
5.1.4 APT 教学再设计 …… 188
5.1.5 教学活动实施 …… 194
5.2 促进学生深度学习的第二轮研究设计 …… 199
5.2.1 研究目的 …… 199
5.2.2 研究对象 …… 200
5.2.3 研究步骤 …… 200
5.3 深度学习数据搜集与分析方法 …… 201
5.3.1 学生认知领域学习状态评测 …… 201
5.3.2 学生能力领域学习状态评测 …… 203
5.3.3 学生情感领域学习状态评测 …… 204
5.4 基于移动学习的 APT 教学对学生深度学习影响的研究 …… 205
5.4.1 学生认知领域结果分析 …… 205
5.4.2 学生能力领域结果分析 …… 208
5.4.3 学生情感领域结果分析 …… 212
5.4.4 学生深度学习整体状态分析 …… 216
5.4.5 基于 APT 教学的两轮深度学习效果比较分析 …… 218
5.5 教学设计与问题分析 …… 220
5.6 本章小结 …… 222
6 PBL 教学促进小学生深度学习——第三轮 APT 教学设计研究 …… 224
6.1 基于 PBL 的教学再设计与实践 …… 224
6.1.1 APT 教学设计原则的深化 …… 224
6.1.2 基于 PBL 的教学实践再修正 …… 226
6.1.3 “地球的运动”教学前端再分析 …… 227
6.1.4 APT 教学再设计 …… 229
6.1.5 教学活动实施 …… 234

6.2 促进学生深度学习的第三轮研究设计 …… 237
6.2.1 研究目的 …… 238
6.2.2 研究对象 …… 238
6.2.3 研究步骤 …… 238
6.3 深度学习的数据搜集与分析方法 …… 239
6.3.1 基于布鲁姆教学目标分类法的学生知识掌握程度评测 …… 240
6.3.2 基于 SOLO 分类的学生思维结构评测 …… 241
6.4 基于 PBL 的 APT 教学对学生深度学习影响分析 …… 242
6.4.1 学生认知领域结果分析 …… 242
6.4.2 学生能力领域结果分析 …… 246
6.4.3 学生情感领域结果分析 …… 248
6.4.4 学生深度学习整体状态分析 …… 251
6.5 本章小结 …… 253
7 基于三轮教学实践的学生深度学习效果对比分析 …… 255
7.1 智慧教室中基于 APT 教学与学生深度学习发展研究 …… 256
7.1.1 APT 教学设计与学生认知领域发展研究 …… 257
7.1.2 APT 教学设计与学生能力领域发展研究 …… 260
7.1.3 APT 教学设计与学生情感领域发展研究 …… 261
7.1.4 学生深度学习的状态变化 …… 262
7.1.5 智慧教室中基于 APT 教学的设计策略与启示 …… 262
7.2 智慧教室中基于 APT 教学的小学科学课程的实践研究 …… 264
8 总结与展望 …… 267
8.1 研究总结 …… 267
8.2 研究创新 …… 269
8.3 研究不足与展望 …… 270
8.3.1 研究不足 …… 270
8.3.2 研究展望 …… 270
附录 …… 272
附录 A 《基于 APT 理论框架的教师课堂教学要素调研》问卷 …… 272
附录 B 测试题与问卷 …… 275
参考文献 …… 285
后记 …… 301

1 绪　　论

1.1 研究背景与意义

1.1.1 深度学习是新时代中小学的教学需求

随着社会形态的不断发展，教育的目标也发生了变化，原始社会中教育与劳动紧密结合，教育的目标是以传授生存技能为主；农业社会的私塾教育则以教授学生人文知识、古代圣贤语录为目标；工业社会中的教育目标突出了自然科学技术的重要性，以培养某一方面的专门人才为目的①。由此可见，教育的目标与社会形态密切相关，当前人类已逐步进入信息化社会，信息化社会的教育特征应具备开放性、创新性等特征，信息化、全球化背景下的学校应该教给学生什么是当前教育界一直争论的议题，不同国家、研究机构及学者都对此问题给出了不同的解答。

1. 21 世纪学生技能培养目标

国际 21 世纪教育委员会在 20 世纪 90 年代向联合国教科文组织提交的报告中提出了教育的四大支柱，即学会认知、学会做事、学会共同生活和学会生存，认为教育应该围绕这四大支柱开展，21 世纪的学习不仅仅是为了掌握知识，更是为了适应社会②。2003 年，由美国教育协会主导，与多家商业公司、教育机构共同组成的 21 世纪学习联盟，发布了《面向 21 世纪学生的 21 世纪能力：数字时代的基本素养》，提出了 21 世纪学习的 6 个要素，它们分别是：强调核心课程、重视学习能力、使用 21 世纪的工具来提升学习能力、教学与 21 世纪背景相结合、教学内容要与时俱进以及通过

---

① 霍力岩．论教育特征的变化——从工业社会到信息社会［J］．教育科学研究，2000（5）：3-8.

② 联合国教科文组织总部，联合国教科文组织总部中文科．教育——财富蕴藏其中［M］．北京：教育科学出版社，1996：82-87.

21世纪的评价方式评估核心课程与21世纪学习能力①。此外，21世纪学习联盟还提出了21世纪学习框架——“彩虹图”，彩虹图进一步阐述了21世纪学习者所需具备的3个维度的22种能力，包括生存与职业技能（灵活性与适应性、主动性与自我导向、社会与跨文化能力、高效率工作和问责、领导力与责任感）、学习与创新能力（批判性思维与问题解决、创造性和创新、交流与协作）及信息、媒体与技术能力（信息素养、媒体素养、信息通信与技术素养）等。由此可见，进入21世纪以来，美国已对学生所应具备的能力提出了新的要求，学生的学习不再仅仅以人文、自然科学技术知识为主，如何培养学生与现实社会无缝接轨成为其当前教育追求的目标。

新加坡的21世纪能力则从核心价值观、教育最终结果等多个角度提出要求，首先是教育的核心价值观；其次是社交与情绪管理的能力，包括自我意识、自我管理、社会意识、人际关系管理和负责任做决定的能力；再次是生活在全球化社会所需具备的能力，包括公民素养、全球意识与跨文化能力，批判与创新能力，交流、协作与信息能力；教育的最终目标是使学生成为自信的人、自我管理的学生、主动贡献者和心系社会的人②。欧盟2006年提出的核心素养包含8种关键能力：用母语交流、用外语交流、数学与基本的科学技术能力、数字能力、学会学习、社交与公民素养、主动创业的意识以及文化意识与表达③。由此可见，信息化环境下培养学生成为全面发展的、合格的21世纪学生是教育发展的趋势。

我国教育学会于2016年发布的《中国学生发展核心素养》的总体框架中指出，教育的目标是培养学生成为全面发展的人，包括文化基础、自主发展和社会参与3个维度，以及人文底蕴、科学精神、学会学习、健康生活、责任担当、实践创新6大核心素养④。

通过以上分析发现，21世纪的学生已不再是被动的知识接受方，而应

① The National Education Association. Partnership for 21st century skills [EB/OL]. [2017-03-13]. http://www.nea.org/home/34888.htm.

② Ministry of Education of Singapore. 21st century competencies [EB/OL]. [2017-03-13]. https://www.moe.gov.sg/education/education-system/21st-century-competencies.

③ The European Parliament and The Council of the European Union. Recommendation of the European Parliament and of the Council of 18 December 2006 on key competences for lifelong learning [EB/OL]. [2017-03-13]. http://eur-lex.europa.eu/LexUriServ/LexUriServ.do?uri=OJ:L:2006:394:0010:0018:en:PDF.

④ 核心素养研究课题组. 中国学生发展核心素养[J]. 中国教育学刊，2016(10)：1-3.

该是全面发展的人，学校不仅要教给学生文化基础知识，更应该教会学生如何生存、如何发展并适应社会，而批判性思维、元认知能力、创新能力、协作能力以及问题解决能力等应该成为教师教学的基石，所有的教学活动都应该围绕培养学生成为一名合格的21世纪学生来开展。

2. 促进深度学习是实现21世纪技能的重要途径

“深度学习”一词最初出现于马顿（Marton）的团队在20世纪70年代对于学生阅读过程的研究中，首次提出将学生的阅读过程划分为深层与浅层两种类型①。教育中的深度学习经过几十年的发展，已成为教学的重要目标，尤其近年来，各国的教育组织机构都对深度学习进行了一定研究。最著名的《地平线报告》自2014年起将深度学习作为促进中小学教育技术发展的关键技术。2014年，新媒体联盟发布的基教版《地平线报告》中首次将追求深度学习（Shift to Deeper Learning Approaches）作为短期趋势，并建议尽可能为学生提供创造与制作作品的机会以使学生能够更深度地参与到教育中，学生通过调查研究、解决复杂问题和挑战来获取知识与技能能够促进学生深度学习能力的养成，基于自我导向的项目能够培养学生的批判性思维、沟通与交流能力等21世纪技能。由苹果公司提出的基于挑战的学习（Challenge Based Learning）也能够促进学生的深度学习，深度学习的培养已逐渐由非正式学习转向正式学习的场域②。2015年的《地平线报告》中将基于项目的学习、基于探究的学习、基于挑战的学习及基于问题的学习等能够让学生主动参与学习的方式作为促进深度学习的重要途径。此外，平板电脑、智能手机等多种技术产品能够为学生提供更加贴近生活实践的应用软件，这些技术产品与教学方式能够创设以学生为中心的教学环境，它们能成为促进学生深度学习的有效方式③。2016年新媒体联盟发布的《地平线报告》中将深度学习作为中期的趋势，进一步强调了帮助学生主动学习的教学方式对深度学习提升的有效性，对协作学习、长期性评

① MARTON F, ENTWISTLE N. Strategies for research and development in higher education [M]. Lisse: Swets & Zeitlinger, 1976: 32-42.

② 约翰逊，亚当斯贝克尔，埃斯特拉达，等. 新媒体联盟地平线报告：2014基础教育版 [R]. 张铁道，白晓晶，李国云，等译. 奥斯汀，得克萨斯：新媒体联盟，2014: 8-10.

③ 约翰逊，亚当斯贝克尔，埃斯特拉达，等. 新媒体联盟地平线报告：2015基础教育版 [R]. 张铁道，白晓晶，李国云，等译. 奥斯汀，得克萨斯：新媒体联盟，2015: 10-12.

价（如电子档案袋、学生作品展示）方式的有效性进行了阐述，在教学中应该将课程进行整合，为学生提供真实的问题或他们感兴趣的话题以供其探究，这也是促进深度学习的策略之一[①]。我国于 2016 年发布的《2016 新媒体联盟中国基础教育技术展望》报告中将深度学习作为促进中国教育技术应用的长期趋势[②]。在 2017 年的《地平线报告》中仍将转向深度学习方式作为促进教育技术应用的长期趋势，继续强调问题解决、协作、自主的学习方式对深度学习的影响，以及信息技术在促进学生生活实践与学习相联系方面的重要性，以此来促进深度学习[③]。

新媒体联盟的《地平线报告》是目前国际上比较权威的对于教育技术领域的发展趋势、重要挑战及重大发展的预测性报告。通过分析近几年的中小学版的报告我们发现，深度学习已成为加速教育技术发展的重要手段，也是培养学生 21 世纪技能的途径之一。而基于项目的学习、基于问题的学习、基于挑战的学习和基于探究的学习等提升学生主动性的教学方式已成为提升学生深度学习的重要途径。深度学习以培养学生的高阶思维能力为目标，这无疑与 21 世纪技能中提出的要求不谋而合，由此可见，在教学中提升学生的深度学习能力能够帮助学生成为一名合格的 21 世纪公民。

3. 深度学习的教学研究与实践挑战

深度学习的理念毫无疑问为当前中小学的教学提供了新的视角，传统的基础教育在高考指挥棒的导引下，一切以学生的成绩为主，往往忽视了学生全方位能力与素质的提升，深度学习的出现也许可以为这种单一的教育模式增添一丝不同的色彩。深度学习的概念虽然出现于 20 世纪 70 年代，但在随后的几十年发展中由于与当时盛行的以教师为中心、以考试为主的教育模式相悖，教育领域的深度学习在教学研究与实践方面并没有得到快速的发展。而计算机与机器领域的深度学习自 2006 年以后，借着互联网、人工智能发展的东风，得到了长足的发展，尤其是在商业领域的应用。为

① ADAMS BECKER S，FREEMAN A，HALL C，et al. Horizon report：2016 K-12 edition [R]. Austin，Texas：The New Media Consortium，2016：12-18.

② 约翰逊，刘德建，黄荣怀，等. 2016 新媒体联盟中国基础教育技术展望：地平线项目区域报告 [R]. 奥斯汀，得克萨斯：新媒体联盟，2016：7-8；12.

③ ADAMS BECKER S，FREEMAN A，HALL C，et al. NMC/CoSN horizon report：2017 K-12 edition [R]. Austin，Texas：The New Media Consortium，2017：14-17.

排除计算机领域的深度学习，笔者在中国知网的期刊数据库中以“深度学习”、“深层学习”和“教育”为关键词查询，发现我国深度学习的发展主要出现于2011年，高峰期在2016年和2017年，尤其在2017年，教育领域的深度学习得到了巨大的发展。深度学习的研究主要集中在深度学习的评测体系、内涵以及促进深度学习的策略等几个方面。

深度学习是以培养学生的高阶思维能力为目标，而学科教学的目标不仅仅是培养学生掌握相关的文化基础知识，深度学习与学科教育是密切相关的，将深度学习与学生学科素养培育的过程相结合是促进深度学习的有效途径①。在网络课程中如何促进学生的深度学习也是当前国内的研究重点之一，如在MOOC（Massive Open Online Courses，大型开放式网络课程）中基于视频标注②、DELC（The Deeper Learning Cycle，深度学习路线设计）学习活动③为学生创设主动建构并能够将所学知识迁移的环境，以此期望达到深度学习的目的。此外，对于深度学习理论在SPOC（Small Private Online Course，小规模限制性在线课程）学习中的应用也有国内学者进行了研究，SPOC是在MOOC的基础上发展而来，具有规模小、私密性、专有性等特征，教师更加容易掌控学生的学习状态，在SPOC中通过翻转课堂的教学模式④、建立助学群组等⑤教学策略来提高学生的深度学习效果，研究发现基于翻转课堂的私播课能够促进学生的学习兴趣、成绩和个性化学习⑥。翻转课堂也是实现学生深度学习的重要教学方式之一⑦。通过语义图示⑧、多

---

① 康淑敏．基于学科素养培育的深度学习研究［J］．教育研究，2016（7）：111-118.

② 徐春华，傅钢善．视频标注工具支持的深度学习研究——以MOOC学习环境为例［J］．现代教育技术，2017（3）：13-19.

③ 秦瑾若，傅钢善．基于深度学习理论的MOOC学习活动设计——以“现代教育技术”课程为例［J］．现代教育技术，2017（5）：12-18.

④ 曾明星，李桂平，周清平，等．从MOOC到SPOC：一种深度学习模式建构［J］．中国电化教育，2015（11）：28-34.

⑤ 刘红晶，谭良．SPOC助学群组促进深度学习的策略和方法研究［J］．电化教育研究，2017（2）：73-81.

⑥ 丁永刚，金梦甜，张馨，等．基于SPOC的翻转课堂2.0教学模式设计与实施路径［J］．中国电化教育，2017（6）：95-101.

⑦ 李利．旨向深度学习的翻转课堂设计［J］．现代教育技术，2017（4）：67-73.

⑧ 顾小清，冯园园，胡思畅．超越碎片化学习：语义图示与深度学习［J］．中国电化教育，2015（3）：39-48.

媒体画面语言表征目标的方式促进深度学习也得到了理论层面的印证[①]，技术支持的个性化—协作学习方式也能提升学生的深度学习效果[②]。深度学习的评测则主要停留在理论层面，SOLO（Structure of the Observed Learning Outcome，可观察的学习成果结构）、PISA（Program for International Student Assessment，国际学生评估项目）、认知领域目标、动作技能领域目标以及情感领域目标等都是用于评测深度学习的方法，一些研究者会根据这些基本的评测方法构建相应的评价模式，如深度学习的“3＋2”评价模式等[③]。

通过对近年国内深度学习的研究进行分析发现，深度学习在国内的研究主要的关注点在模式、策略及评测体系的设计与应用，仅有小部分的研究将模式、策略及评价体系应用于教学实践中，尤其对于中小学教学方面的应用更是少之又少。

4. 将深度学习应用于小学科学教学的需求十分迫切

中小学的教育是高等教育的基石，传统的中小学教学以语文、数学等主干学科为主，而忽略了科学学科教育的重要性。近年来，科学学科在基础教育中扮演着越来越重要的角色。2001 年之前，我国在中小学开设自然学科，自 2001 年我国首次发布《基础教育课程改革纲要（试行）》起，明确规定将自然学科更名为科学；2002 年，我国进一步发布的《全日制义务教育科学（3～6 年级）课程标准（实验稿）》[④] 中，对科学课程的教学目标、内容等进行了详细规定；2014 年，我国进一步发布的《全日制义务教育科学（1～6 年级）课程标准（修订稿）》[⑤]，规定科学课程的开设要从 1 年级开始，从科学知识目标、科学探究目标、科学态度目标以及科学、技术、社会与环境的目标对课程目标进行规定，从物质科学领域、生命科学领域、

① 刘哲雨，侯岸泽，王志军. 多媒体画面语言表征目标促进深度学习 [J]. 电化教育研究，2017（3）：18-23.

② 胡航，董玉琦. 技术促进深度学习：“个性化-合作”学习的理论构建与实证研究 [J]. 远程教育杂志，2017（3）：48-61.

③ 刘哲雨，郝晓鑫. 深度学习的评价模式研究 [J]. 现代教育技术，2017（4）：12-18.

④ 中华人民共和国教育部. 全日制义务教育科学（3～6 年级）课程标准（实验稿）[M]. 北京：北京师范大学出版社，2002.

⑤ 中华人民共和国教育部. 全日制义务教育科学（1～6 年级）课程标准（修订稿）[M]. 北京：北京师范大学出版社，2014.

地球与宇宙领域以及技术与工程领域对课程内容进行设计，最后对教学活动、评价方式的设计等提出了建议。由此可见，科学已成为小学教育中一个不可缺少的学科。但纵观目前小学科学教育，还存在很多问题。首先教学资源的分布极其不均衡，尤其在偏远的地区，大多数学校都不具备开展科学实验的设备条件，且教师的科学素养不够，并不能很好地承担科学课程的教学工作，教师往往只能照本宣科，其余时间则由学生自学，更有甚者，科学课被语文、数学等主学科取代[①]。处于城市地区的小学的科学课程开展情况较农村地区好很多，以笔者所在的城市为例，大多数学校领导及教师都已经认识到了科学学科的重要性，基本上所有的学校都开设了科学课程，而且大多数学校都配置了相应的科学实验教室及教具，教师的科学素养也比较高。但在实际的教学过程中，这些配置却并没有发挥应有的作用，如一些学校的科学教室基本处于闲置的状态，而科学课程的教学则在常规教室中开展，以教师讲授为主，而学生学习科学的目的主要是应付考试，这已经完全背离了科学课程的初衷——科学探究。在科学课程的教学中，存在的主要问题包括：教学方式以讲授法、探究法为主，但讲授法占主导地位[②]；学习环境的局限性很大，主要在常规教室或专门的科学教室中，但很多科学实验的探究过程需要有专门的实验器材，甚至在室外完成，如观察宇宙、太阳等；评价方式单一，以教师的点评为主，忽视了学生的参与度以及对学生批判性思维的培养；课程内容不连贯，受到每节课时长的限制，教师如果完全按照教材的内容进度授课，则会割裂内容与实验之间的连贯性，导致学生无法体验完整的科学探究过程，会影响对学生的科学探究能力的培养；且科学课堂教学仍以教师为主导，学生是被动的跟随者，其自我管理等元认知能力也无法得到提升。这些因素都不利于对学生深度学习能力的培养。此外，部分教师认为技术的融入会影响学生的实验，盲目地将科学实验与信息技术完全割裂，但科学实验并不能解除学生的所有困惑。互联网背景下的信息技术为学生提供了海量的信息知识，本研究认为教师可以将技术适当地融于教学中，作为支持科学教学的工具，也不失为一种行之有效的方式，这样能够有助于学生的深度学习的培养。

---

① 赖肖冰，姜建文，卞祖武，等. 小学科学教学现状及其影响因素研究［J］. 教学与管理，2010（18）：61-62.

② 李念. 基于生本课堂理念下小学科学教学模式的应用研究［D］. 西安：陕西师范大学，2015：19-23.

以上分析表明，尽管小学已经开设了科学课程，但在提升学生科学课程中的深度学习方面还有待加强，因此，如何将深度学习的理论与策略在小学科学教学中进行实践具有非常重要的意义。

1.1.2 信息化时代智慧教室的教学研究需求

在信息时代信息技术对经济、文化及政治等各个领域都产生了革命性的影响，人类的生活也发生了颠覆性的改变，当然对教育领域也产生了很多积极影响，但也存在一些不尽如人意的地方，如：投入与产出不成正比、丰产不丰收、效果不显著①以及难以深度融合等现象②。纵观当前世界各国的教育格局，通过信息化手段加速教育的变革已成为共识，技术改变了学习者的学习方式③，也对教育者的教学习惯产生了冲击。信息化时代的教育方式也不再是以教师讲授为主，而应该逐渐转变为协作、探究、基于项目或问题的教学方式，且应为学生提供更加开放的视域，使其有更多接触真实世界的机会，能够依据学生兴趣、爱好实现个性化学习。技术的应用能够促进师生之间关系的转变，支持协作学习、探究、基于项目或问题的调查研究等多种学习活动的开展④，也能够在一定程度上弥补教育的不公平。信息技术已经成为消除当前教育中一些弊端的重要途径之一，如何运用信息技术来支持教育的变革是我们当代教育研究者需要解决的重要问题。

1. 智慧教室为学生的深度学习提供了支持

智慧教室是教室形态在经历多次变革后衍生出的一种新型教学环境，它为师生提供了丰富的技术手段支持。近年来，我国各地中小学均开始建设智慧教室，智慧教室已成为体现中小学信息化水平的重要形式。当前的智慧教室主要由多种形式的移动终端、多终端显示屏、网络、学习管理平台、课堂互动软件及学科应用软件组成。国内对在智慧教室中开展教学的研究已逐步增多，多个研究表明，智慧教室中的教学有利于学生的高阶思维能力的培养，即能够促进学生的深度学习。智慧教室能够为翻转学习提

---

① 杨改学. 教育信息化进程中的反思 [J]. 电化教育研究，2006 (3)：7-11.

② 蔡旻君，芦萍萍，黄慧娟. 信息技术与教学缘何难以深度融合——兼论信息技术应用于课堂教学时需正确处理的几组重要关系 [J]. 电化教育研究，2014 (10)：23-28.

③ 祝智庭，管珏琪. 教育变革中的技术力量 [J]. 中国电化教育，2014 (1)：1-9.

④ DEDE C. The role of digital technologies in deeper learning [M]. San Francisco：Jobs for the Future，2014：5-7.

供联通课堂内外的技术，克服翻转课堂中的断层问题，提升翻转的效率①，实现翻转课堂中学生的个性化学习②。此外，智慧教室也可以支持个性化教学③。智慧教室或电子书包能够弥补传统教学中以言语为主的互动方式，学生持有的移动终端能够提高互动频率，丰富互动的方式、主体及内容④，并实现互动反馈的即时性⑤。与传统的多媒体教学环境相比，智慧教室环境下的互动方式能够提高学生学习的主动性、积极性、参与度等情感投入，也能够丰富互动的类型⑥，激发学生的学习兴趣⑦。移动终端为PBL（Problem Based Learning，基于问题的学习）教学的实施提供了丰富的技术条件，如通过平板电脑、浏览器、学科应用软件、记事本和视频播放软件等来支持基于项目学习的开展，相较于传统科学教学中的讲授法，这种教学模式能够促进学生的元认知能力、学习成绩的提高，并且不会给学生带来认知负荷⑧。在数学教学中通过创设更贴近学生生活的情境与问题，为学生提供基于电子书包的PBL学习机会，这种方式能够激发学生的数学求知欲和兴趣，提升学生的动手实践能力⑨。探究学习是当前中小学中极为重要的教学方式之一。智慧教室为探究学习的开展提供了良好的环境，电子

---

① 马相春，钟绍春，徐妲，等. 基于电子书包教学系统的翻转课堂教学模式实践研究［J］. 电化教育研究，2017（6）：111-115.

② 沈书生，刘强，谢同祥. 一种基于电子书包的翻转课堂教学模式［J］. 中国电化教育，2013（12）：107-111.

③ 于迪. 电子书包支持下的个性化学习策略研究［D］. 沈阳：沈阳师范大学，2016：31-32.

④ 王晓晨，黄荣怀，王梦舒，等. 智慧教室环境下的中小学课堂人际互动分析［J］. 电化教育研究，2016（12）：111-116.

⑤ 王晓晨，江绍祥，黄荣怀. 面向智慧教室的中小学课堂互动观察工具研究［J］. 电化教育研究，2015（9）：49-53.

⑥ 张屹，祝园，白清玉，等. 智慧教室环境下小学数学课堂教学互动行为特征研究［J］. 中国电化教育，2016（6）：43-48.

⑦ 刘阿玲. 电子书包在小学英语课堂互动教学中的应用研究［D］. 济南：山东师范大学，2016：62.

⑧ 张屹，陈珍，白清玉，等. 基于移动终端的PBL教学对小学生元认知能力的影响研究——以小学科学课程“地球的运动”为例［J］. 中国电化教育，2017（7）：79-87.

⑨ 邵征锋，张文兰，李喆. 基于电子书包的PBL教学模式应用探究——以小学数学课为例［J］. 现代教育技术，2016（5）：37-43.

书包中的答疑、在线指导和讨论为学生的协作探究与个性化学习提供了便利①；移动终端能够拓展学习的空间，联通教室内外，支持移动学习的开展，这种将教学置于真实环境中的方式，能够极大提高学生的学习兴趣②。基于问题解决的体验式学习也是智慧教室环境下采用的主要教学方式，通过技术支持能够最大化地发挥这些以学生为主导的教学方式的优势，以达到提升教学效果及学生高阶思维能力的目的③④。智慧教室对课堂教学评价的支持也是当前研究的重点议题之一，智慧教室中的学习管理系统（如iTeach）、基于网络的教学评价应用（如问卷星）及iBooks中提供的多种交互为教师在课堂上开展教学评价提供了便利，方便教师开展同伴互评、学生自评，同时也可以将评价结果及时反馈给学生，使学生成为评价的主体，提高了学生的学习满意度、学习成效和元认知能力等⑤⑥。

基于以上分析可知，智慧教室因其丰富的技术环境、设备的方便携带等硬件方面的特点，以及多种多样的应用软件，为教师的教学与学生的学习提供了无限的可能性，也改变了传统教学中多媒体、计算机等设备只为教师所用的现象，在智慧教室中学生也能成为技术使用的主体。智慧教室为PBL教学、探究学习、协作学习等提供了技术支持，也能够提高学生的深度学习效果和高阶思维能力（如元认知能力、学习兴趣、学习动机等）。由此可见，智慧教室支持下的课堂教学促进了深度学习效果的实现。

---

① 王玉玺，张妲，钟绍春，等. 基于电子书包的探究式教学模式设计——以小学科学教学为例［J］. 中国电化教育，2014（2）：95-100.

② 张屹，白清玉，李晓艳，等. 基于APT教学模型的移动学习对学生学习兴趣与成绩的影响研究——以小学数学“扇形统计图”为例［J］. 中国电化教育，2016（1）：26-33.

③ 李玉顺，史鹏越，夏长胜. 平板电脑教育教学实践成功应用的学校案例剖析——丰师附小数字课堂与数字文化实践之思考［J］. 中国电化教育，2014（5）：97-103.

④ 陈会元. 基于智慧教室的体验式学习模式研究——以初中化学为例［D］. 长春：东北师范大学，2016：46-47.

⑤ 白清玉，张屹，沈爱华，等. 基于同伴互评的移动学习对小学生学习成效的影响研究——以科学课程为例［J］. 中国电化教育，2016（12）：121-128.

⑥ 张屹，陈蓓蕾，李晓艳，等. 智慧教室中基于APT模型的iPad电子教材设计与应用研究——以小学英语五年级上册《Toby's Dream》为例［J］. 电化教育研究，2016（8）：63-71.

2. 智慧教室面对的教学实践挑战

尽管智慧教室为课堂教学提供了多种技术便利，实现了在传统教学环境下无法实施的教学方式，也对学生的学习效果起到了一定的作用，但是由于智慧教室仍处于起步阶段，从一线教学观察来看，教师在智慧教室中开展教学时经常会陷入如何定位技术、如何将传统教学与新型环境相结合以及如何实现智慧教室中的教学常态化等困惑中，本研究将结合团队在教学实践中的观察及相关研究对当前智慧教室所面对的挑战进行分析。

笔者所在研究团队自2013年起以某“985工程”高校附属小学为研究基地，开展了大量智慧教室环境下的课堂教学实践研究。通过观察及研究发现，智慧教室环境能够有效地激发学生的学习动机、兴趣，学生的学习积极性、主动性等也明显提高，但在智慧教室中也出现了一些令教师棘手的现象，具体如下。

(1) 智慧教室中的教学目标仍以成绩作为唯一衡量标准

笔者在开展智慧教室项目期间，主要通过课前与教师多次沟通教学设计、全程参与教学实践过程以及课后与教师共同反思的方式参与教学研究，基本上能够全面观察智慧教室中的教学形态。观察发现，虽然智慧教室在教学中最突出的优势是可以为学生的创造、探究以及评价等学习过程提供技术支持，且这些学习方式是培养学生深度学习的重要手段，但是大多数在智慧教室中开展教学的教师仍然将成绩作为唯一的教学目标。笔者认为，在智慧教室中开展教学，教师不应该仅仅关注学生的学习成绩的增长，关注点应该转向学生深度学习能力的培养。

(2) 技术定位存在误区

在技术的使用方面，大多数处于开始阶段的教师都会产生一定的困惑，很多教师在教学中只是一味地追求技术的酷炫与复杂，而忽略了技术的实用性。如经常会碰到这样一种现象，在一节课中已经很好地使用了平板电脑中的拍照功能来支持教学，但是教师还会考虑技术的使用是否足够华丽。这种现象导致在非常态化地开展智慧教室教学实践前，教师和学生都需要花费大量时间来学习和使用应用软件，对教师和学生都造成了一定的负担。本研究认为对于中小学尤其小学阶段的学生来说，在使用技术时应该秉承低门槛、慢渗透的方式，而不应该一味地追求技术的华丽。

(3) 智慧教室中的教学多是对传统教学模式的照搬

笔者在教学研究中发现，教师最关心在智慧教室中开展教学的效率问题，尤其对于数学、语文等学科的教师来说，每节课都有固定的教学目标，大多数教师为了完成教学目标，仅仅将传统教学模式照搬到智慧教室中，如平板移动终端多以呈现教学内容为主，但这种情况下，教师在智慧教室中并不能完成与传统教室中同样多的教学内容，经常会出现教学超时的现象。通过长期实践发现，传统教室中的教学任务比较散，教学活动以教师组织为主，但在智慧教室中如果切换任务太频繁，学生需要不断从技术当中抽离，这对于小学生来说比较难，因此在智慧教室中，应该以开展PBL教学、研究型学习、探究学习或专题教学等方式为主，而不应该照搬传统的教学模式。

(4) 学生注意力的转移

在智慧教室中开展教学时我们经常会看到这样的情况，部分学生总是偷偷下载游戏或者沉浸在一些与教学无关的活动中，这是阻碍教师开展智慧教室教学的重要原因之一，这会导致教师将大量的时间浪费在管理纪律上，从而无法完成相应的教学目标。因此，如何在智慧教室中设计教学活动将学生的注意力拉回到学习中以提升学生的学习效果，也是当前研究的重要内容之一。

1.1.3 研究问题的提出

为了解决当前智慧教室教学中所面对的这些困境，本研究的选题方向确定为智慧教室中如何促进学生的深度学习。笔者经过几年的智慧教室一线实践提出了一种教学模型——APT教学模型，该模型中的A代表Assessment（评价），P代表Pedagogy（教学法），T代表Technology（技术），其目的是探究如何在信息化环境中通过设计评价、教学法和技术及它们之间的融合来促进学生的学习。基于此，本书的书名最终定为“智慧教室中基于APT教学的小学生深度学习研究”，具体的研究问题如下。

问题一：21世纪学生应具备什么样的深度学习能力？如何对新时代学生的深度学习能力进行评测？

本研究问题的提出是为了应对教师在智慧教室中仍以追求学习成绩作为唯一目标，将考试成绩作为甄别学生的唯一标准的情况。信息化时代对学生提出了新的要求，无论是21世纪学习联盟提出的彩虹框架、新加坡教育部提出的21世纪能力，抑或是其他教育组织和机构提出的学生能力要求，都是单一的学习成绩无法表征的。因此，本研究将深度学习作为智慧教室环境下评价的导向，深度学习是一个综合性较高的概念，主要包括学生的高阶思维能力。依据当前教育领域对深度学习的研究，本研究拟构建深度学习的评测维度与指标，并依据案例教学目标在教学实践中实施评测，探究该评测方法的可行性。

问题二：如何设计评价、教学法来支持学生的深度学习，以支持学生在认知领域、能力领域和情感领域的发展？

经过前文分析我们发现，教师在智慧教室中经常会出现以照搬传统教学模式，导致无法完成教学计划和教学效果不佳等现象，为解决这一问题，本书提出了研究问题："如何设计评价、教学法来支持学生的深度学习，支持学生在认知领域、能力领域和情感领域的发展？"该研究问题旨在为教师在智慧教室中开展教学提供借鉴，通过基于 PBL 教学、研究型学习、探究学习和专题教学等方式提升学生的深度学习能力，在同伴互评、学生自评等过程中提高学生的元认知能力等高阶思维能力。

问题三：如何在智慧教室中整合多种软（硬）件技术于评价、教学法中，以促进学生在认知领域、能力领域和情感领域的发展？

智慧教室的主要优势是为教师的教学和学生的学习提供了多样化的技术手段，以支撑多种教学法与评价的开展。在智慧教室的教学实践中，经常会出现教师对技术定位不准确的情况，以及一味地追求技术的难度与复杂性的现象。本研究问题正是为了解决这些智慧教室中的技术错位而提出的，本研究将设计如何在信息化环境下开展教学的指导模型，并将该模型应用于智慧教室的环境中进行科学教学。

1.1.4 研究的意义

1. 理论价值

（1）丰富智慧教室环境下技术与课程教学融合的理论，为该领域的其他研究者提供参考

信息化时代的教与学具有新的特征，本研究通过前期实践、文献分析和实证研究提出的基于评价的 APT 教学模型丰富了智慧教室环境下的技术与课程教学融合理论，该模型融评价、教学法和技术为一体，依据该模型本书进一步提出了用于开展课堂教学的评价、教学法等方面的策略。因此，本研究在教学方面也能够为该领域的其他研究者提供参考。

（2）构建深度学习评价体系，为教育的评测提供新的视角

本研究在分析当今社会对学生的要求的基础上，提出了深度学习的评测维度与指标，该体系能够为教师在智慧教室环境下的教学提供目标导向，引导教师不仅仅要关注学生的学习成绩，更应该关心学生的深度学习能力的发展，为学生提供更多创造与发挥的空间。此外，长期使用该评测体系

也能够在一定程度上改变学生的学习习惯，促进学生由习惯性的被动的学习方式转变为主动、积极的学习方式。

2. 应用价值

智慧教室中通过基于评价的教学模型与策略以及深度学习评测导向为教学实践提供借鉴。

本书来源于笔者近年来在智慧教室中的一线实践，为解决智慧教室中的系列教学问题，笔者提出了基于评价的APT教学模型，通过三轮的设计研究，本研究进一步提出了多种教学策略，这些教学策略为教师的教学提供了一些比较具体的参考，以深度学习评测为导向也为教师的教学与学生的学习提供了借鉴。

1.2 概念界定

1.2.1 深度学习

目前国内外对于深度学习的概念并没有统一的定论，大部分学者根据自己的研究视角提出了不同的阐述。目前国内主要使用“深度学习”和“深层学习”两种说法，本书中将统一使用“深度学习”这一术语。

深度学习的概念是随着时代变化而不断发展与演变的，有学者提出从三种不同的视角对深度学习进行描述，即学习方式说、学习过程说、学习结果说①。本研究通过对文献进行梳理后发现，学习方式说将理解、迁移作为深度学习的主要特征，而所谓的学习过程说也是关注学习中的迁移等，因此本研究将从学习方式说与学习结果说两个视角探究深度学习的概念发展。

1. 学习方式说

早期对于深度学习的研究主要持学习方式说。马顿和塞尔乔（Säljö）在1976年对学生的学习过程与结果进行研究，认为不同学生在面对学习材料时会使用不同的学习加工方式，他们最早提出学习加工方式有深层与浅层之分，深层加工方式是与浅层加工方式相对的概念。浅层加工方式是指学生主要关注文本（文字符号），对学习的内容采用死记硬背的方式来学习，如学生尽可能地记忆学习材料，更加关注学习后的考试。深层加工方

① 卜彩丽，冯晓晓，张宝辉. 深度学习的概念、策略、效果及其启示——美国深度学习项目（SDL）的解读与分析 [J]. 远程教育杂志，2016，34（5）：75-82.

式则主要针对学习材料所隐含的目的、思想进行体会与挖掘，如学生试图寻找阅读材料的中心思想和观点①。

恩特威斯尔（Entwistle）在2004年对深度学习与浅层学习的特征及概念进行概括，认为学生学习方式的不同主要是由于学习目的的不同。浅层学习的目的主要是最低限度地满足课程的需求，外部动机导致学生学习时采取机械记忆和不思考的策略。而在深度学习中由于对学科的兴趣以及想要理解学习内容的内在动力的驱使，学生经常采用整体性和序列性的策略，在学习和理解的过程中交替使用这两种策略。在深度学习的某些阶段同样也需要机械记忆，机械记忆是深度学习所必需的阶段。深度学习与浅层学习的特征如表1-1所示②。

表1-1　深度学习与浅层学习的特征

学习方式	特　征
深度学习（旨在理解学习内容）	1. 整体性的学习过程： 将学习内容的理念与已有知识和经验建立联系； 寻找潜在的模式与规则。 2. 序列性的学习过程： 寻找证据与结论之间的联系，注重学习内容的逻辑性； 批判、谨慎地审视内容的逻辑与论据； 监控学习中的理解过程； 享受学习知识过程中所面临的挑战。
浅层学习（目的是满足课程的需求）	认为课程是由不相关的知识点组成的； 机械地记忆事实和执行过程； 只关注课程的最低要求； 很少意识到课程或任务的价值与意义； 在学习中不会反思； 对学习感到焦虑和有压力。

贝蒂（Beattie）、柯林斯（Collins）和麦金尼斯（Mcinnes）认为，深度学习的目的是理解，学生理解教学内容的大意，批判性地学习教学材料，与已有经验构建关系，关注内容的逻辑性与论据支撑；而浅层学习则关注

① MARTON F，SÄLJÖ R. On qualitative differences in learning：Ⅰ. outcome and process [J]. British journal of educational psychology，1976 (1)：4-11.

② ENTWISTLE N J，PETERSON E R. Conceptions of learning and knowledge in higher education：relationships with study behaviour and influences of learning environments [J]. International journal of educational research，2004 (6)：407-428.

机械记忆以及课程评估的需求①。帕斯克（Pask）认为深度学习是对学习内容的理解与迁移，理解的过程包含理解的建构和过程的建构②。彼格斯（Biggs）等认为深度学习与学习者的深层加工有关，如理解等；而浅层学习则与浅层加工有关，如机械记忆等③。深度学习的方式是寻求理解，并可以将理解迁移到其他学科，从而发展个人的对于学科材料的阐述。埃里克·詹森（Eric Jensen）和黎安·尼克尔森（LeAnn Nickelsen）认为，深度学习是新内容或技能的获得必须经过一步以上的学习和高水平的分析与加工，以便学生可以通过改变思想、控制力或行为等方式来应用这些内容或技能④。

我国最初对深度学习的研究起源于上海师范大学的黎加厚教授，黎教授将深度学习定义为："在理解学习的基础上，学生能够批判性地学习新的思想和事实，并将它们融入原有的认知结构中，能够在众多思想间进行联系，并能够将已有的知识迁移到新的情境中，作出决策和解决问题的学习。"⑤

段金菊、余胜泉认为："深度学习强调较高的认知目标层次，强调高阶思维能力的培养，强调学习过程中的反思与元认知，并且注重学习行为方面高情感投入和高行为投入；在认知结果方面，则注重概念转变，强调复杂认知结构的养成。总的来说，深度学习是一种有意义的学习，且是一种主动学习。"⑥

张静、陈佑清认为："深度学习是指学生以复杂的、深层次知识（Deep Knowledge）为学习对象，以沉浸、投入的心理状态，运用高阶思维（Higher-Order Thinking）和复杂问题解决的相关能力，实现分析、综合、评价等高层次学习目标的学习方式。"其目的是培养学生的批判性思维、问

① BEATTIE V, COLLINS B, MCINNES B. Deep and surface learning: a simple or simplistic dichotomy? [J]. Accounting education, 2010 (1): 1-12.

② PASK G. Styles and strategies of learning [J]. British journal of educational psychology, 1976 (2): 128-148.

③ BIGGS J. Individual differences in study processes and the quality of learning outcomes [J]. Higher education, 1979 (4): 381-394.

④ JENSEN E, NICKELSEN L. 深度学习的7种有力策略 [M]. 上海：华东师范大学出版社，2010：10.

⑤ 何玲，黎加厚. 促进学生深度学习 [J]. 计算机教与学：现代教学，2005 (5)：29-30.

⑥ 段金菊，余胜泉. 学习科学视域下的e-Learning深度学习研究 [J]. 远程教育杂志，2013 (4)：43-51.

题解决能力以及创新能力等[①]。

综上所述，深度学习概念的学习方式说经历了两个阶段：第一阶段，深度学习主要关注学生在学习过程中所采用的策略方式，如整体理解或是机械记忆；第二阶段，深度学习主要关注学生学习的目的，如为自己理解知识而学习，或是为满足最基本的课程需求而学习。待深度学习进入我国研究者的视野后，深度学习的特征主要描述为：学生批判性的学习、能够将所学知识进行迁移、与已有知识建构联系、信息的整合、达到问题解决的目的，深度学习是主动的、终身的学习方式，强调学生学习的元认知、动机以及知识的理解及掌握程度。

2. 学习结果说

美国卓越教育联盟（Alliance for Excellent Education）认为深度学习是由教师有效提供，教师以创新的方式向学生传递丰富的核心内容，学生将所学应用于生活中，真正的深度学习结果是促进学生能力发展，学生能够升学就业，并且在生活与工作中最大化地使用所学知识。深度学习使学生具有如下特征：了解并掌握核心学术内容；批判性地思考并解决复杂问题；能进行团队协作学习；能与人进行有效沟通；能够自我监督和吸收反馈；能够激发学习中所必需的学术思维[②]。

威廉和弗洛拉·休利特基金会（William and Flora Hewlett Foundation）将深度学习定义为旨在帮助学生具备毕业升学、就业以及日常生活中所需的能力，学生需要掌握他们学习的知识，并且学会应用知识来解决前所未见的复杂问题。也有研究表明学生要掌握学术知识、批判性思考的技能、交际能力、合作、学会学习的能力以及拥有学习毅力[③]。威廉和弗洛拉·休利特基金会对深度学习的定义与卓越教育联盟有异曲同工之妙，均强调学生对于生活技能的掌握以及对于知识的迁移能力和解决复杂问题的能力。

美国国家科学院国家研究委员会（National Research Council，NRC）

---

① 张静，陈佑清. 学习科学视域中面向深度学习的信息化教学方式变革［J］. 中国电化教育，2013（4）：20-24.

② Alliance for Excellent Education. A time for deeper learning preparing students for a changing world［J］. The education digest，2011：43.

③ ADAMS BECKER S，FREEMAN A，HALL C，et al. NMC/CoSN horizon report：2017 K-12 edition［R］. Austin，Texas：The New Media Consortium，2017：14-17.

将深度学习定义为个体能够在情境中掌握所学知识并能够将其应用于新的情境中的能力，即迁移的能力。深度学习的产物即为可迁移的知识，包括某些领域的知识与解决问题的策略知识。NRC 将深度学习分为三个领域、六维素养，本书将在深度学习的结果评测部分对此进行详细介绍①。

我国学者张浩认为深度学习是对学习本质的认知，深度学习强调学生的学习情境，注重批判性思考，强调通过深度加工来理解、掌握知识的潜在含义，在已有经验的基础上，使学习者主动建构知识并实现不同情境下的知识可迁移化。张浩、吴秀娟在《深度学习的内涵及认知理论基础探析》一文中论述了元认知对于深度学习的重要性，认为元认知是促进深度学习的重要策略，元认知理论应贯穿于深度学习的全过程②。

综上所述，学习结果说强调深度学习的结果，认为深度学习的目的是促进学生的知识迁移与应用。深度学习可分为三种程度：第一种是认知程度，即对所学知识的掌握与理解；第二种是学生能力的发展，也是深度学习的重要结果之一；第三种是激发学生的学术态度与兴趣，培养学生开展学习的正确价值观，是深度学习最终关注的目标之一。

笔者更倾向于将深度学习作为学生学习的结果，认为深度学习是以促进学生在认知、能力和情感等多个维度的发展为目标，学生通过深度的理解、应用、分析等方式，能够将知识进行迁移以解决真实问题与挑战。

1.2.2 APT 教学

在前期研究的基础上，我们提出了融合评价、教学法、技术为一体的理论框架，并提出了 APT 教学模型。本研究的评价方式主要是指在将评价作为一种学习的活动，如学生自评、同伴互评等方式，使学生在评价的过程中促进其知识的习得和元认知能力、学习动机的提升。APT 教学是指在 APT 理论框架的基础上开展教学，以充分发挥评价的价值，设计促进评价、教学法和技术深度融合的教学，倡导信息化环境下以评促学，鼓励学生协作探究和发明创造，彰显学生的主体性与主动性。在本书第 3 章将对 APT 教学模型进行详细设计、要素分析及实证研究。

---

① National Research Council. Education for life and work: developing transferable knowledge and skills in the 21st century [R]. Washington: National Research Council, 2012: 7.

② 张浩，吴秀娟. 深度学习的内涵及认知理论基础探析 [J]. 中国电化教育，2012 (10): 7-11.

1.2.3 智慧教室

目前，国内外对智慧教室的解读主要是从技术功能和课堂教学生态两个角度来展开。下文将分别从这两个角度介绍智慧教室。

从技术功能的角度来对智慧教室进行定义，主要是对智慧教室中应该整合的软、硬件技术和所达到的功能进行描述。比较典型的有以下几种：黄荣怀教授认为，智慧学习环境是一种能感知学习情景、识别学生特征、提供合适的学习资源与便利的互动工具、自动记录学习过程和评测学习成果，以促进学生有效学习的学习场所或活动空间。通过个性化感知、情境识别、及时互动以及自动化的记录与评测为学生提供舒适、便利的学习条件，是普通数字化学习环境的高端形态[①]。张亚珍等将智慧教室定义为借助于普适计算技术、物联网技术、云计算技术和智能技术构建起来的促进学生构建知识的智慧学习空间。多种技术运用的目的是促进学生交流、协作、共享，实现人与环境的和谐，转变为个性化、开放化的泛在学习[②]。陈卫东与普旭认为，智慧教室中能够对所有的声、光、电设备进行控制，师生能够自然交互与无缝接入教学，是一种依靠智能空间技术实现的增强型教室[③④]。斯基普顿（Skipton）、聂风华将智慧教室作为多种教育技术和其他一般学习环境的总和，目的是为师生提供支持及服务，以达到智慧教育的目的[⑤⑥]。综上所述，智慧教室应该是多种软、硬件技术的集合，以达到便利互动、自动化记录、情境识别等目的，促进课堂交互性、及时反馈性、沉浸性，实现学生的个性化学习

---

① 黄荣怀，杨俊锋，胡永斌．从数字学习环境到智慧学习环境——学习环境的变革与趋势［J］．开放教育研究，2012（1）：75-84.

② 张亚珍，张宝辉，韩云霞．国内外智慧教室研究评论及展望［J］．开放教育研究，2014（1）：81-91.

③ 陈卫东，叶新东，张际平．智能教室研究现状与未来展望［J］．远程教育杂志，2011（4）：39-45.

④ 普旭．我国中小学智慧教室建设规范初探［D］．武汉：华中师范大学，2013：66-67.

⑤ SKIPTON C，MATULICH E，PAPP R，et al. Moving from dumb to smart classrooms：technology options and implementation issues［J］. Journal of college teaching & learning，2011（6）：10-15.

⑥ 聂风华，钟晓流，宋述强．智慧教室：概念特征、系统模型与建设案例［J］．现代教育技术，2013（7）：5-8.

的学习场所。

大部分学者视智慧教室为一种融合技术、可实现特定的功能、促进学生的个性化学习的学习场所。也有一部分学者将智慧教室视为一种课堂教学的生态环境，其目的是建立生态课堂，促进学生的健康发展。祝智庭教授认为智慧学习环境是以先进的学习（如学习心理、学习科学）、教学（如建构主义教学观、学习环境设计理论）、管理（如知识管理）、利用（如可用性工程、人因工程）的思想和理论为指导，以适当的（现代）信息技术、学习工具、学习资源和学习活动为支撑，可以对全面感知学习情境信息（如环境信息、设备信息、用户信息等）获得的新的数据或者对学生在学习过程中形成的历史数据进行科学分析和数据挖掘，能够识别学生特性（如学习能力、认知风格、学习偏好等）和学习情境，灵活生成最佳适配的学习任务和活动，引导和帮助学生进行正确决策，有效促进智慧能力发展和智慧行动出现的新型学习环境①。

综合分析以上学者观点，智慧教室不仅是技术的整合，更应该是教学观念转变的场所。因此，本研究认为智慧教室是以先进的教学理念为指导，集多种软、硬件技术（如 LED 显示系统、移动终端、教学系统、学习工具等）为一体，具有移动性、网络性、以学生为中心、强交互性、开放性、智能性以及情境感知性等特征，能够自动记录、灵活决策，引导和帮助学生实现学生的个性化学习的新型数字化学习环境。

1.3　研究思路

本研究的研究思路主要包含五块内容，分别是问题聚焦、模型构建、策略设计、多轮教学应用与实证以及策略修正。每一块的研究内容与研究过程如图 1-1 所示。

由图 1-1 可知，本研究在前期问题聚焦、模型构建和策略设计的基础上，实施了三轮的教学应用、实践与效果评估，而每一轮教学应用与实证研究都是完整的教学研究过程，具体如图 1-2 所示。

① 祝智庭，贺斌．智慧教育：教育信息化的新境界［J］．电化教育研究，2012（12）：7-15．

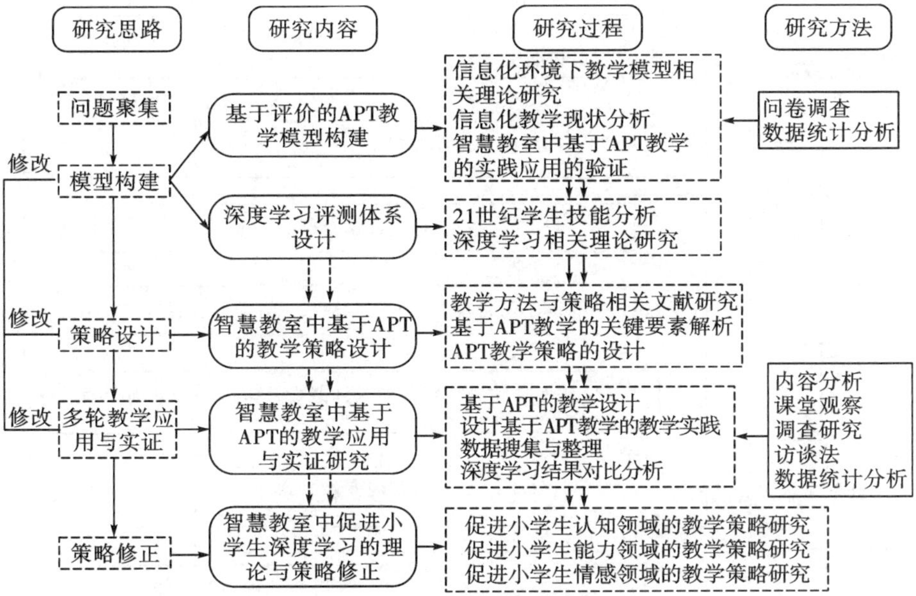

图 1-1 研究思路

1.4 研究范式与研究方法

本研究从宏观的研究范式层面与研究方法层面对研究问题进行设计，在研究范式层面主要采用基于设计的研究，在研究方法层面则通过多种定量研究的方法进行数据搜集与分析，并辅以定性的研究方法，具体如下。

1.4.1 研究范式

为了对教学的策略不断进行修正，本研究采用 EDR（Educational Design Research，基于设计的研究）研究范式。基于设计的研究是随着学习科学领域的兴起而出现的一种研究方法论，为了弥补实验研究与传统的社会科学研究在教育中应用的不足①②，艾伦·柯林斯（Allan Collins）与布朗（Brown）教授提出了“设计实验”的概念，并对其在教育中的应用

① 杨南昌. 学习科学视域中的设计研究［D］. 上海：华东师范大学，2008：8.

② 张文兰，刘俊生. 基于设计的研究——教育技术学研究的一种新范式［J］. 电化教育研究，2007（10）：13-17.

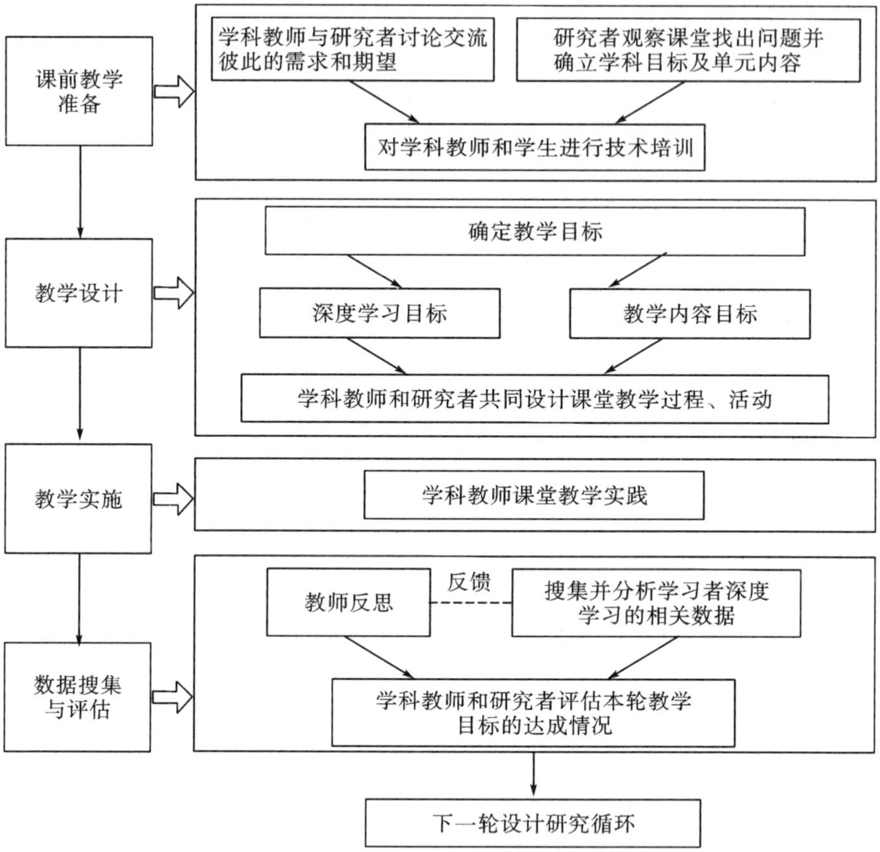

图 1-2　每轮教学应用与实证过程的流程图

进行了详细的阐述①②。设计研究是为了不断检验与提炼教学理论与实践设计③，因此，基于设计的研究最终应该在理论与实践方面均有所突破。随着学习研究的快速发展，我国的设计研究也逐渐由理论转向了理论与实践相结合的研究模式，设计研究也成了一种重要的综合性较强的研究范式。

---

① BROWN A L. Design experiments：theoretical and methodological challenges in creating complex interventions in classroom settings［J］. Journal of the learning sciences，1992（2）：141-178.

② COLLINS A. Toward a design science of education［M］//New Directions in Educational Technology. Berlin：Springer Berlin Heidelberg，1992：23-40.

③ COLLINS A，JOSEPH D，BIELACZYC K. Design research：theoretical and methodological issues［J］. Journal of the learning sciences，2004（1）：15-42.

基于设计的研究强调在真实的教育情境中开展教学研究，并尽可能在实施过程中从多个角度搜集多种类型的数据，以分析教学中存在的问题。本研究正是秉承这种设计理念，在真实自然的小学科学教学中，通过三轮的设计研究对基于 APT 的教学模型与设计原则进行检验与提炼，从而总结出以小学科学为例的教学实践模式。本研究的研究范式如图 1-3 所示。

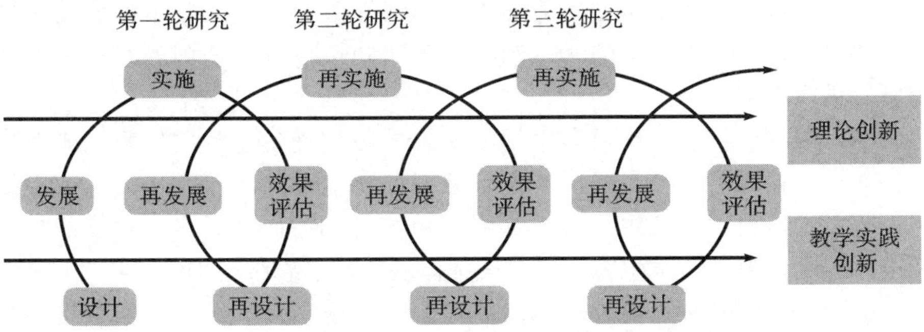

图 1-3　基于设计的研究范式流程图

由图 1-3 可知，本研究在小学科学教学中开展了三轮的设计研究，在每一轮的设计研究中都包含四个环节。首先，依据已有的深度学习和相关研究文献设计 APT 教学模型及相关教学原则，教师与研究者共同设计教学、内容、活动与流程；其次，在小学科学的真实教学环境下将模型与原则付诸实践；再次，在实施 APT 教学的过程中，尽可能搜集多种类型的数据，包括定性与定量的过程性数据、结果性数据，这些数据分别代表了学生的认知、能力和情感等多个角度的发展变化；最后，通过这些搜集的数据对教学设计、实施的过程进行评价，找出存在问题，为下一轮设计与实施提供建议。本书的每一轮设计研究都会循环这四个步骤，不断对理论与实践进行检验与提炼，最终发展出在小学科学中基于 APT 教学促进小学生深度学习的理论与实践的创新。

1.4.2　研究方法

本研究以设计研究为基本范式，综合运用实证研究中的多种研究方法与质性、量性相结合的数据分析方法，具体研究方法如下。

（1）比较研究法：本研究将设计的 APT 教学模型与教学设计原则在智慧教室环境下的小学科学课堂中付诸实践，为充分说明其对小学生深度学习效果的影响，进一步将其实施过程、效果与传统科学教学环境中以“讲授＋实验”为主的教学模型进行比较，以找出智慧教室中基于 APT 教学的小学科学教学模式在小学生深度学习方面的优势与不足。

（2）调查研究法：本研究在依据相关文献与理论基础对 APT 教学模型进行设计后，要进一步对 APT 教学模型的要素进行分析，通过设计《基于 APT 理论框架的教师课堂教学要素调研》问卷，对教师进行调研，以分析从教师角度来看 APT 教学模型的关键要素包括哪些。在对学生的深度学习评测中，通过设计学生协作学习能力、元认知能力问卷对学生的能力领域进行评测，设计关于学生的学习动机、元认知负荷方面的问卷对学生的情感领域进行评测。

（3）内容分析法：在对学生深度学习的数据搜集过程中，我们能搜集到许多学生在课堂中产生的再生性资源，如学生设计制作的作品与拍摄的视频等，本研究通过借用已有的 SOLO 思维结构编码体系表，对作品与视频进行编码，以分析学生在学习过程中体现出来的思维结构。

（4）课堂观察法：本研究在课堂观察方面搜集到的数据包括直接的与间接的课堂观察内容，在直接数据方面，教师与研究者通过课堂观察表在 APT 教学实施过程中对学生的实验探究情况进行现场打分，对学生的学习动机、态度以及注意力是否转移进行记录，为数据分析提供支撑；在间接数据方面，则通过多机位视频记录的方式拍摄师生课堂教学情况，在后期的数据分析过程中，以支持教学问题的原因查找。

（5）数据统计分析法：本研究在数据分析的过程中运用了多种初级与高级数据分析方法。在对教师的《基于 APT 理论框架的教师课堂教学要素调研》问卷数据进行建模的过程中，用到了基于结构方程模型的多元分析方法，通过探索性因子分析、验证性因子分析和路径分析等方法对问卷数据进行深度分析。在对学生的深度学习相关数据进行分析的过程中，主要以描述性统计分析以及 t 检验、非参数检验和方差分析等高级统计分析方法对数据进行深度分析，以分析学生的深度学习效果。

2 深度学习与智慧教室的研究现状

本章主要对智慧教室中促进小学生深度学习的相关文献进行梳理与研究。首先在对深度学习的起源、相关概念、过程及结果评测文献进行综述的基础上，对深度学习与浅层学习的概念进行了定义；其次对促进深度学习的教学法策略、评价策略及技术运用策略进行了综述，探究影响小学生深度学习的教学法、评价及技术等方面的因素；最后本章对信息化环境下的教学模型进行了综述，并提出了基于评价的 APT 教学模型。

2.1 深度学习的研究概况

本节将梳理并评述深度学习相关的内容，包括深度学习的起源与概念、深度学习的过程、深度学习结果评测体系及方法。通过在 CNKI（China National Knowledge Infrastructure，中国知识基础设施）中国学术期刊网络出版总库、CNKI 中国期刊网优秀博硕论文全文数据库上以“深度学习”为关键词查阅中文文献，共查到 1 724 条期刊文献，543 条硕博论文题录。以“Deep Learning”“Deeper Learning”或“Surface Learning（浅层学习）”为英文关键词在 EBSCO ASP（Academic Source Premier）综合学科参考类全文数据库、Elsevier Science Direct Online、Springer 全文数据库、Wiley-Blackwell 期刊数据库、Google 学术、百度学术等数据库上进行搜索，共查到几万条文献记录。通过对相关文献的题录分析发现，文献中的深度学习主要指向人工神经网络和机器学习研究领域，而教育学研究领域的深度学习相关文献较少。由于本研究主要关注教育学研究领域的深度学习，因此进一步对文献进行清理，排除掉人工智能领域的相关文献，共得到教育研究领域有关深度学习的文献 230 余条。

2.1.1 深度学习的起源与发展

在计算机与机器学习领域，深度学习起源于人工神经网络的研究，且已得到了快速发展。2006 年，加拿大多伦多大学的辛顿（Hinton）教授提出了机器学习领域的深度学习，并指出深度学习的本质是指构建具有多个隐层的多层感知器的机器学习模型，然后掌握海量的训练数据，试图找到数据的内部关系，从而提取更有用特征，提升预测准确性①②，近年来关于人工智能领域的深度学习已得到了快速发展，在计算机视觉、语音识别、自然语言处理等领域得到了大量的应用。微软公司将深度学习应用于语音识别，极大地降低了语音识别的错误率；此外，国外的 IBM、Google 等公司也相继通过将深度学习应用于语音识别领域而得到了快速发展；国内的百度、科大讯飞、阿里巴巴等公司也对深度学习在语音识别方面的应用进行了大量研究，也取得了不错的成绩③。

1. 深度学习的起源

当前，教育学领域的大部分学者认为深度学习起源于 20 世纪 70 年代哥德堡大学的马顿和塞尔乔团队的研究。2015 年，理查森（Richardson）对哥德堡大学 20 世纪 70 年代的研究进行了梳理与总结，并对马顿及塞尔乔在 1976 年发表的论文“On Qualitative Differences in Learning：Ⅰ. Outcome and Process”的真正内涵进行了阐述，认为当前学者将学生学习的方式（Approaches to Learning）的起源归于该篇文章并不是很准确的，该研究主要关注在实验室展开的研究，而并非学生在日常生活中的学习。

1970 年，马顿在其博士学位论文中对学生的学习及记忆过程进行研究，让 30 名志愿者随机听 16 遍 48 位名人的名字，随后通过访谈的形式记录学生的记忆过程和体验。继其博士学位论文后，马顿所在的团队又进行了多次研究。1974 年，29 名社会科学系的学生被要求阅读一本有关于经济学书中的三章内容。其中 15 名学生作为实验组被给予额外的指导，以帮助他们应用深层学习阅读方法，鼓励他们理解文章内容；其他的学生作为控制组，他们仍使用以前的阅读方法。最后，实验组在其中两章的测试中获

① 余凯，贾磊，陈雨强，等. 深度学习的昨天、今天和明天［J］. 计算机研究与发展，2013（9）：1799-1804.

② 刘建伟，刘媛，罗雄麟. 深度学习研究进展［J］. 计算机应用研究，2014（7）：1921-1930.

③ 孙志军，等. 深度学习［EB/OL］.［2017-02-24］. http://baike.baidu.com/link?url=_SJFSzD_kaf Bj96Y4kJWI-EpXars6.

得了较高得分，因为实验组的学生更加关注对学习内容的理解①。

哥德堡大学在随后发表的一系列论文中对学生的学习过程进行了深入研究。1976 年，马顿和塞尔乔在论文中对瑞典大学生在散文阅读中的信息处理过程进行区分，事后通过访谈了解学生对于文章的内容以及他们在阅读中所采取的策略，将学生学习中的处理方式分为浅层处理（Surface-Level Processing）与深层处理（Deep-Level Processing）；在阅读中采用深层处理的学生期望理解作者所要表达的思想，读懂文章内涵；而采用浅层处理的学生则关注文字符号，通过死记硬背的方式来记忆散文内容。此外，他们还对学习过程与不同学习结果的关系进行了探讨②。

马顿在其发表的另一篇文章中引入了深层方式（Deep Approach）与浅层方式（Surface Approach）的概念，用以描述在一般的学习中不同类型学生对学习的态度。他们研究发现，采用深度方式与主动学习（Active Learning）策略相关，采用深层方式学习的学生学习时会主动与已有经验建立联系和思考；而浅层方式则与被动学习（Passive Learning）相关，采用浅层方式学习的学生学习时习惯于被动接收。深层方式与浅层方式的引入则解释了学生为什么会在学习中有浅层处理与深层处理之分③。

斯文森（Svensson）于 1977 年发表论文“On Qualitative Differences in Learning：Ⅲ. Study Skill and Learning”，在其中他将学生的学习认知方法分为局部分析法（Atomistic Approach）和全局分析法（Holistic Approach），并将其推广到学生的一般学习过程中发现，使用局部分析法的学生更加关注文章的细节、内容的记忆等，而采用全局分析法的学生则重点关注文章的大意、作者的观点等，而最后使用全局分析法的学生在考试中的通过率更高一些④。

弗拉森（Frasson）在随后发表的论文“On Qualitative Differences in

---

① RICHARDSON J T E. Approaches to learning or levels of processing：what did Marton and Säljö (1976a) really say? The legacy of the work of the Göteborg Group in the 1970s [J]. Interchange，2015 (3)：239-269.

② MARTON F，SÄLJÖ R. On qualitative differences in learning：Ⅰ. outcome and process [J]. British journal of educational psychology，1976 (1)：4-11.

③ MARTON F，ENTWISTLE N. Strategies for research and development in higher education [M]. Lisse：Swets & Zeitlinger，1976：32-42.

④ SVENSSON L. On qualitative differences in learning：Ⅲ. study skill and learning. [J]. British journal of educational psychology，1977 (47)：233-243.

Learning：Ⅵ. Effects of Intrinsic Motivation and Extrinsic Test Anxiety on Process and Outcome”中，则从学生内在学习动机（Intrinsic Motivation）、外在的考试焦虑（Extrinsic Test Anxiety），以及学习处理过程（Level of Processing）、结果（Level of Outcome）之间的关系来探究学生的一般学习过程，认为学生内在动机的高低将会影响学生的学习处理过程和学习结果①。

爱丁堡大学的恩特威斯尔在进一步总结马顿团队研究工作的基础上，经过对学生的学习处理过程的分析，认为学生的学习认知与处理过程有深层（Deep Level）和浅层（Surface Level）之分，并进一步将学生的学习过程分为深度学习（Deep Approach）、浅层学习（Surface Approach）、成绩导向的学习（Achievement-Orientated Studying）、固定外向型（Stable Extraversion）的学习②。

综上所述，学生的学习过程有深层方式与浅层方式之分，与学生的学习动机相关，不同的学习方式也会产生不同的学习效果，深度学习处理方式更倾向于学生的主动学习，指导学生主动与已有经验建立联系，主动进行理解与思考，会产生较好的学习效果。而浅层学习处理方式则使学生更加被动地学习，学生在学习过程中关注内容本身，主要采用死记硬背的方式记忆内容，以考试为目的，相较于主动学习，其学习效果较差。因此，深度学习的提出有其理论基础。

2. 深度学习的发展

继多位学者将学生学习的过程与结果分为深层与浅层后，关于深度学习的研究开始进入人们的视野。近年来有关深度学习的研究主要与学生的高阶思维能力相关，深度学习已经成为一个涵盖面很广的术语。美国卓越教育联盟将促进学生的深度学习作为当前面临的重要议题和挑战之一③。美国在线教育平台 Teaching Channel Teams 发布了一系列关于如何在课堂中

---

① FRANSSON A. On qualitative differences in learning：Ⅳ. effects of intrinsic motivation and extrinsic test anxiety on process and outcome [J]. British journal of educational psychology，1977（3）：244-257.

② ENTWISTLE N，HANLEY M，HOUNSELL D. Identifying distinct approaches to studying [J]. Higher education，1979（4）：365-380.

③ Alliance for Excellent Education. Deeper learning [EB/OL]. [2017-04-15]. http://all4ed.org/issues/deeper-learning/.

促进学生深度学习的视频[①]。惠普创办的威廉和弗洛拉·休利特基金会发起的“深度学习研究：机会与结果”（Study of Deeper Learning：Opportunities and Outcomes，SDL）项目，由来自美国研究院的专家实施，该项目对深度学习的概念及理论进一步发展，并开展了一系列的深度学习教学实践[②]。由此可见，美国对于深度学习的研究又上了一个新的台阶，从学生学习过程的理论研究转向教学策略、评价等多维研究，由实验室的研究拓展为一般学习的研究。

我国对于深度学习的研究始于2005年黎加厚教授发表的《促进学生深度学习》一文，该文章介绍了深度学习的概念、特征及策略。在随后的几年中关于深度学习的研究比较少，我国学者段金菊于2012年提出e-Learning环境下的深度学习交互模型，并依据该模型提出学习策略，探究深度学习效果[③]。张浩对深度学习的概念、认知理论基础、特征进一步进行分析[④]，并探究反思行为对学生深度学习的影响，构建基于反思的深度学习过程模型[⑤]。2012年起，我国重新开启了对于深度学习的研究，在内涵、理论基础、教学策略等多个方面有了新的进展。

近两年来，国内的深度学习相关研究又燃起了火焰，北京师范大学智慧学习研究院与国际新媒体联盟于2016年1月份联合发布的《2016新媒体联盟中国基础教育技术展望：地平线项目区域报告》中指出，目前课堂教学日益关注深度学习[⑥]。由于《地平线报告》中对于深度学习的重视，我国学者已经意识到深度学习逐渐成为国内外关注的教育热点问题，如何促进学生在课堂教学中的深度学习已成为当前教育改革面临的重要挑战。

---

① Teaching Channel Teams. Deeper learning video series [EB/OL]. [2017-04-15]. http://www.teachingchannel.org/videos/deeper-learning-a-series-overview.

② William and Flora Hewlett Foundation. Deeper learning competencies [EB/OL]. [2016-04-15]. http://www.hewlett.org/uploads/documents/Deeper_Learning_Defined__April_2013.pdf.

③ 段金菊. e-Learning环境下促进深度学习的策略研究［J］. 中国电化教育，2012（5）：38-43.

④ 张浩，吴秀娟. 深度学习的内涵及认知理论基础探析［J］. 中国电化教育，2012（10）：7-11.

⑤ 吴秀娟，张浩，倪厂清. 基于反思的深度学习：内涵与过程［J］. 电化教育研究，2014（12）：23-28.

⑥ 约翰逊，刘德建，黄荣怀，等. 2016新媒体联盟中国基础教育技术展望：地平线项目区域报告［R］. 奥斯汀，得克萨斯：新媒体联盟，2016：16.

2.1.2 深度学习的认知过程

1. 学习的过程模型

学习是人类生存的基础，通过学习我们不仅可以获得知识与技能，还能培养学生的情感、态度与价值观。奥姆罗德（Ormrod）在《学习心理学》一书中将学习定义为经验所带来的心理表征或联结的长期变化[①]。安布罗斯将学习定义为由经验引发变化的过程，这一过程增强了人们改善行为和后继学习的潜能[②]。学习有多种含义，可指学习过程与结果、学习的心智过程、个体与学习材料及社会环境之间的互动等[③]。依据信息加工理论，加涅于 1977 年将学习定义为获得一种新能力的一系列必要的认知过程，这种认知过程就是将环境刺激转换成获得新能力所必需的各个阶段的信息加工。加涅于 1985 年在《学习的条件》一书中提出，学习是人类倾向或才能的一种变化，这种变化要持续一段时间，而且不能把这种变化简单地归之于成长的变化[④]。通过以上对学习的定义可知，学习是一种动态的变化过程，并不仅仅是学习的结果；学习也是行为、知识、态度、能力的持续发展与变化，学习的结果会在学习过程中或者结束一段时间后产生，而这种变化是持续性的。

彼格斯于 1978 年提出的 3P 学习模型，认为学习由预测（Presage）、过程（Process）和产出（Product）组成，取三个单词的首字母即为经典的 3P 学习模型。其中学习的预测部分包含影响学习的因素，即学习者的个人特征和学习环境特征；过程部分则包含学习动机和策略；产出部分包含客观的学习结果和主观的学习结果。具体学习过程如图 2-1 所示。

由图 2-1 可知，学生的个人特征与学习环境特征组成学生的价值观从而影响学生的学习动机和策略，进一步影响学生的产出。学生的个人特征与学习环境的特征也可对学生采取的学习策略产生影响，也会对学生的学

---

① 简妮·爱丽丝·奥姆罗德. 学习心理学［M］. 6 版. 汪玲，等译. 北京：中国人民大学出版社，2015：5.

② 苏珊·A. 安布罗斯，等. 聪明教学 7 原理：基于学习科学的教学策略［M］. 庞维国，等译. 上海：华东师范大学出版社，2012：2.

③ 克努兹·伊列雷斯. 我们如何学习［M］. 孙玫璐，译. 北京：教育科学出版社，2010：3.

④ 加涅. 学习的条件［M］. 傅统先，等译. 北京：人民教育出版社，1985：3.

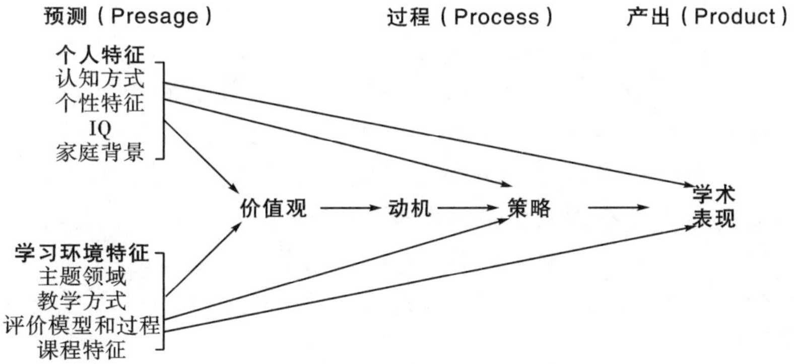

图 2-1 彼格斯的一般学习模型

术表现产生一定的影响①。彼格斯的学习模型对学习过程中的影响因素及动机策略等学习过程及产出结果进行了论述，并描述了它们之间的相互关系。

克雷克（Craik）和洛克哈特（Lockhart）提出的学习框架认为学习的加工过程包含偶然学习（Incidental Learning）、选择性注意（Selective Attention）和感觉信息存储（Sensory Storage）、短时记忆存储或长时记忆存储的选择（The STS/LTS Distinction）、序位曲线（The Serial Position Curve）、重复与演练效应（Repetition and Rehearsal Effects）②。该学习模型重在关注学生的多记忆存储加工过程，而记忆则与加工的深度或刺激精细化的程度有关，较深的加工过程能产生更长久的记忆。

综上所述，学生的学习过程受到多种因素的影响，包括学生的个人特征、学习环境特征，记忆加工的程度则与学生的学习过程紧密相关。学生的学习结果是综合因素影响的产物，也是行为、知识、技能、态度、能力的持续发展与变化的产物。

2. 学习的分类

人类的学习是心理与行为共同作用的结果，当面对不同的学习对象或任务时，人们会选择不同的学习方式，以达到不同的学习效果。多位研究者从不同的视角对学习的类型进行了分类，如从学习的内容来分，林格伦将学习分为技能和知识的学习、概念的学习、态度的学习；我国流行的分

① BIGGS J. Individual and group differences in study process [J]. British journal of educational psychology, 1978 (3): 266-279.

② CRAIK I M, LOCKHART R S. Levels of processing: a framework for memory research. [J]. Journal of verbal learning & verbal behavior, 1972 (6): 671-684.

类是知识学习、技能学习、社会规范的学习；按照学习活动的过程和机制来分，彼得罗夫斯基将学习分为反射学习、认知学习；索里和特尔福德将学习分为经典性条件作用、工具性条件作用、模仿性学习、顿悟学习、含有推理的学习等。最广为人知的一种学习分类则是加涅从学习结果角度进行的分类，即将学习分为言语信息、智慧技能、认知策略、动作技能和态度；从学习的形式分则可将学习划分为信号学习、刺激—反应学习、连锁学习、言语联结学习等。奥苏伯尔则依据学习的方式将学习分为接受学习和发现学习，依据学习材料和原有知识将学习分为机械学习和有意义学习。

综上所述，不同研究者从各自研究角度对学习进行了分类，学习确有不同类型之分。而笔者更关注学生学习过程中的方式与学习的结果，依据马顿和塞尔乔团队以及其他学者的研究结果，我们认为依据学习的方式，学习有深度学习与浅层学习之分，采用深度学习方式的学生重在对知识的建构、理解与迁移，而采用浅层学习方式的学生则主要采用机械记忆和被动式的接受学习。不同的学习方式也会导致不同的学习结果，如深度学习能促进学生高阶思维能力的发展。

3. 深度学习的认知过程模型

深度学习不仅仅是对某一领域知识与技能的获得[①]，也是在认知、技能以及情感态度等多个维度的综合习得。深度学习有其独特的认知过程与方式，国内外多位学者从不同的视角对深度学习的过程进行了阐释。

加涅（Gagne）根据学生学习的心理活动，将学生的内部心理认知过程分解为9个阶段，即注意（Attending）、预期（Expectancy）、提取进入工作记忆（Retrieval to Working Memory）、刺激特征的选择性知觉（Selective Perception of Stimulus）、语义编码（Semantic Encoding）、提取和反应（Receive and Responding）、强化（Reinforcement）、线索提取（Cueing Retrieval）、泛化（Generalizability）[②]。

我国多位学者依据加涅的九段教学论，提出了深度学习的认知过程模型。慕彦瑾等将深度学习分解为7个阶段，并注明了每个阶段所对应的信息加工环节，即动机阶段——期望，准备阶段——激活先前的知识网络，

---

① SANDBERG J，BARNARD Y. Deep learning is difficult [J]. Instructional science，1997 (1)：15-36.

② 加涅. 学习的条件 [M]. 傅统先，等译. 北京：人民教育出版社，1985：3.

领会阶段——注意选择性知觉，习得阶段——编码：存储记忆，保持阶段——记忆存贮，回忆阶段——提取，创造阶段——重构①；并将其作为指导深度学习教学的基础，提出不同阶段促进深度学习的策略，为学生与教师提供了可借鉴的学习理念与方式。

张浩等学者在九段教学论的基础上，结合布鲁姆（Bloom）的教学目标分类，将深度学习的认知过程分为导入阶段、主体阶段和评价阶段。导入阶段包含注意与预期、激活原有知识两个心理环节；主体阶段包含选择性知觉、整合知识信息、批判性分析、知识建构、提取应用或知识转化、迁移应用六个环节；评价阶段包括评价、创造两个环节。张浩等学者还将反思活动融入深度学习的过程中，认为在三个阶段及六个环节中均需要进行反思，反思是元认知概念范畴中的一部分，深度学习的目标之一是获得元认知能力等高阶思维能力②。

杜娟等认为深度学习与浅层学习是连续的认知过程，并不是相互对立的，浅层学习是深度学习的基础，深度学习必须建立在浅层学习中知识与技能的获得基础上，两者之间是递进的关系。浅层学习包含数据、信息的获得；深度学习则是知识、智慧的集成。浅层学习向深度学习的转变是情境、内化、反思及意义的建构过程③。

陈佑清等认为深度学习的发生需要心理机能、知识内容、社会中介三个维度的共同作用，这三个维度是相互作用、相互促进的④。

美国心理学家布鲁姆于 20 世纪 50 年代提出了认知领域的教育目标分类，认为学生的认知过程维度可分为识记、理解、应用、分析、综合、评价。安德森在此基础上将创造纳入学生的认知过程维度⑤。部分学者依据布鲁姆的教育目标分类法，对学生的深度学习过程进行了划分。

---

① 慕彦瑾，段金菊．基于认知心理学理论的深度学习设计研究［J］．内蒙古师范大学学报（教育科学版），2012（7）：65-69.

② 吴秀娟，张浩，倪厂清．基于反思的深度学习：内涵与过程［J］．电化教育研究，2014（12）：23-28.

③ 杜娟，李兆君，郭丽文．促进深度学习的信息化教学设计的策略研究［J］．电化教育研究，2013（10）：14-20.

④ 张静，陈佑清．学习科学视域中面向深度学习的信息化教学方式变革［J］．中国电化教育，2013（4）：20-24.

⑤ 洛林·W．安德森．布卢姆教育目标分类学修订版——分类学视野下的学与教及其测评［M］．蒋小平，等译．北京：外语教学与研究出版社，2009：21.

解月光等将深度学习分解为动机阶段、获取新知阶段、深入理解阶段、迁移应用阶段、反思评价阶段、创造阶段，认为动机阶段与获取新知阶段为浅层学习，深入理解阶段到创造阶段则为深度学习①。

景红娜在布鲁姆教育目标的基础上，结合深度学习的特征，认为深度学习包括7个阶段：浅层学习、理解、领会、方法与技能、迁移与应用、评价、创造，并将推理、想象作为促进学生深度学习认知结构变化的方式与手段②。

依据以上梳理可知，学界有多种对深度学习的认知过程的划分，加涅的九段教学论与布鲁姆的教学目标分类在深度学习的认知过程划分中得到了广泛应用，笔者认为深度学习是学生学习的方式及目标，布鲁姆的教育目标分类是对学习的结果进行科学分类，因此，沿用布鲁姆的教学目标分类，我们将学习过程划分为深度学习与浅层学习，识记、理解与简单应用为浅层学习，分析、评价和创造为深度学习，且浅层学习是深度学习达成的基础，学习过程是由浅到深的。

2.1.3 学生深度学习结果评测

深度学习不仅是指导学生学习的一种方式，也是学生在经历学习过程后知识、能力及态度等发生持续变化的结果。如何评测学习是否带来这种持续的变化，在哪些方面带来变化以及变化的程度如何，是我们需要深入认识和研究的。目前，深度学习的学习结果评测还没有形成统一的体系与方式，多数学者主要对学生的认知过程、深度学习动机策略、高阶思维能力、深度学习能力进行评测，并将评测结果作为深度学习的结果。

1. 学生认知过程的评测

认知领域目标的达成是深度学习不可或缺的一部分，认知是人们认识世界的活动过程，它以获取知识为目的，一般与情感、态度相对应。认知心理学专家对认知领域的结果分类评测进行了大量研究，如美国心理学家布鲁姆的教学目标分类、澳大利亚学者彼格斯提出的SOLO分类理论以及

① 刘宇，解月光. 大学生深层学习的过程研究及思考［J］. 中国电化教育，2014（7）：56-62.

② 景红娜. 网络教学环境下深层学习研究［D］. 徐州：徐州师范大学，2011：28.

美国学者韦伯（Webb）提出的知识深度等级（Depth of Knowledge，DOK）。

（1）布鲁姆教学目标分类评价

著名的布鲁姆教学目标分类法是对认知领域教学目标结果的分类，已成为教学设计和评估的重要依据，也用来评价学生学习目标达成情况，即用来评价深度学习的结果，它将学习结果分为由浅到深的6个阶段。

识记：让学生机械化地记忆教学内容，其相关信息加工过程是从长时记忆中提取内容，其亚类包括识别与回忆。

理解：将所学知识与先验知识之间建构联系，即新知识与已有认知框架和心理图式的整合，其亚类包括解释、举例、分类、总结、推断、比较和说明。

应用：使用规则与程序去解决问题或完成练习，与程序性知识间有紧密联系，其亚类包括执行和实施两类认知过程。

分析：对教学内容各部分之间联系以及与总体结构之间的联系的建构，其亚类包括区别、组织、归因。

评价：依据一定的标准和准则，对效果、质量等做出的判断，其亚类包括检查和评论。

创造：将不同的要素组成一个整体，完成有创造性的任务，其亚类包括产生、计划和生成。①

默兰特（Murrant）等人为改变传统生物课中重概念、轻学生投入度的现状，对大学一年级的生物学课程进行了重新设计，其强调学生能力的发展，促进学生的深度学习、高阶思维、口语交际以及自主学习能力，研究运用布鲁姆教学目标分类法对学生认知能力等级进行评测，测试中的每个题目与相应的布鲁姆教学目标等级对应②。布鲁姆教学目标分类法能够有效测量学生在认知领域深度学习的水平。

（2）SOLO分类理论

认知心理学家皮亚杰依据学生的认知特征和思维发展过程提出了发展

---

① 洛林·W. 安德森. 布卢姆教育目标分类学——分类学视野下的学与教及其测评［M］. 修订版. 蒋小平，等译. 北京：外语教学与研究出版社，2009：21.

② MURRANT C L，DYCK D J，KIRKLAND J B，et al. A large，first-year，introductory，multi-sectional biological concepts of health course designed to develop skills and enhance deeper learning［J］. Canadian journal of higher education，2015（4）：42-62.

阶段理论，但学生对问题的回答并不是按照固定的顺序发展，在不同的时间，学生对同一问题的回答可能完全处于不同的水平。彼格斯为区别于个人的一般认知结构，提出了个人在回答某个问题时表现出来的思维结构，即可观察的学习成果结构（SOLO），并在《学习质量评价：SOLO 分类理论》一书中，将个体的学习结果分为以下 5 类①。

前结构：学习者能参与了学习任务，但无关的内容分散了其注意力，混淆了线索和回答，思维比较跳跃。

单点结构：学习者注意力集中在某一相关领域，只能处理单一事件和信息，而不能将事物之间建立联系。

多点结构：可提供多个离散的、独立且正确的信息片段，这些信息可能会组成完整的解决方案，但信息之间没有联系，学习者还缺乏有机整合的能力。

关联结构：学习者能够建构对信息的整合性理解，建立事物之间的联系，形成连续的结构与意义。

抽象扩展结构：能够在具体事物与样例的基础上抽象出一般的规则和假设，并应用于新的情境。

斯科尔滕（Scholten）等人对学习者学习人体正常吞咽的 12 个特征的学习效果进行研究，将 SOLO 分类应用于对学习者对 12 个特征的描述测试中，选择 SOLO 分类中的前结构、单点结构、多点结构和关联结构作为其研究中深度学习的分类，分别标记为 0、1、2、3，对学习者的学习结果进行编码。研究发现，前结构容易达到，而关联结构得分最难达到。其研究也表明 SOLO 可观察结果分类能够有效应用于对深度学习中学习成果的定性分析②。

我国学者张浩等以反思性学习为策略和途径来促进学生的深度学习，构建基于反思的深度学习模型，设计实验方案探究反思性学习对学生深度学习的影响，基于 SOLO 分类理论，将学生思维结构分为前结构到关联结构共 4 类，对学生的思维结构进行比较，提出在 SOLO 分类理论中，学生

---

① 彼格斯，科利斯．学习质量评价：SOLO 分类理论（可观察的学习成果结构）[M]．高凌飚，张洪岩，译．北京：人民教育出版社，2010：14.

② SCHOLTEN I，KEEVES J P，LAWSON M J. Validation of a free response test of deep learning about the normal swallowing process [J]. Higher education，2002（2）：233-255.

深度学习需要达到关联结构或抽象扩展结构①。

（3）DOK 知识深度等级

布鲁姆教学目标分类重点关注学生完成任务的表现，韦伯 2002 年提出的知识深度等级则关注学生在完成任务过程中的策略与思考方式，并将其分为四个等级。

①回忆与重复：学生仅需要回忆知识，如定义、术语或简单的程序。

②技能与概念：需要认知加工过程的参与，内容知识比第一个等级更复杂，需要学生为如何解决问题做决定，如解释、描述等活动。

③策略性思考：需要运用推理、计划、使用证据等更高水平的思维过程。

④拓展思考：需要在事物之间建立联系，从多种策略中作出选择来解决问题，是一种最复杂的认知过程②。

综上所述，认知领域是深度学习不可缺少的一部分，目前得到广泛采用的认知领域评测体系为布鲁姆的教学目标分类与 SOLO 分类理论，这两种理论分别从不同的角度对学习者在认知领域的学习结果进行评测，且各等级由浅入深，分别对应于深度学习与浅层学习。

2. 学生深度学习动机策略的评测

学生在深度学习过程中的动机与策略的分析是当前深度学习领域重要的一个方面，对于学生深度学习过程中的动机与策略的评测主要基于现象描述分析学进行，通过调查问卷和访谈的形式让学生自我报告在学习中的动机和策略，本研究将介绍主要的几种评测方式。

（1）彼格斯学习过程问卷

彼格斯是国际上研究深度学习的最重要学者之一，他主要关注深度学习过程中的学生动机策略研究，提出了彼格斯学习过程问卷（Biggs Learning Process Questionaire），问卷主要包含浅层动机（Surface Motive）、深层动机（Deep Motive）、成就动机（Achieving Motive），还有浅层策略（Surface Strategy）、深层策略（Deep Strategy）和成就策略（Achieving Strategy）。彼格斯分别设计了面向中小学生和大学生的学习过

---

① 吴秀娟，张浩. 基于反思的深度学习实验研究［J］. 远程教育杂志，2015（4）：67-74.

② WEBB N L. Alignment of science and mathematics standards and assessments in four states：research monograph No. 18［J］. Monthly notices of the royal astronomical society，1999（3）：559-569.

程问卷“Learning Process Questionaire”和“Study Process Questionaire”，主要评测学生在学习过程中的学习动机以及所采用的学习方式、策略，学生通过 5 级量表的形式自我报告在每个题目上的表现。“Learning Process Questionaire”共包含 36 个题目，“Study Process Questionaire”包含 42 个题目。每个维度的具体含义如表 2-1 所示①。

表 2-1　学习过程问卷维度

学习方式（Approach）	动机（Motive）	策略（Strategy）
浅层（Surface）	浅层动机：满足最低要求，以完成所必须要做的工作	浅层策略：为达到最基本的目标，通过机械记忆重复或复制内容
深层（Deep）	深层动机：发自内心对所学内容感兴趣，在某些特定学科培养特别的能力	深层策略：通过广泛阅读发现学习内容的深层含义，与已有知识之间建立内在联系
成就型（Achieving）	成就动机：通过竞争提升自我成就与尊严，无论学习内容是否有趣，都希望获得最高分	成就型策略：组织个体的时间和学习空间，完成所有建议的阅读材料、计划安排，成为模范生

彼格斯的学习过程问卷已经得到了广泛的应用，其信度与效度也得到了检测，大量研究表明，该问卷可用于评测学生的学习方式。如 Malie 等人在研究学生学习方式与绩效表现的关系时，借鉴彼格斯的学习过程问卷调查大学生最喜爱的学习方式，选择其中的深层学习动机、策略以及浅层学习动机、策略问题，让学生以 5 级量表的形式自我报告学习过程中所采用的学习方式，研究发现学生在学习过程中会尝试使用不同的学习方式，而相对于浅层学习，使用深层学习方式会取得更好的成绩②。

马修（Matthew）等人研究通过改变学习环境来促使会计专业学生更多采用深度学习方式，他们使用彼格斯的学习过程问卷分析学生学习过程，对学生在三种学习方式上的动机与策略进行评测，作为确定每个学生学习

① BIGGS J. Study process questionnaire manual. student approaches to learning and studying [M]. Australia: Australian Council for Educational Research Ltd., 1987: 10-11.

② MALIE S, AKIR O. Bridging the gaps between learning and teaching through recognition of students' learning approaches: a case study [J]. Research in education, 2012 (1): 75-94.

方式的依据①。

戈登（Gordon）等人通过长期的准实验研究探究学习环境的改变，如采用多样化的学习方式、变革评价方式等，来促进学生使用深度学习方式的提升，减少对浅层学习方式的依赖。他们运用彼格斯的学习过程问卷测量学生学习方式，并将问卷的描述进行本土化改变，通过因子分析对问卷的结构进行分析，提取相关指标组成适合于研究环境的问卷来评价学生的学习方式②。

李（Lee）等人探究高中生的科学概念理解程度与学习方式之间的关系，通过改编学生学习过程问卷，即选用深度学习动机、策略与浅层学习动机、策略两个维度，建立学习方式问卷来检测高中生在科学课程中所采用的学习方式，并通过结构方程模型来验证科学概念理解与学习方式之间的关系。其研究表明，能够建构性地学习科学概念的学生更倾向于采用深度学习的方式学习科学③。

普拉托（Platow）等人探究在不同学科中的自我概念认知对大学生深度学习或浅层学习方式的影响，以及深度学习方式对学生短期学习绩效和持续动机投入的影响，为了测量深度学习和浅层学习方式，他们运用了改编后的学习过程问卷，共包含 20 个问题，其中 10 个评测学生的深度学习情况，另外 10 个评测学生的浅层学习情况④。

哈姆（Hamm）等人探究基于多种媒介的评价方式对项目管理专业学生深度学习的促进作用，使用修改后的学习过程问卷确定学生学习方式类型，并结合 45 分钟的半结构化访谈的形式让学生描述在学习中所

---

① HALL M，RAMSAY A，RAVEN J. Changing the learning environment to promote deep learning approaches in first-year accounting students [J]. Accounting education，2004 (4)：489-505.

② GORDON C，DEBUS R. Developing deep learning approaches and personal teaching efficacy within a preservice teacher education context [J]. British journal of educational psychology，2002 (4)：483-511.

③ LEE M H，JOHANSON R E，TSAI C C. Exploring Taiwanese high school students' conceptions of and approaches to learning science through a structural equation modeling analysis [J]. Science education，2008 (2)：191-220.

④ PLATOW M J，MAVOR K I，GRACE D M. On the role of discipline-related self-concept in deep and surface approaches to learning among university students [J]. Instructional science，2013 (2)：271-285.

采用的学习方式①。

弗洛伊德（Floyd）等人探究了课程价值观、学生投入度、深度学习策略与浅层学习策略之间的关系，他们采用彼格斯的学习过程问卷来测量学生的深度学习策略与浅层学习策略，学生通过里克特 7 级量表进行自我报告，并通过结构方程模型验证几个因素之间的关系。其研究表明，当学生的课程价值观得分较高、投入度较高时，学生的学习为深度学习，反之则为浅层学习②。

鲁宾（Rubin）等人探究性别、年龄对大学生采用深度学习与浅层学习的影响，以及这些因素对学位满意度的影响。其研究对象为 983 名澳大利亚公立学校的大学生，他们采用改编后的彼格斯两因素学习过程问卷对学生的学习方式进行调研③。

梅兰比（Mellanby）等人将学生深度学习与大学入学考试成绩对比，分析学生的深度学习过程能否预测其入学成绩。其研究运用彼格斯的大学生学习过程问卷对学生的深度学习进行调查，通过里克特 10 级量表让学生完成自我报告④。

付亦宁从更全面的角度来理解深度学习，并探究大学生深层学习的影响因素，认为学生学习过程、学习观、元认知能力、教学体验、学习结构体验均能够影响学生的深度学习，运用修改后彼格斯的两因素学习过程问卷对学生的学习过程进行评测，研究发现，元认知能力是影响深度学习的重要因素，也是深度学习的重要组成部分⑤。

---

① HAMM S, ROBERTSON I. Preferences for deep-surface learning: a vocational education case study using a multimedia assessment activity [J]. Australasian journal of educational technology, 2010 (7): 951-965.

② FLOYD K S, HARRINGTON S J, SANTIAGO J. The effect of engagement and perceived course value on deep and surface learning strategies [J]. Informing science the international journal of an emerging transdiscipline, 2009 (12): 181-185.

③ RUBIN M, SCEVAK J, SOUTHGATE E, et al. Older women, deeper learning, and greater satisfaction at university: age and gender predict university students' learning approach and degree satisfaction [J]. Journal of diversity in higher education, 2016 (10): 82-86.

④ MELLANBY J, CORTINA-BORJA M, STEIN J. Deep learning questions can help selection of high ability candidates for universities [J]. Higher education, 2009 (5): 597-608.

⑤ 付亦宁. 大学生深层学习影响因素及其关系的实证分析 [J]. 苏州大学学报：教育科学版，2015 (2): 93-101.

陈明选等人设计了包括深度学习动机、学习投入、深度学习策略三个维度的深度学习问卷探究学生的深度学习现状，并采用里克特 5 级量表，对学生在深度学习问卷中的得分进行分析①。

综上所述，彼格斯的学习过程问卷和改编后的两因素学习过程问卷，已广泛应用于评测深度学习的研究中，大量研究表明该问卷具有良好的信度与效度，是当前研究学生学习过程比较经典的调查问卷与研究方式。此外，部分学者将元认知能力作为深度学习的重要影响因素，认为元认知能力是深度学习中的重要组成部分，只有通过元认知的参与，学生才能够更加了解自己学习过程中采用的策略及学习方式。元认知也是学生达成深度学习的标志之一。

（2）学习动机策略问卷

学习动机策略问卷（Motivated Strategies for Learning Questionnaire，MSLQ）是由 Pintrich 等人于 1993 年设计开发的测量工具，通过对该问卷的信度与效度进行测量，我们发现该问卷具有良好的信度与效度，能够有效测量深度学习的影响因素，该问卷包含动机和学习策略两部分，共 81 个测试题目，具体指标如表 2-2 所示②。

表 2-2　学习动机策略问卷指标

<table>
<tr><th>一级指标</th><th>二级指标</th><th>三级指标</th></tr>
<tr><td rowspan="6">学习动机</td><td rowspan="3">价值组成部分（Value Components）</td><td>内在目标动机</td></tr>
<tr><td>外在目标动机</td></tr>
<tr><td>任务价值</td></tr>
<tr><td rowspan="2">期待组成部分（Expectancy Components）</td><td>控制信念</td></tr>
<tr><td>学习和绩效的自我效能感</td></tr>
<tr><td>情感组成部分（Affective Components）</td><td>考试焦虑</td></tr>
<tr><td rowspan="5">学习策略</td><td rowspan="5">认知和元认知策略（Cognitive and Metacognitive Strategies）</td><td>复述</td></tr>
<tr><td>精细化</td></tr>
<tr><td>组织</td></tr>
<tr><td>批判性思考</td></tr>
<tr><td>元认知自我调节</td></tr>
</table>

① 陈明选，张康莉．促进研究生深度学习的翻转课堂设计与实施［J］．现代远程教育研究，2016（5）：68-78.

② PINTRICH P R，SMITH D A F，GARCJA T，et al. A manual for the use of the motivated strategies for learning questionnaire（MSLQ）［J］. College students，1991（9）：76-78.

续表

一级指标	二级指标	三级指标
学习策略	资源管理策略 (Resource Management Strategies)	时间与学习环境
		努力调节
		同伴学习
		寻求帮助

劳（Lau）等人探究学习任务价值和自我效能感、课堂出勤率、小组参与度、学习目标和深度学习之间的关系，其研究选择MSLQ中的批判性思维、精细化和组织三个子维度测学生的深度学习情况，每个子维度下包含4个题目，通过SPSS软件计算其克朗巴哈（Cronbach's α）系数，发现该问卷具有良好的信度①。

（3）学习与研究问卷以及教学与学习体验问卷

学习与研究问卷（Learning and Studying Questionaire，LSQ）和教学与学习体验问卷（Experiences of Teaching and Learning Questionnaire，ETLQ）是在提高本科教学、学习环境项目（Enhancing Teaching-Learning Environments in Undergraduate Courses，ETL）的背景下产生的，ETL项目是英国经济社会理事会（Economic and Social Council，ERSC）基金支持的英国学与教的项目中的一部分，重点关注4个主要的领域：电子工程、生物科学、经济和历史，问卷调查是该项目的主要数据来源②。LSQ主要测量学生的一般学习目标和他们的学习方式，包含4部分内容：第一部分是学生学习和上学的目的与态度；第二部分是参与某门课的理由；第三部分是学习的过程；第四部分是学习监控。ETLQ安排在学生学习后进行填写，它包含5部分内容：第一部分是学生在学习某个课程单元时的实际学习过程；第二部分是学生对于课程教学的态度；第三部分是学生认为所学课程对知识和学习过程的需求；第四部分是学生在学完内容后的收获；第

① LAU S，LIEM A D，NIE Y. Task- and self-related pathways to deep learning: the mediating role of achievement goals，classroom attentiveness，and group participation [J]. British journal of educational psychology，2008 (4)：639-662.

② ENTWISTLE N. Ways of thinking and ways of teaching across contrasting subject areas [DB/OL]. [2017-05-04]. http://www.etl.tla.ed.ac.uk/docs/etlISL2005.pdf.

五部分是调查学生对所学课程的态度以及对自己在课程中所做工作的感受[①]。恩特威斯尔等使用ETLQ调研学生的教与学体验，探究具有较高深度学习水平和付出较多努力并能够较好监控自己学习过程的学生在教与学体验之间的关系[②]。

深度学习过程动机与策略的评测可以从定量与定性的角度综合进行。彼格斯学习过程问卷、MSLQ、LSQ以及ETLQ均从定量的角度，以问卷调查的形式对学生的学习过程进行研究。此外，大量研究通过学生访谈的方式对学生的学习过程进行调研。罗茜（Rosie）等人通过访谈的方式评测学生的深度学习过程，并探究学生深度学习与网络教学法的关系[③]。钦（Chin）等人采用定性的方式对8名学生的学习方式进行分析，在学习的前后分别与学生展开访谈，通过分析学生对科学概念与学习过程的描述来分析学生的学习方式[④]。2000年钦等人让学生详细描述学习过程中采取的深度学习策略，如认知和元认知策略，并通过模型解释这些策略如何在深度学习的过程中相互作用[⑤]。哈姆等人探究基于多种媒介的评价方式对项目管理专业学生的深度学习的促进作用，采用问卷结合45分钟的半结构化访谈的形式让学生描述学习过程中采用的学习方式，以区分学生的学习方式[⑥]。通过以上分析可知，在区分学生的学习方式中采用定量与定性结合的方式会更加客观，两种数据相互支撑，能为研究结论提

---

① ENTWISTLE N，MCCUNE V，HOUNSELL J. Approaches to studying and perceptions of university teaching-learning environments：concepts，measures and preliminary findings [R]. Edinburgh：Universities of Edinburgh，2002.

② ENTWISTLE N，MCCUNE V. The disposition to understand for oneself at university：integrating learning processes with motivation and metacognition [J]. British journal of educational psychology，2013 (2)：267.

③ ROSIE A. Online pedagogies and the promotion of "deep learning" [J]. Information services & use，2000 (2/3)：109-116.

④ CHIN C，BROWN D E. Learning in science：a comparison of deep and surface approaches [J]. Journal of research in science teaching，2000 (2)：109-138.

⑤ CHIN C，BROWN D E. Learning deeply in science：an analysis and reintegration of deep approaches in two case studies of grade 8 students [J]. Research in science education，2000 (2)：173-197.

⑥ HAMM S，ROBERTSON I. Preferences for deep-surface learning：a vocational education case study using a multimedia assessment activity [J]. Australasian journal of educational technology，2010 (7)：951-965.

供可靠依据。

3. 学生高阶思维能力的评测

全美学生投入度问卷（National Survey of Student Engagement，NSSE）是对美国大学生学习性投入调查的问卷，包括整合性学习（Integrative Learning）、高阶思维（High-Order Thinking）能力和反思性学习（Reflective Learning）三个维度①。

罗科尼（Rocconi）等人探究大四学生的研究计划与他们采用深度学习的趋势和学术环境之间的关系，此研究中的深度学习方式测量工具采用NSSE问卷，将全美116 000名大学生的学习投入度问卷数据作为研究中的深度学习数据来源。该研究表明，学生采用深度学习与他们上研究院的计划之间存在显著的正相关关系②。

坎贝尔（Campbell）等人探究当前的学业测试与深度学习之间的关系，采用NSSE问卷测试学生在整合性学习、高阶思维能力以及反思性学习方面的得分，并通过验证性因子分析和结构方程模型探究两者之间的关系。该研究表明，深度学习的三个维度之间有良好的内部联系，但深度学习与学生学业得分之间无直接关系③。

2008年莱尔德（Laird）等人将深度学习概括为三个维度，即整合性学习、高阶思维能力、反思性学习④，并在2011年对NSSE问卷的信度与效度进行检验。该研究表明，该问卷具有良好信度与效度⑤。2014年在研究深度学习方式及其子维度（整合性学习、高阶思维能力、反思性学习）对学生的批判性思维、认知需求和对素养的积极态度的影响的基础上，该研

---

① 王纾. 研究型大学学生学习性投入对学习收获的影响机制研究——基于2009年“中国大学生学情调查”的数据分析［J］. 清华大学教育研究，2011（4）：24-32.

② ROCCONI L M，RIBERA A K，LAIRD T F N. College seniors' plans for graduate school：do deep approaches learning and Holland academic environments matter?［J］. Research in higher education，2015（2）：178-201.

③ CAMPBELL C M，CABRERA A F. Making the mark：are grades and deep learning related?［J］. Research in higher education，2014（5）：494-507.

④ LAIRD T F N，SHOUP R，KUH G D，et al. The effects of discipline on deep approaches to student learning and college outcomes［J］. Research in higher education，2008（6）：469-494.

⑤ LAIRD T F N，GARVER A K，NISKODÉ-DOSSETT A S，et al. The predictive validity of a measure of deep approaches to learning［DB/OL］.［2017-05-12］. http://cpr.indiana.edu/uploads/ashe2008predvalidityofdal.pdf.

究采用 NSSE 问卷测量学生的深度学习方式，不同于彼格斯的学习过程问卷，NSSE 问卷只测量学生的深度学习方式及其三个子维度。该研究表明，反思对学生的成绩增长有很重要的作用①。

综上所述，学生的深度学习不仅仅是学习的方式，更是指导学生学习的准则。NSSE 问卷目前已广泛应用于学生深度学习的测量中，并且具有良好的信度与效度。根据 NSSE 问卷分析可知，学生的深度学习由整合性学习、高阶思维能力及反思性学习等几个核心部分组成。在测量学生深度学习时，不仅仅要关注学生在认知方面的变化，高阶思维能力的变化更是深度学习的核心，也是在设计深度学习策略时应重点考虑的问题。反思是元认知能力的一部分，因此，元认知能力也是深度学习评测的一个重要维度。

4. 学生深度学习能力的评测

由威廉和弗洛拉•休利特基金会提供资金支持，NRC 主持的 SDL 项目将深度学习概括为三个维度及六种核心素养，具体如表 2-3 所示②。

表 2-3 SDL 项目中的深度学习分类

维　度	核心素养类型
认知领域	深度内容知识
	批判性思维和复杂问题解决
个人领域	合作
	交流
社交领域	学会学习的能力
	学术思维

美国研究协会（American Institutes for Research，AIR）设计开发了《深度学习研究：机会与结果》教师与学生调查问卷，学生问卷主要从学生参与深度学习的机会、个人参与社交领域的能力以及学生对学校环境的态度出发，共包含 31 个题目，部分题目下还含有多个指标；教师问卷主要关

① LAIRD T F N，SEIFERT T A，PASCARELLA E T，et al. Deeply affecting first-year students' thinking：deep approaches to learning and three dimensions of cognitive development [J]. Journal of higher education，2014 (3)：402-432.

② HUBERMAN M，BITTER C，ANTHOMY J，et al. The shape of deeper learning：strategies，structures，and cultures in deeper learning network high schools [R]. Washington：American Institutes for Research，2014：2.

注所在学校的教学情况、专业发展、所教课堂的教学、学校学生情况以及个人背景 5 个方面，共 19 个问题，多个题目下还包含子题目。该问卷在实践检验中的效度检验良好①。

尼林（Nehring）等人探究学校如何培养学生的深度学习，即 21 世纪学习能力，他们通过对北爱尔兰地区的 4 所中学的学生进行调研，分析学校如何培养学生在认知、个人、社交领域的能力②。

深度学习不仅仅是学生在认知领域知识的习得，也是学生的高阶思维能力的增长，以及动机策略的掌握。我国课堂教学三维目标中将学生的学习分为知识与技能、过程与方法、情感态度与价值观，其中情感态度与价值观便是深度学习的重要维度。2016 年我国发布的中小学生发展核心素养包括文化基础、自主发展、社会参与三个方面，并包含人文底蕴、科学精神、学会学习、健康生活、责任担当、实践创新六大素养。我国学者张浩等人构建了深度学习的立体多维评测模型，运用布鲁姆认知目标分类、彼格斯 SOLO 分类、辛普森动作技能分类、克拉斯沃尔情感分类等综合评测学生的深度学习③。本研究认为，学生学习是多个维度的综合习得，包括认知、元认知、高阶思维能力以及情感等领域，对于深度学习的评测应从多个方面进行。

2.2 促进深度学习的策略研究概况

本章的第一节内容对深度学习的起源、概念、认知过程及评测方式进行了详细介绍。深度学习既是学生学习的方式，也是学生学习结果的较高层次，如何指导学生运用深度学习的方式达到深度学习的效果是当前该领域研究的重点。目前，关于促进学生深度学习的策略有很多，主要体现在教学方法、学习环境、教学评价以及技术应用等多个方面。本研究将从教学法促进深度学习的策略、评价促进深度学习的策略和技术促进深度学习

---

① American Institutes for Research. The study of deeper learning: opportunities and outcomes [R]. Washington: American Institutes for Research, 2016.

② NEHRING J H, SZCZESIUL S. Redefining high performance in Northern Ireland: deeper learning and twenty-first century skills meet high stakes accountability [J]. Journal of educational change, 2015 (3): 1-22.

③ 张浩，吴秀娟，王静. 深度学习的目标与评价体系构建 [J]. 中国电化教育，2014 (7): 51-55.

的策略三个角度对已有的策略进行综述。

2.2.1 教学法促进深度学习的策略研究

教学法是课堂教学的关键要素之一，也是深度学习达成与否的决定性因素，如何通过改进教学法来促进深度学习是本研究的重点。目前促进学生深度学习的教学法策略主要包括小组协作学习、PBL 教学、探究学习等，其中协作学习与 PBL 教学是应用最为广泛的两种。

1. 小组协作学习

协作学习是学生在社会性情境中与同伴进行交互，以完成知识建构的一种学习方式[①]。人类的学习过程不是个体独立完成的，而是置于社会化的情境中在参与社会交互的过程中习得的，社会交互是学习建构的重要环节，有效的交互能够激发学生的学习兴趣、实现学生的身份认同等[②]。小组协作学习是应该被鼓励的，协作过程当中的小组成员任务分配、成员讨论与争辩、小组问题解决、小组汇报以及回答其他师生质疑等活动能够促进学生在学习过程中更多采用深度学习的方式，而减少对浅层学习的依赖，也能够提升学生的学习投入、学业成绩以及终身学习能力[③]。两人、三人或四人的协作学习形式是当前课堂教学中比较常用的一种组织形式，这种形式也能够提升学生的参与度，提高学习效率。如果协作小组的成员超过 6 个人，就需要教师设置相应的协作策略来提高协作学习的效率，如设置小组长负责组织管理、合理分配任务等[④]。小组协作通常是以案例研究的形式来完成任务，并通过班级或公共的讨论研讨会，形成系列研究海报以及撰写研究报告作为他们最终的研究成果；拼图模式也是小组协作学习中最常用的组

---

① 蔡慧英. 语义图示工具支持的协作问题解决学习的研究 [D]. 上海：华东师范大学，2016：3.

② 金莺莲，裴新宁. 学习科学视域中的社会性学习：过去、现在与未来 [J]. 开放教育研究，2014 (6)：81-87.

③ HALL M，RAMSAY A，RAVEN J. Changing the learning environment to promote deep learning approaches in first-year accounting students [J]. Accounting education，2004 (4)：489-505.

④ 布鲁斯·乔伊斯，玛莎·韦尔，艾米莉·卡尔霍恩，等. 教学模式 [M]. 8 版. 兰英，等译. 北京：中国人民大学出版社，2014：205.

织方式之一，协作学习中成员个人特征及其反思也应该被及时关注①。

美国研究协会对参与深度学习项目的学校的定性分析后发现，布置小组任务、组建研究小组以及让学生在小组协作中学会合作的教学策略能够培养学生的协作能力、交流能力、学术思维，并教会他们如何学习②，而这些正是SDL项目中提出的学生深度学习能力的重要维度。小组协作学习是培养学生人际领域能力（合作与交流能力）的重要方式③。基于小组协作项目、同伴互助以及同伴反馈促进学生与学生之间的相互作用，可以有效提升学生的深度学习④。

综上所述，协作与沟通能力是深度学习的重要组成部分，小组协作学习是促进学生协作沟通能力的重要课堂教学策略，教师合理组织小组协作学习的过程是促进学生深度学习的重要保障，如给每个小组分配合理的人数，布置符合学生认知水平的任务，设置合理的协作过程、管理要求等。因此有效利用小组协作学习是本研究确定的促进深度学习的重要策略之一。

2. PBL教学

PBL教学起源于医学教育中，由美国的神经病学教授巴罗（Barrow）首创，最初是为了解决传统医学教育中学生需要学习大量晦涩难懂的医学知识的问题，让学生置于真实的医学情境中，通过解决问题来学习知识的一种教学方式⑤。PBL教学能够提升学生的学习效果，学生通过运用知识解决问题，锻炼高阶思维能力、自我监控能力和反思能力来提升知识与技能⑥。PBL教学具有如下特征：是以问题驱动的；是真实的、复杂的、非结构化的问题或案例；是以自我为导向的学习；是基于反思的学习；PBL

---

① LEE M H，JOHANSON R E，Tsai C C. Exploring Taiwanese high school students' conceptions of and approaches to learning science through a structural equation modeling analysis [J]. Science education，2008 (2)：191-220.

② American Institutes for Research. The study of deeper learning：opportunities and outcomes [R]. Washington：American Institutes for Research，2016.

③ National Research Council. Education for life and work：developing transferable knowledge and skills in the 21st century [R]. Washington：National Research Council，2012：7.

④ 叶晓芸，秦鉴. 论浅层学习与深度学习 [J]. 软件导刊，2006 (2)：19-21.

⑤ BARROWS H S，TAMBLYN R M. Problem-based learning：an approach to medical education [M]. Berlin：Springer，1980：3.

⑥ BARROWS H S. A taxonomy of problem-based learning methods [J]. Medical education，1986 (6)：481-486.

教学能够促进学习转移、自我导向的学习和元认知能力的提升①。近年来，PBL 教学已广泛应用于各个学科教学中，并作为学生知识迁移的一种重要锻炼途径。PBL 教学是以解决问题为核心的，学生在 PBL 教学中通过利用知识和技能解决情境化的问题，能够达到知识与经验建构的目的②。

鼓励学生采用深度学习方式，即为学生提供一个概念框架和情境帮助学生选择合适的学习行为与方式，PBL 教学正是指导学生在这样的理论框架和教学情境中进行学习的。PBL 教学的设计中应选择一个特定的主题，将具有相似概念的跨学科知识进行融合，突破传统的学科边界、理论与实践的鸿沟，来设计系列的主题活动，一般情况下需要学生以小组协作的形式参与，这种基于小组的 PBL 教学在促进学生的深度学习方面具有良好的效果③。深度学习的过程中，学生要积极参与学习活动，而不是被动接受知识，通过运用大量的信息源来识别和解决劣构问题是促进学生深度学习的重要方式；PBL 教学通过让学生解决给定问题的方式来反映学生的所学，提升学生团队协作、交流和问题解决的能力④。AIR 通过访谈参与深度学习项目学校的管理者和教师，提出 PBL 教学能够促进学生掌握核心知识内容和形成批判性思维，在学习中建立与真实世界的联系也能够促进学生的深度学习⑤。在 PBL 教学中设计序列性的活动也能帮助学生掌握核心概念和能力⑥，学生能更深入地体验解决问题的过程并最终找到有效的解决方式⑦。这种学习方式也与问题解决的方式、深度理解知识的应用与转移有密切关系，而这些正是深度学习的核心认知过程。

---

① HUNG W. Problem-Based learning: a learning environment for enhancing learning transfer [J]. New directions for adult & continuing education, 2013 (137): 27-38.

② 谢幼如. 网络课堂协作知识建构模式研究 [D]. 重庆: 西南大学, 2009: 1.

③ National Research Council. Education for life and work: developing transferable knowledge and skills in the 21st century [R]. Washington: National Research Council, 2012: 7.

④ 布鲁斯·乔伊斯，玛莎·韦尔，艾米莉·卡尔霍恩，等. 教学模式 [M]. 8 版. 兰英，等译. 北京: 中国人民大学出版社, 2014: 205.

⑤ American Institutes for Research. The study of deeper learning: opportunities and outcomes [R]. Washington: American Institutes for Research, 2016.

⑥ MILLIS B J. Promoting deep learning [DB/OL]. [2017-05-07]. https://www.hws.edu/academics/ctl/pdf/idea-paper47.pdf.

⑦ MEHTA B J, FINE S. The why, what, where and how of deeper learning in American secondary schools [R]. San Francisco: Jobs for the Future, 2014.

PBL教学的方式也是多样化的，可以是一年或一学期的长期项目，这种项目涉及更广的知识领域、多样化的学习活动与评价方式等，通常需要长期的调研与数据分析过程；也可以是短期的项目，如一周或几周的时间[①]。戈登·鲍易斯（Gordon Boyce）等人认为，在PBL教学中考虑学生的个人学习兴趣，激发学生从多角度思考问题、包容多种解决问题的方式以及对传统及权威提出挑战等策略能够促进学生的深度学习[②]。

通常情况下，单一的教学方法无法满足深度学习对多目标的要求[③]。融合多种教学方式，以解决生活问题为出发点，围绕一个主题进行，构建良好的学习环境是促进学生深度学习的重要策略[④]。问题的提出能够激发学生的学习兴趣，以问题情境引入课程教学，通过任务驱动学生的学习是学生高阶思维能力培养的重要手段[⑤]。综上所述，PBL教学能够联系实际，拓展知识，提升学生学习兴趣，促进学生深度学习的养成。

3. 其他教学方法策略研究

通过梳理文献发现，小组协作学习和PBL教学是促进学生深度学习的两种重要的教学策略，通常情况下这两种教学方法是同时使用并相互促进的，其目的是使学习效果最优化。除此之外，基于反思行为探究深度学习的研究也有不少，反思行为贯穿于整个学习活动中，包括学习活动前的反思、学习活动中的反思以及学习活动后的反思。通过问卷调查及成绩分析等发现，将反思行为融入课堂活动是可行的，且能够促进学生的深度学习与能力的发展[⑥]。

---

① 段金菊. e-Learning环境下促进深度学习的策略研究［J］. 中国电化教育，2012（5）：38-43.

② BOYCE G，WILLIAMS S，KELLY A，et al. Fostering deep and elaborative learning and generic（soft）skill development：the strategic use of case studies in accounting education［J］. Accounting education，2001（1）：37-60.

③ GROVER S，PEA R，COOPER S. Designing for deeper learning in a blended computer science course for middle school students［J］. Computer science education，2015（2）：199-237.

④ 王丽，谈云兵. 基于博客的深度学习研究——以苏州教育博客为例［J］. 中国远程教育，2009（23）：40-43.

⑤ 龚雷雨，袁锦明. 深度学习理念下的有效教学设计例谈［J］. 生物学通报，2010（10）：37-39.

⑥ WEBB N L. Alignment of science and mathematics standards and assessments in four states：research monograph No. 18［J］. Monthly notices of the royal astronomical society，1999（3）：559-569.

国外对于促进学生深度学习的策略主要聚焦于具体的课堂教学方法的使用，如小组协作学习、PBL 教学等方式。而综合国内文献发现，目前国内对于深度学习策略主要关注较宏大的教学策略，对于策略在课堂教学中的实践应用则较少涉及。如段金菊提出了对于网络环境下学生深度学习的促进策略，从学生的学习行为、认知以及如何提高学习效果的持续性等角度，提出如何激发学生学习兴趣、如何进行认知加工等策略[①]。杜娟等人对如何通过合理教学设计来提升深度学习进行探讨，提出促进深度学习的教学策略应该是以学生为主导，整合性的知识内容以及旨在培养学生高阶思维能力，并对以学为主的主导策略、支架策略、建模策略以及反思策略进行论述[②]。安富海提出了在学生学习过程中要创建真实的学习情境，建立知识内容之间的意义联系，鼓励学生进行批判性思考[③]。冯锐等人探讨了将故事作为深度学习策略的可行性，故事是学生对知识的外显化途径，也可以为学生在现实生活中的问题解决提供支架、真实情境和指引，能够促进学生知识的迁移与应用，而知识的迁移与应用则是深度学习的重要目标[④]。促进学生的元认知策略发展也是深度学习的重要途径之一，元认知是学生对认知的再认知，是对学习过程的监控、调节、计划等，也是学生对自我认知的重要方式[⑤⑥⑦]。促进学生的深度参与是深度学习的基础，因此，教师在课堂上通过设疑、活动设计、内容丰富化等方式促进学生的深度学习是

---

① 段金菊. e-Learning 环境下促进深度学习的策略研究 [J]. 中国电化教育，2012 (5)：38-43.

② 杜娟，李兆君，郭丽文. 促进深度学习的信息化教学设计的策略研究 [J]. 电化教育研究，2013 (10)：14-20.

③ 安富海. 促进深度学习的课堂教学策略研究 [J]. 课程·教材·教法，2014 (11)：57-62.

④ 冯锐，杨红美. 基于故事的深度学习探讨 [J]. 全球教育展望，2010 (11)：26-32.

⑤ 张浩，吴秀娟. 深度学习的内涵及认知理论基础探析 [J]. 中国电化教育，2012 (10)：7-11.

⑥ 张静，陈佑清. 学习科学视域中面向深度学习的信息化教学方式变革 [J]. 中国电化教育，2013 (4)：20-24.

⑦ 许小荣. 基于深层学习的高职语文教学策略探究 [J]. 现代语文：学术综合版，2015 (5)：87-89.

非常重要的。孙珂提出世界高水平大学中的课堂教学通过多种多样的课堂教学活动、课外活动、自主学习方式、为学生提供丰富的学习环境等来提升学生学习的主动性，提高学生的知识应用能力，使学生的心智、价值观发生全面变化①。

深度学习需要学生建立多个概念的意义关联，以概念促进行为的发展，提升认知的过程②。教师也可以通过为学生提供提示和情境化的支架来鼓励学生在学习活动中质疑、预测和解释③。提高学生对于课程价值的认知以及促进学生在教学中的投入度也是培养学生深度学习的重要方式④。在课程教学的设计中，应该综合考虑多样化的学习环境，包括课堂教学方式、学生认知结构、元认知能力等多种因素，如何综合这些因素来促进学生的深度学习是本研究的重中之重。

2.2.2 评价促进深度学习的策略研究

1. 形成性评价促进学生学习效果研究

教学评价从古代科举考试起就存在，评价是时时刻刻发生在课堂教学中的活动。多年来，评价主要是用于在教学活动序列完成后描述其效果，即总结性评价⑤。总结性评价的目的是教学效果的评估，主要与学生的分等、教育者或管理人员的决策相关，期末考试、毕业考试以及学校的鉴定都是总结性评价的例子⑥。与总结性评价相对应的形成性评价则更加关注学生的学习过程，其主要目的是诊断学习过程中存在的问题，了解学生已掌握的知识和未掌握的知识的情况。近年来，随着教育体制的改革，教育评价的形式也越来越多样化、复杂化，评价的目的也发生了革命性的变化。

---

① 孙珂. 促进“深层学习”：世界高水平大学的教学特征分析［J］. 教育探索，2014（5）：145-149.

② 李宇韬. 促进小学生数学概念深层学习的“意义联结”策略分析［J］. 中小学教材教学，2016（4）：46-49.

③ CHIN C，BROWN D E. Learning in science：a comparison of deep and surface approaches［J］. Journal of research in science teaching，2000（2）：109-138.

④ FLOYD K S，HARRINGTON S J，SANTIAGO J. The effect of engagement and perceived course value on deep and surface learning strategies［J］. Informing science the international journal of an emerging transdiscipline，2009（12）：181-185.

⑤ WILIAM D. What is assessment for learning?［J］. Studies in educational evaluation，2011（1）：3-14.

⑥ 何克抗，李文光. 教育技术学［M］. 北京：北京师范大学出版社，2009：346.

英国评价改革小组在报告《黑箱：通过课堂评价提高标准》（“Inside the Black Box：Raising Standards through Classroom Assessment”）是评价观念转变的里程碑，该报告将评价作为提升学习的一种手段①。当前，评价的目的包含为学生提供反馈、为教师提供诊断性评价和总结性记录、为报告提供证据以及决定课程内容的导向②。这些目的是总结性评价无法满足的，形成性评价正是为满足这些目的而出现的。形成性评价提供修正教与学的活动的反馈信息，这些信息通常被用来调整教学活动，学生也是参与在其中的。随着评价理论及技术的发展，又出现了多种评价方式，目前比较流行的包括根据评价在课堂教学中的角色，将评价方式分为学习的评价（Assessment of Learning）、学习性评价（Assessment for Learning）和学习化评价（Assessment as Learning）。

在当前教育环境中，仍然是以学习的评价方式为主，而大量研究表明，在课堂中应用多种评价策略可以促进学生的学习与发展③。在基于移动设备的真实学习环境中，运用形成性评价的方式对学生的学习过程进行评价，并在评价过程中不断给予学生评价、反馈以及重新学习的机会能够提高学生的学习绩效与学习兴趣④。阿什顿（Ashton）等人通过基于网络的在线形成性评价，将数学问题进行切割，并对每个小问题进行评分赋值，使学生在学习的过程中不断进行评价、反馈与提示，结果表明这种网络环境下基于切割问题的形成性评价方式能够促进学生的学习及发展⑤。Wang 提出了基于网络的累积提示评价系统（GPAM-WATA）动态的评价方式，此系统中的提示信息能够帮助学生学会一步一步解决问题，学生能够通过提示信息排除在解决问题过程中遇到的任何困难。该研究发现，基于网络的提

---

① BLACK P，WILIAM D. Inside the black box：raising standards through classroom assessment [J]. Phi delta kappan，2010（1）：139-148.

② RAPHAEL D，WILSON R J. Assessing students in classrooms and schools [M]. UK：Scarborough，1996：15-17.

③ EARL L M. Assessment as Learning [M]. USA：Corwin. 2003：16-23.

④ HWANG G J，HANG H F. A formative assessment-based mobile learning approach to improving the learning attitudes and achievements of students [J]. Computers & education，2011（4）：1023-1031.

⑤ ASHTON H S，BEEVERS C E，KORABINSKI A A，et al. Incorporating partial credit in computer-aided assessment of mathematics in secondary education [J]. British journal of educational technology，2006（1）：93-119.

示评价体系能够提高学生的数学成绩和问题解决的能力①。科斯顿（Kostons）等人通过学生自评以及自主任务选择的方式来培养学生的自评能力以及任务选择的能力。该研究发现，基于形成性评价的学生自评及自主任务选择不仅能提高学生的学习绩效，也能提升学生的自评能力及任务选择能力②。

通过以上分析可知，学生在形成性评价的过程中能够及时了解自己学习中所存在的问题，教师也可以掌握学生的学习动态，形成良性的动态教学过程；形成性评价既能促进学生的学习，也能培养学生的问题解决能力、对于评价过程及方式的驾驭能力，并提升学生的学习绩效，促进学生的深度学习。

2. 形成性评价促进学生深度学习的策略研究

前文就形成性评价对学生学习效果的影响进行了详细阐述，大量研究表明，形成性评价能够有效促进学生的学习。本研究认为，学生的学习过程可以分为深度学习与浅层学习两种方式，这两种方式必然会对应不同的教学策略，如何在课堂教学中合理运用形成性评价技术来促进学生的深度学习是本研究关注的重点。爱丁堡大学的恩特威斯尔构建了运用评价和教学提升深度学习的理论框架，建立了学生特征、教学特征以及教学部门特征之间的联系，提出评价能够鼓励学生积极思考，促进学生在课堂中的深度学习。此外，将学生作为课堂教学主体的教师更偏向于使用多种评价方式，他们有强烈的鼓励学生构建更深层次理解的意识，他们知道只有当评价过程更强调学生的个人理解过程时，深度学习策略才能产生较高的学习绩效③。

在PBL教学评价体系中减少试卷测试和总结性评价所占比重，增加过程性电子学习档案记录学生在解决问题中的表现以及基于网络的同伴互评、

① WANG T H. Implementation of web-based dynamic assessment in facilitating junior high school students to learn mathematics [J]. Computers & education, 2011 (4): 1062-1071.

② KOSTONS D, GOG T V, PAAS F. Training self-assessment and task-selection skills: a cognitive approach to improving self-regulated learning [J]. Learning & instruction, 2012 (2): 121-132.

③ ENTWISTLE N. Promoting deep learning through teaching and assessment: conceptual frameworks and educational contexts [J]. Higher education academy, 2000 (6): 25-30.

学生自我评价反馈在评价中所占的比重，能够促进学生的批判性思维能力、元认知能力以及反思能力，加深学生对于学习内容的理解，提升学生的学习效果，促进学生在布鲁姆教学目标分类中的分析、评价、创造等高阶学习能力的发展①。学习性评估通过提供课堂反馈信息以帮助教师调整下一步的教学活动，满足不同学生的学习需求，学习性评估能够提升学生的学习效果；学习化评估的核心是学生的自我评价，学生通过自评能够支持元认知能力的发展，成为主动的批判性思考者，在与已有经验建立联系的基础上构建新的学习。此外，学习化评估能够激发学生的学习动机并拓展学习，培养学生的反思和自我调节能力，促进学生的深度学习②。增加学生在评价活动中的参与度，如撰写阶段性的报告，将学生自评与互评的得分作为最终成绩的重要部分，能够让学生产生较好的学习效果，提升学生的分析思考能力以及终身学习技能，培养学生的深度学习③④。威廉和弗洛拉·休利特基金会对参与深度学习项目的学校教师、学生进行访谈，并与未实施深度学习的学校进行比较发现，参与深度学习项目的学校会运用多种教学评价方式，如电子档案袋、学生展示与同伴评估、长期的累计评价等来促进学生的知识掌握与复杂问题解决能力的形式⑤，通过建立评价与真实世界的联系，基于学生质疑、自我学习反思等策略来培养学生的深度学习⑥。

---

① LYNCH R, MCNAMARA P M, SEERY N. Promoting deep learning in a teacher education programme through self- and peer-assessment and feedback [J]. European journal of teacher education, 2012 (2): 179-197.

② WANG T H. Implementation of web-based dynamic assessment in facilitating junior high school students to learn mathematics [J]. Computers & education, 2011 (4): 1062-1071.

③ GORDON C, DEBUS R. Developing deep learning approaches and personal teaching efficacy within a preservice teacher education context [J]. British journal of educational psychology, 2002 (4): 483-511.

④ LEE M H, JOHANSON R E, TSAI C C. Exploring Taiwanese high school students' conceptions of and approaches to learning science through a structural equation modeling analysis [J]. Science education, 2008 (2): 191-220.

⑤ National Research Council. Education for life and work: developing transferable knowledge and skills in the 21st century [R]. Washington: National Research Council, 2012: 7.

⑥ TRAPHAGEN K. Time for deeper learning: lessons from Five High Schools [R]. Boston: National Center on Time & Learning, 2013: 8.

教师在对学生进行形成性评价的过程中，可以开展的活动主要包括：明确课程学习目标和标准以方便学生了解学习内容；搜集学生学习过程中的细节以确定学生是否达到了学习目标；为学生提供较详细的描述性教学反馈，帮助学生了解自己的学习状况；运用自评、同伴互评等方式来提高学生的学习能力、自我效能和自信等，这种教学评价体系能够促进学生将浅层学习转向深度学习[①]。

通过以上文献梳理发现，目前对于运用评价促进深度学习的策略主要由国外多个教学研究机构编制的研究报告以及部分论文提出，在学生深度学习的背景下，总结性评价不应该再作为学生评价的唯一标尺，评价形式的多样化才是促进学生能力培养的主要途径。在教学过程中，综合运用同伴互评、学生自评、电子档案袋以及学生展示等方式，并与真实世界相联系，以提升学生的自我反思能力、复杂问题解决能力、元认知能力、学习动机等，是培养学生深度学习能力的有效方式。因此本研究提出了基于评价的教学理论框架来指导教师应用信息技术开展课堂教学，并促进学生的深度学习与发展。

2.2.3 技术促进深度学习的策略研究

信息技术不断发展并渗透到教育的每一个阶段，正成为影响教育改革的重要因素之一。我国制定的《国家中长期教育规划纲要（2011—2020年）》中首次以专章对教育信息化进行描述，并对信息技术在教育发展中的重要性作了强调[②]。美国教育部公布了名为《为未来而准备的学习——重塑技术在教育中的作用》的 2016 美国国家教育计划（NETP），其中提出要通过技术促进学习、教学、领导力及评价等，这也进一步强调了技术在教育中的重要性[③]。技术已成为教育中不可或缺的一部分，信息技术如何与教育充分融合是我们当前要解决的重要问题。联合国教科文组织于 2005 年提出了教育信息化发展的四个阶段：起步（Emerging）、应用（Applying）、融合

---

① LINQUANTI ROBERT. Supporting formative assessment for deeper learning: a primer for policymakers [R]. Columbia: Council of Chief State School Officers, 2014: 5.

② 规划编制专家组.《教育信息化十年发展规划（2011—2020 年）》解读 [M]. 北京：人民教育出版社，2012：2.

③ Office of Educational Technology. Future ready learning: reimagining the role of technology in education [EB/OL]. [2016-01-17]. http://tech.ed.gov/files/2015/12/NETP16.pdf.

(Infusing）和创新（Transforming)[①]，我国目前正处于应用阶段，如何从应用阶段实现深度融合，还存在很多理论与实践层面上的问题与挑战，如技术与教育融合的理论挑战——“非显著性差异现象”和实践反思——“乔布斯之问”，非显著性差异现象是指不同的媒体对学生学习效果产生的影响并不显著[②]。如何促进技术与教育融合的适效性以及学生的学习效果，是当前应该反思及研究的重要问题。

当前教育中的教学方式已不再局限于传统的讲授法、练习法等，协作学习、PBL 教学以及连接式教学等逐渐受到越来越多的重视，而传统的粉笔加黑板、投影等主要用于展示的媒介已不能满足新型教学法的有效实施。当然，没有技术也可以教学，但技术工具能够帮助教师提高教学的效率，正如我们走路也可以到达目的地，但骑自行车或者开汽车可以帮助我们提高效率。因此如何应用新的技术来支撑这些教学法，提高教学的效率，促进学生的深度学习，是亟待解决的问题。正如哈佛大学的代德（Dede）教授在《数字技术在深度学习中的作用》一书中提出，技术能够帮助教师更好地组织 PBL 教学、协作学习、连接式学习和诊断性评价等，提升学生在学习中的参与、创造与分享，为学生提供更多的学习和利用其他资源的机会，满足学生的学习需求，缩小数字鸿沟，是促进学生深度学习的催化剂、工具、中介等；技术硬件设备的投入只是增加了短期成本，但从长远来看这些成本的投入能够有效提升学生的学习效果，促进学生的深度学习[③]。目前，技术在教育中的应用主要是将传统教学模式自动化，并没有从根本上将技术与教学方法融合，如学习管理系统主要是实现机械教学、传统评价，而不是基于真实世界的问题，电子白板和数字视频主要用来呈现信息，移动设备、笔记本电脑、平板等只是作为传统教学的媒介，并未提升学生的投入度，促进学生的深度学习。代德教授提出了技术与教学深度融合的方式主要是作为协作的工具、在线与混合式教学的环境、支持学生成为创客的工具、与真实世界联系的媒介以及游戏和仿真工具来增加学生的投入度

---

① MAJUMDAR S. Regional guidelines for teacher development for pedagogy technology integration [M]. Bangkok: UNESCO Asia and Pacific Regional Bureau for Education, 2004: 24.

② 杨浩，郑旭东，朱莎．技术扩散视角下信息技术与学校教育融合的若干思考[J]．中国电化教育，2015（4）：1-6.

③ DEDE C. The role of digital technologies in deeper learning [M]. San Francisco: Jobs for the Future, 2014: 5-7.

和学习动机；数字教学平台可以通过案例教学、多样化的呈现、协作学习以及诊断性评价等教学策略来促进学生的知识整合、个性化教学以及协作学习以达到深度学习的目的；沉浸式的虚拟仿真则通过多用户虚拟环境和增强现实来促进基于学徒制的学习转移，以达到深度学习的目的。为小学生提供网络论坛，并鼓励学生在论坛中各抒己见已成为一种常见的学习方式，网络突破了传统教学对时间、空间的限制，学生可以随时随地发表自己的意见及看法。研究发现，基于网络的论坛与学习社区能够培养学生的创新能力，促进学生的深度学习①。数字故事能够帮助 4 种以学生为中心的教学策略在课堂中的有效实施，包括学生投入度、深度学习反思、技术融合以及基于项目的学习等，并通过这些策略的实施来促进学生的深度学习②。

数字化学习主要通过 9 种途径来促进学生的深度学习，可分为三大类：个性化能力发展、促进深度学习的学校与工具以及拓展接触，具体如图 2-2 所示③。

由图 2-2 可知，技术促进深度学习主要有 9 种途径：定制的个性化学习经历、激发动机投入教学过程中、更多的学习时间与精力投入、产出更多的高质量产品、多种多样的小组和团队组织、沉浸于复杂的问题解决中、多种掌握知识的途径、更多更快的反馈、接触更多好的教师和内容。NRC 建议通过学生将概念和任务使用多种方式进行呈现，鼓励学生解释、质疑，使学生投入有挑战性的任务，激发学生动机以及采用形成性评价等。美国卓越教育联盟提出深度学习与技术之间有密切的联系，数字化学习使学生接触了更多的工具和活动，增加了高质量的教学资源，提供了学习平台、网络资源和课程，满足了学生的不同需求以及完成更高程度的挑战④。范德拉克

① TURVEY K. Towards deeper learning through creativity within online communities in primary education [J]. Computers & education, 2006 (3): 309-321.

② BARRETT H C. Researching and evaluating digital storytelling as a deep learning tool [C]. Titlesociety for information technology & teacher education international conference. Japanese liquid Crystal society, 2006: 266-267.

③ VANDERARK T, SCHNEIDER C. How digital learning contributes to deeper learning [R/OL]. https://www. gettingsmart. com/wp-content/uploads/2012/12/Digital-Learning-Deeper-Learning-Full-White-Paper. pdf

④ Alliance for excellent education. Deeper learning [EB/OL]. [2017-04-15]. http://all4edS. org/issues/deeper-learning/.

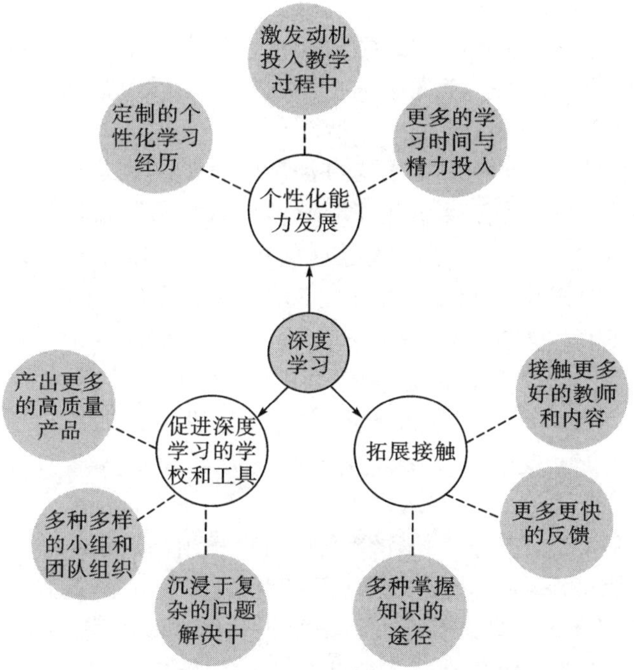

图 2-2　技术促进深度学习的策略

(Vanderark) 等对提升批判性思维和协作学习的工具进行了总结，如表 2-4 所示。

表 2-4　促进深度学习的工具

应用目的	工具类型	技　术
促进批判性思维	可视化数学游戏	ST Math
	仿真工具	Phet，Conspiracy Code
	编程	Globaloria，Gamestar Mechanic
	项目工具	Project Foundry
	移动应用	Show Me，Near Pod，Concept Board
促进协作学习	协作	Edmodo
	自动化的作文评价	Write To Learn，Writing Roadmap，Riterion
	作品发表工具	Blogging Platforms，Portfolio Tools，School Tube，Animoto

由表 2-4 可知，促进深度学习的工具有多种，在不同的教学方法和策略中应使用相应的信息技术来有效促进学生的深度学习。虽然教师在传统

的教学媒介下也可以开展教学，但只有通过技术的支撑才可以改变教师的课堂教学组织方式。在数字化的学习时代，学生的学习行为与倾向已经发生了改变，传统的教学已经无法满足当前学生的学习需求，只有通过多种技术才能促进学生的深度学习。

国内学者对于如何使用技术支撑深度学习的实现也开展了研究，主要是通过概念图、博客等工具实现深度学习。概念图能够将学生的隐性知识通过图与线的方式进行表征，基于这些可视化的知识结构组织方式，学生能够在新、旧知识之间建立联系，基于同化或顺应的方式促进学生对深层知识的理解，实现知识的迁移应用①。学生在博客中可以与同伴、教师发生更深层次的交互，促进学生间的深度交互②。信息技术3.0工具（iTtools 3.0）提供了内部动机、意义整合与建构、批判与理解、问题解决、分析与评价、反思的功能，基于此设计课程及教学内容能够提升学生的深度学习能力③。

综上所述，PBL教学、协作学习等培养学生高阶思维能力的教学方法只有通过技术的支撑才能使其应用效果最大化，而基于网络的博客、Edmodo、Padlet等工具能够辅助教师组织协作学习过程，概念图、思维导图及多种移动程序应用能够激发学生的高阶思维能力，技术也能够为评价提供支持，如学生的诊断性评价、单子档案袋、学习分析则与技术的应用密不可分。因此，深度学习的培养离不开技术在教学中的有效整合，通过技术的参与，教学法与评价可以发挥更大的作用。

2.3 智慧教室理论与实践方面的应用研究概况

智慧教室是随着科学技术不断发展出现的新型产物，近年来，国内外学者已开展许多有关智慧教室的研究，主要集中在智慧教室的理论概念、技术特征、教学实践及效果等多个方面。本节研究以“智慧教室”“智慧教育”“未来教室”和“数字化学习环境”等中文关键词和“Smart

① 田月. 基于概念图的深度学习研究——以高职《计算机应用基础》课程为例[D]. 扬州：扬州大学，2014：39-59.

② 王丽，谈云兵. 基于博客的深度学习研究——以苏州教育博客为例[J]. 中国远程教育，2009（23）：40-43.

③ 纪宏璠，雷体南，方红. 基于iTtools 3.0的深度学习过程设计与实践研究[J]. 现代教育技术，2015（2）：40-46.

Classroom”“Classroom of Future”“Active Learning Classroom”等英文关键词进行文献查询及梳理，本节内容将对智慧教室的起源与发展、概念与特征、教学实践及效果进行阐述。

2.3.1　智慧教室的源起

智慧教室的出现是信息时代教学的必然产物，经过20多年的发展，已经成为当前教育领域重点关注的议题之一。

1. 传统教室的演进与缺陷

在我国，教室形态的出现已有几千年的历史，经历了太学讲堂、书馆、精舍及书院教室等多种形式[①]。夸美纽斯（Comenius）于17世纪在《大教学论》中提出了班级授课制，自此形成了班级授课制的系统化理论。我国最早兴起班级授课制的是北京京师同文馆，教室内出现了黑板、讲台以及排排坐的桌椅等，并一直沿用至今。20世纪30年代，随着教育电影在我国的出现，正式拉开了电化教育发展的大幕，视听教学、视觉教学运动进一步推动中国电化教育的发展，幻灯、照相、无声电影蔓延到教育中[②]。随后，基于“计算机＋投影”的多媒体教室开始被大范围推广，至今，作为一种主要的教室形态，“计算机＋投影”一直是中小学、大学教室的主要组成部分。直至近年来电子白板出现在教室中，才取代了部分“计算机＋投影”教室。本研究认为，无论是“粉笔＋黑板”教室、“计算机＋投影”教室抑或是电子白板教室，均为传统教学环境，因为在这些教室中，多媒体主要用于教学内容的展示，方便教师的教学，其实质仍是以教师为主导的教学模式，并未从根本上转变教育的理念。

通过文献梳理及笔者的学习经历与实地走访发现，传统的教学环境主要有以下缺陷：

第一，桌椅、讲台的摆放位置比较固定，大多采用秧苗式的布局方式，教师无法深入了解每一名学生的学习，割裂了师生之间的情感互动，由于讲台在上的摆设方式，学生无形中会顺从教师的意愿，在这种环境中，以

① 何智．教室历史变迁与影响未来教室发展的因素［J］．中小学信息技术教育，2014（2）：82-85.

② 欧阳明，杨彦栋，贺卫宏．从我国电化教育的发展历史看其发展特点［J］．电化教育研究，2011（9）：106-108.

讲授法为主，不利于协作学习、项目式学习等教学活动的开展①。

第二，计算机与投影或电子白板的组合，仅仅代替了黑板，加强了对内容的展示与呈现作用，过度的知识内容堆砌会增加学生的认知负荷，学生没有时间进行思考并建立前后知识之间的联系，导致学习效果不佳②。

第三，传统的多媒体教室虽然也综合运用了多种媒介传播知识，但媒介的使用权牢牢掌握在教师的手中，学生仅仅是课堂活动的被动参与者，并不能从根本上体现学生的主体地位。

第四，传统教学环境固化了教学的时间、地点，教学活动只能发生在课堂上，并在规定的时间内开展教学，课后学生主要以完成纸质作业的方式巩固知识，无法充分利用现实世界中的案例与情境来支撑教学，学生的知识也没有得到很好的迁移与应用③。

第五，在传统的教学环境中，师生的课堂互动的方式主要是提问、指导等。目前国内大部分中小学的班级容量在45人以上，教师由于精力、时间所限，无法让每一位学生的内在知识在课堂上得到外显，很难实时掌握每一位学生的真实学习状况，这会导致学生的分层越来越明显。

综上所述，教学环境经过了多种形式的发展与演变，无论是“粉笔＋黑板”还是“计算机＋投影”或白板的方式都只是方便了教师的教学，并没有从根本上考虑学生的需求，还存在诸多缺陷，因此，这也为智慧教室的产生提供了良好的机遇。

2. 智慧教室的起源与发展

智慧教室最早见于雷西尼奥（Rescigno）在1988年提出的智慧教室（Smart Classroom），加利福尼亚胡内米学区建立了一间7年级的科学智慧教室，整合了个人电脑、交互式光盘视频节目、闭路电视、录像节目、卫星下载链接、本地网络以及电话调制解调器，通过这些技术的使用，实现

---

① JISC. Designing Spaces for Effective Learning：a guide to 21st century learning space design [EB/OL]. (2017-03-12). [2017-03-26]. http://wwdw.cedma-europe.org/newsletter%20articles/misc/Designing%20Spaces%20for%20Effective%20Learning%20(Mar%2006).pdf.

② 黄荣怀，胡永斌，杨俊锋，等. 智慧教室的概念及特征 [J]. 开放教育研究，2012 (2)：22-27.

③ 程玫. 智慧学习环境中的学习行为分析研究 [D]. 南京：南京邮电大学，2014：15-20.

学生的自定步调与个性化学习，激发学生兴趣与自信，优化学生的学习效果[①]。国外智慧教室的发展较早，从20世纪90年代开始，多所学校及公司陆续建立了智慧教室，如美国麻省理工学院的技术支持的主动学习（Technology Enabled Active Learning，TEAL）教室[②]、新加坡国立教育学院的未来教室（National Institute of Education Classroom of the Future，NIE COTF）、日本东京大学的科马巴主动学习工作室（Komaba Active Learning Studio，KALS）教室[③]、美国斯坦福大学的互动教室（Interactive Room，iRoom）、欧盟的未来教室项目[④]以及欧洲学校网建立的未来教室研究实验室[⑤]，英特尔、惠普[⑥]、苹果等公司均推出了智慧教室的模型、软（硬）件配置标准及样例的研究项目。国外对于智慧教室的技术、模型、特征等多个方面的研究均有很大进展。

1998年，美国前副总统戈尔发表了题为“数字地球：21世纪认识地球的方式”的演讲，将数字地球的概念引入了大众视线，自此数字化已成为各行各业不可缺少的一部分[⑦]。2008年，IBM公司的总裁兼首席执行官彭明盛在“智慧地球：下一代领导议程”的演讲中提出“智慧地球”的理念，智慧交通、智慧财政系统、智慧天气管理及智慧健康等概念也在该报告中被提出，即通过技术的应用，使所有的事物都更加感知化、互联化、智能化[⑧]。

---

① RESCIGNO R C. Practical implementation of educational technology. The GTE/GTEL smart-classroom. The Hueneme School district experience [R]. Washington: Academic Achievement，1988.

② JOHANSON B，FOX A，WINOGRAD T. The stamford iRoom and interactive workspaces project [C]. IEEE Pervasive Computing，2002：67-75.

③ 教育信息技术的研究（2003）. 未来教室新面貌——从美国、新加坡、中国案例初探[EB/OL]. [2017-03-26]. http://www.fjber.com/JounalShows.aspx?id=1560.

④ 胡永斌，李馨，赵云建. 欧盟学校教育信息化发展现状——访欧盟iTEC“未来教室”项目负责人威尔•埃利斯博士 [J]. 中国电化教育，2016（2）：121-125.

⑤ Future Classroom Lab. Future classroom lab regional network（FCL Regio）[EB/OL]. [2017-03-26]. http://fcl.eun.org/fcl-regio.

⑥ JOSEPH TAO. HP打造首间未来教室，硬件到位的初尝试（视频）（2013）[EB/OL]. [2017-03-26]. http://cn.engadget.com/2013/05/06/hp-classroom-of-the-future-tw/.

⑦ 黄荣怀. 中小学数字校园的建设内容及战略重点 [J]. 北京教育（普教版），2009（8）：60-61.

⑧ RUBIN R E. A smarter planet: the next leadership agenda (Audio) [EB/OL]. [2017-03-13]. https://www.ibm.com/ibm/cioleadershipexchange/us/en/pdfs/sjp_cle_2009.pdf.

智慧教育正是在这个背景下产生的，目前我国对于智慧教育主要有两种理解：一种倾向于哲学方面的智慧，即从智慧的角度理解教育，使学生具备更灵活、迅速地解决问题的能力以及高阶思维能力；另一种就是将技术应用于教育中，构建智慧学习环境，促进教师的教学，提升学生的学习效果①。智慧教室正是为了实现智慧教育而设计的一种重要技术手段与环境，它整合多种技术，实现教育的智慧化②。近几年来智慧教室在我国得到了大力发展，江苏、浙江、北京、上海及武汉等多个城市均从政府层面推动智慧教室在中小学的建设，形成一系列的智慧教室、未来教室的方案、教学模式与研究。此外，清华大学、华中师范大学等多所大学也建立了智慧教室，并开展了大量教学实践与研究，本书接下来的内容将详细介绍国内外智慧教室的项目与研究。

智慧教室已成为国内教育信息化新的着力点，如何通过智慧教室彻底转变传统教学中学生被动的学习状态，激发学生的内在动机，是当前智慧教室环境下亟待解决的问题。

2.3.2 智慧教室的概念、特征研究

1. 智慧教室概念

智慧教室是教育信息化发展历程中的必经阶段，也是教育信息化的必然结果与产物。智慧教室也被称为“未来教室”、“智慧学习环境”、“Smart Classroom”、“Classroom of Future”等，其中智慧教室及Smart Classroom使用得较多，目前国内外并未形成统一的术语，本研究中统一使用智慧教室（Smart Classroom）这一术语。智慧教室的概念也是众说纷纭，学者分别从自己的角度界定智慧教室。未来的课堂应该是以满足学生的需求为目标，整合以学生为中心的技术，如个性化学习系统，以激发学生的学习动机，为学生提供选择③。未来的教学是以学生为中心的，教师不再是重复同样的教学内容与模式，而是作为学生个性化学习的导师与教练，基于此，

① 苏泽庭. 信息化背景下的智慧教育推进策略研究——以宁波市为例［J］. 中国电化教育，2015（2）：46-50.

② 何克抗. 智慧教室+课堂教学结构变革——实现教育信息化宏伟目标的根本途径［J］. 教育研究，2015（11）：76-81.

③ 克莱顿·克里斯坦森，迈克尔·霍恩，柯蒂斯·约翰逊. 创新者的课堂［M］. 李慧中，译. 北京：中国人民大学出版社，2015：17.

要想满足未来课堂的教学，智慧教室的设计应该从多个角度考虑学生的真正需求。

2. 智慧教室特征与分类

智慧教室是多媒体和网络教室的高级形态，除了具备传统多媒体教室的特征之外，还具有其自身独特的技术功能、布局及教学模式的特征。

(1) 技术功能特征

综合以上概念梳理发现，技术是实现智慧教室的唯一途径，大量研究对智慧教室中的技术与功能进行分析，主要集中在硬件、软件以及实现的功能方面。在硬件方面，智慧教室中具备电子书包、电子白板①、实物投影仪、摄录一体系统、LED 显示屏②、远距视讯、平板电脑、计算机、网络交换机、摄像头、投影仪以及扩音器等硬件设备③：设备装配丰富，且操控简单④。在物理环境上能够运用声、光、电设备自动调节教室内的温度、湿度、照明及色彩，实现对教室环境的监控⑤⑥。智慧教室中的软件丰富多样，基于 Cloud Card 技术的个人学习空间⑦、云端系统⑧、教学应答系统(Audience Response Systems，ARS)⑨、物联网、学习分析系统、大数据分

---

① 杨宗凯. 教育信息化十年发展展望——未来教室、未来学校、未来教师、未来教育 [J]. 中国教育信息化，2011 (17)：14-15.

② 瞿超，江丰光. 我们距离未来教室有多远——以台北市某小学未来教室为例 [J]. 发明与创新•教育信息化，2014 (3)：54-57.

③ 邹华杰. 智慧教室环境下的初中信息技术教学实验研究 [D]. 南昌：江西师范大学，2013：10-11.

④ 普旭. 我国中小学智慧教室建设规范初探 [D]. 武汉：华中师范大学，2013：66-67.

⑤ 张亚珍，张宝辉，韩云霞. 国内外智慧教室研究评论及展望 [J]. 开放教育研究，2014 (1)：81-91.

⑥ 姚方莉. 智慧教室环境下小学高年级空间与图形教学研究 [D]. 西安：陕西师范大学，2015：10-12.

⑦ 郁晓华，黄沁，张莹渊，等. Cloud Card 对个人学习空间建设的新启示 [J]. 中国电化教育，2016 (2)：41-48.

⑧ 杨宗凯. 教育信息化十年发展展望——未来教室、未来学校、未来教师、未来教育 [J]. 中国教育信息化，2011 (17)：14-15.

⑨ 李红美，张剑平. 面向智慧教室的 ARS 互动教学模式及其应用 [J]. 中国电化教育，2015 (11)：103-109.

析、虚拟现实、移动应用程序、交互UI、网络广播系统[①]教学管理系统及学习管理系统等能够为学生提供一个良好的智慧型学习环境，学生根据自身需求选择应用程序解决学习及生活中的问题，建立以学生为中心的个人技术环境，促进学生的个性化学习。通过多种信息技术与硬件设备的应用，智慧教室能够极大地丰富教学资源[②③]，促进资源的个性化推荐与共享，使师生和谐、平等交流，交互简单、自然、友好、及时[④]，联接线上线下学习，记录学生全过程学习数据，对学生进行客观、准确地评价，挖掘学生的学习行为特征，提供科学、及时的诊断建议[⑤]，实现对真实世界的模拟，感知个人特征、所处情境等[⑥⑦]。智慧教室应该具有内容呈现、环境管理、资源获取、及时互动及情境感知等功能[⑧]，具备高互动性、开放性、自主性[⑨]、灵活性、沉浸性、强交互等特征[⑩]。

（2）布局特色

传统的教室以插秧式的分布作为布局方式，在很大程度上割裂了师生之间的平等、和谐的沟通与交流，老师以高高在上的姿态面对学生，而学

---

① 瞿超，江丰光. 我们距离未来教室有多远——以台北市某小学未来教室为例[J]. 发明与创新·教育信息化，2014（3）：54-57.

② 杨宗凯. 教育信息化十年发展展望——未来教室、未来学校、未来教师、未来教育[J]. 中国教育信息化，2011（17）：14-15.

③ 陈卫东，叶新东，张际平. 智能教室研究现状与未来展望[J]. 远程教育杂志，2011（4）：39-45.

④ 张亚珍，张宝辉，韩云霞. 国内外智慧教室研究评论及展望[J]. 开放教育研究，2014（1）：81-91.

⑤ 祝智庭，沈德梅. 学习分析学：智慧教育的科学力量[J]. 电化教育研究，2013（5）：5-12.

⑥ 黄荣怀，杨俊锋，胡永斌. 从数字学习环境到智慧学习环境——学习环境的变革与趋势[J]. 开放教育研究，2012（1）：75-84.

⑦ 祝智庭，贺斌. 智慧教育：教育信息化的新境界[J]. 电化教育研究，2012（12）：7-15.

⑧ 黄荣怀，杨俊锋，胡永斌. 从数字学习环境到智慧学习环境——学习环境的变革与趋势[J]. 开放教育研究，2012（1）：75-84.

⑨ 邵征锋，李喆，张文兰. "电子书包"的概念及应用前景探究[J]. 中小学信息技术教育，2013（5）：73-77.

⑩ 胡旺，杨成. 基于智慧教室的教学模式设计研究[J]. 广东广播电视大学学报，2015（4）：87-92.

生总是不自觉地屈服于老师的权威。智慧教室中教学的方式是提供简单、自然、友好、和谐平等的师生交互过程，因此，智慧教室对布局方式进行了变革，新颖、移动便利的桌椅设计能够促进智慧教室中师生间的沟通交流，智慧教室中的座位排列方式主要有 U 形布局、一对一辅导布局与环形布局，如图 2-3 所示①。U 形的布局方式可为教师提供讲授的场所，学生也可在此布局中进行演示等；一对一的布局方式能够促进学生之间的一对一相互辅导与评估；环形的布局方式能够方便学生之间的协作交流，完成项目式教学。

图 2-3　智慧教室的布局

智慧教室是实现智慧教育的物化环境，智慧教室具有移动性、网络性、以学生为中心、强交互性、开放性、智能性等特征。依据智慧教室的不同侧重点，黄荣怀教授将其分为高清晰型、深体验型和强交互型②。李红美等人将智慧教室分为：①增强课堂互动的、以交互式白板为中心的智慧教室；②评估学习成果的、以“点点按”学生回馈设备为中心的智慧教室；③促进个性化学习的、以平板电脑为中心的智能教室③。本研究将智慧教室分为：基于“平板＋软件应用”的交互体验型智慧教室，基于学习分析技术的及时诊断建议型智慧教室，基于虚拟现实的沉浸式智慧教室，以及全能型智慧教室。目前，国内主要处于由交互体验型智慧教室向诊断建议型智慧教室的发展阶段，具体如表 2-5 所示。

① 李幸，李晓夏. 美国初中智慧教室构建的经验及启示［J］. 软件导刊：教育技术，2015（11）：92-95.

② 黄荣怀，胡永斌，杨俊锋，等. 智慧教室的概念及特征［J］. 开放教育研究，2012（2）：22-27.

③ 李红美，张剑平. 面向智慧教室的 ARS 互动教学模式及其应用［J］. 中国电化教育，2015（11）：103-109.

表2-5 不同类型智慧教室特征比较分析

智慧教室类型	技术特征	教学方式
交互体验型	硬件：平板电脑、LED显示屏、电子白板、路由器等 软件：软件应用程序、学习管理系统等	探究式教学、协作学习、移动学习、PBL教学等
诊断建议型	硬件：平板电脑、LED显示屏、电子白板、路由器等 软件：软件应用程序、学习管理系统等 技术：学习分析技术、大数据分析等	探究式教学、协作学习、移动学习等
沉浸式	硬件：可穿戴设备、终端等 技术：虚拟现实技术 软件：学习管理系统等	实训教学、情景模拟等
全能型	硬件：平板电脑、LED显示屏、电子白板、路由器、可穿戴设备、物联网控制设备等 软件：软件应用程序、学习管理系统等 技术：学习分析技术、大数据分析、虚拟现实技术等	探究式教学、协作学习、移动学习、PBL教学、实训教学等

2.3.3 智慧教室的教学实践研究

正如对其他新生事物的研究一样，理论研究总是滞后于实践研究，智慧教室也不例外，虽然智慧教室的理论研究还并未形成系统的规范，但国内外已开展了大量的智慧教室项目实践研究，包括基础设施建设、应用程序开发、教学实践以及效果分析等，本节内容将分别介绍国内外智慧教室的典型案例以及教学效果。

1. 国外智慧教室项目研究

近年来，国外学校对智慧教室的研究呈上升趋势，主要从物理环境、硬件设备、软件程序及教室布局等对学习环境进行变革。如美国明尼苏达大学（University of Minnesota）建立的主动学习教室（Active Learning Classroom，ALC），主要提供主动的、灵活的和以学生为中心的学习场所。其布局特点是讲台位于教室的中央，学生以圆桌的方式围坐在一起，硬件以360度无死角的投影、多个LED显示屏方便学生及时投影展示，上课时学生以自带的笔记本电脑为主。ALC为协作学习、学生作品展示分享及课堂教学互动提供了良好的环境，如图 2-4 所示①。

图 2-4 美国明尼苏达大学建立的 ALC

加拿大麦吉尔大学建立了技术支持的教室（Intelligent Classrooms），其硬件主要包括一台与 LED 液晶显示屏、电子白板相连的台式教师使用电脑，电子白板可供教师书写，此外还配置了 VCR、摄像头、无线网络接收器，以及另外一台用来播放视频资源的电脑，这些设备都通过多屏分配器和两块 LED 显示屏连接，该教室中还设置了房间控制系统、折叠桌椅、滑动隔音墙等，学生在上课时可自带笔记本电脑或者平板电脑，以阶梯教室的布局方式为主，如图 2-5 所示②。

美国加利福尼亚大学欧文分校（University of California，Irvine）根据授课类型分为讲座式智慧教室与小班授课式智慧教室，并根据学科特征建立不同的教室，这些教室的共同特征是均有计算机、麦克风、应答器(Clicker)、摄像头、手写白板、无线投影设备、视音频输入设备、投影及电子白板等，如图 2-6 所示③。

---

① Active learning classrooms (ALC) [EB/OL]. [2017-03-13]. http://www.classroom.umn.edu/projects/ALCOverview.html.

② COOPERSTOCK J R. Intelligent classrooms need intelligent interfaces: how to build a high-tech teaching environment that teachers can use? [EB/OL]. [2017-03-13]. http://srl.mcgill.ca/publications/2003-ASEE.pdf.

③ UCI. Parkview classroom building-PCB 1200 [EB/OL]. [2017-03-13]. http://classrooms.uci.edu/GAC/PCB1200.html.

图 2-5　加拿大麦吉尔大学建立的技术支持的教室

图 2-6　美国加利福尼亚大学欧文分校智慧教室的布局

美国麻省理工学院自 20 世纪 90 年代末期开始关注学生的互动参与度，2000 年正式实施了 TEAL 计划，TEAL 最初是针对大学一年级的物理课堂教学中学生出勤率较低的问题来设计的。在多个基金会的支持下，贝切尔(Belcher) 等人开始了 TEAL 教室的课程设计与实践研究等。TEAL 教室的目的是打造一个新颖的、互动的教室，其布局方式仍以圆桌式为主，讲台位于教室的中间，教室内有 8 个投影屏幕及 13 个投影系统、实物投影仪、个人实时反馈系统以及其他的互动设备，每个圆桌配有 3 台电脑方便学生小组作品的完成，无线网络及无线投影系统也是其中重要的组成部分，方便了实作与模拟同时进行，学生完成作品后可随时进行分享交流，如图 2-7 所示①。

---

① TEAL. Technology-Enhanced active learning [EB/OL]. [2017-03-13]. http://web. mit. edu/edtech/casestudies/teal. html.

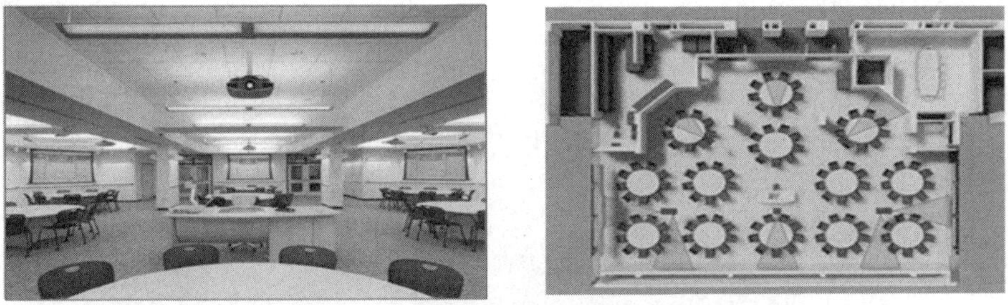

图 2-7　TEAL 教室

日本东京大学的 KALS 教室是在 TEAL 教室的基础上改编的，基本具备了 TEAL 教室的多面显示屏、分小组学习、应答器的导入，桌子采用蝌蚪形状，配有滚轮，方便移动，电脑采用可直接书写的一体机，教室玻璃采用瞬间调光玻璃，如图 2-8 所示①。

图 2-8　KALS 教室

美国斯坦福大学的 iRoom 教室，是第二代的互动学习空间的原型，教室里包括三块感应式电子白板、嵌有一块 LED 显示屏的课桌、录播系统、无线网络支持系统以及其他的互动设备，如图 2-9 所示②。

---

① 教育信息技术的研究（2003）．未来教室新面貌——从美国、新加坡、中国案例初探［EB/OL］．［2017-03-26］．http://www.fjber.com/JounalShows.aspx?id=1560.

② JOHANSON B，FOX A，WINOGRAD T. The stanford iRoom and interactive workspaces project［C］. IEEE Pervasive Computing，2002：67-75.

新加坡南阳理工大学国立教育学院设立的 COTF 教室，教室采用圆桌式的布局方式，圆桌上方镶嵌一块触控式的大屏幕，每位学生手持一台 Pad 终端，学生将 Pad 放在圆桌附近，即可与圆桌上的大屏幕相连，方便学生实时与小组成员交流，如图 2-10 所示①。

图 2-9　iRoom 教室

图 2-10　COTF 智慧教室

欧洲学校网建立的 FCL（Future Classroom Lab，未来教室实验室）旨在寻求教学互动的新方向，并设立了一系列的智慧教室研究项目，如互动教室工作组（The Interactive Classroom Working Group，ICWG）面向中小学的未来教室设计及应用项目，将教室划分为创造区（Create Zone）、交互区（Interact Zone）、呈现区（Present Zone）、探究区（Investigate

① 教育信息技术的研究（2003）. 未来教室新面貌——从美国、新加坡、中国案例初探［EB/OL］.［2017-03-26］. http://www.fjber.com/JounalShows.aspx?id=1560.

Zone）、交流区（Exchange Zone）、发展区（Develop Zone）六个具有不同功能的区域，并将可穿戴设备、电子书包、学习管理系统、即时反馈系统等整合在教室中，为学生及教师提供了更大的创意空间，如图 2-11 所示①。

图 2-11　FCL 智慧教室

英国斯特拉斯克莱德大学、伦敦政治经济学院、斯蒂芬森科尔维尔大学及路易斯翰学院等多所高校也建立了智慧教室，模式与美国明尼苏达大学类似。英特尔、惠普和戴尔等公司在未来教育方面做了深入的研究，将虚拟现实、学习分析、实时通信等技术应用于课堂教学中，并基于云端建立家校互通、诊断服务等，实现全能型的智慧教室，如图 2-12 所示②。

图 2-12　英特尔的未来教室

① Future classroom lab［EB/OL］.［2017-03-13］. http://fcl. eun. org/fcl-regio.

② 未来学习的一天［EB/OL］.［2017-05-13］. https://v. qq. com/x/ page/h0189ekwplz. html.

通过以上梳理发现，目前国外学校建立的智慧教室主要是交互体验型的，部分教室结合了基于云端与诊断分析服务的学习管理系统，在硬件设备上主要是交互式电子白板、LED显示屏、手持终端及其他交互设备等，大部分公司开发的智慧教室则实现了虚拟现实技术，可为学生提供情境化学习。

2. 国内智慧教室项目研究

近年来，国内也开展了大量的智慧教室教学理论与实践研究，如台湾网奕资讯提出的教学专家系统（Teaching、Assessing、Diagnosing、Remediation Model，TEAM Model）智慧教室，在硬件设备上主要采用电子白板、实物投影和Pad终端，其目的是为教师提供数字化教学(e-Teaching)、评价（e-Assessing)、诊断（e-Diagnosing）以及补救(e-Remediation)等服务，通过教学互动系统、电子书包系统、即时反馈系统、自动阅卷系统、云端诊断学习系统以及云端补救学习系统等，不仅方便课堂上教师与学生的互动与评估，使教师及时掌握学生的学习状况，也能够促进学生的个性化学习。与云计算的结合，能够将学生及教师的数据即时上传到云端，突破了传统教学中的时空限制，教师可以随时随地查看学生学习状态，并提供个性化诊断与补救服务，学生也可以通过云端上的学习记录了解自己一段时间内的学习状况，以便改进。TEAM Model智慧教室目前已得到了广泛的应用，新加坡卓越教育集团将其应用于学前教育、九年义务教育、高等教育以及外语培训中；宁波市广厦小学、台湾南港小学、台北市立教育大学附属小学、高雄市山顶小学均建立了TEAM Model智慧教室，并开展了大量教学实践活动，如图2-13所示①。

图2-13 TEAM Model智慧教室教学

① 网奕资讯. TEAM Model智慧教室简介[EB/OL]. [2017-05-13]. http://www.habook.com.cn/about.aspx?HtmlName=media.

惠普与台北市私立立人国际国民中小学合作打造的未来教室，黑板被132英寸的超大屏幕所取代，每个座位前固定一台可调整高度、视角的电脑，可移动课桌能够迅速调整为所需的排列方式，书桌夹层中放了读卡器、芯片卡与NFC感应机制，学生能够通过个人卡片进入教学系统中，老师通过管理系统控制整个班级，教学系统与云端相连接，如图2-14所示①。

清华大学五道口学院自2012年起，启动了“信息化教学环境及视听应用系统工程”建设项目，其主要设备包括无线领夹话筒、鹅颈会议话筒、无线手持话筒、扩声扬声器、音频处理器、投影机、电动幕布、AV中心、智能控制系统、高清摄像机、重载云台、自动录播系统、视频切换台、高清视频会议终端等，教室布局呈现阶梯式，具体如图2-15所示②。

图2-14 惠普的未来教室

南开大学在TEAL教室的基础上建立了智慧教室，讲台位于教室中间，硬件包括电脑、实物投影仪、摄录演示台、摄像头、设备总控电脑及多个LED显示屏等，教室里还划分出了准备室，学生讨论的结果能够投射在屏幕上，很大程度上提高了学生的参与度，如图2-16所示③。

对外经济贸易大学自2013年起对学校的教室进行改造，分别建立了主动学习型教室、多媒体教室和实验室，硬件由LED显示屏、桌面电脑等组

① Engadget. 未来教室［EB/OL］.［2017-05-13］. http://cn.engadget.com/2013/05/06/hp-classroom-of-the-future-tw/.

② 姚方莉. 智慧教室：未来教育的新方向［J］. 中国医学教育技术，2014（4）：356-359.

③ 走进大陆首家TEAL教室　感受南开互动课堂［EB/OL］.［2017-05-13］. http://news.nankai.edu.cn/nkyw/system/2016/11/12/000304794.shtml.

成，如图 2-17 所示①。

图 2-15　清华大学五道口金融学院的智慧教室

图 2-16　南开大学的智慧教室

图 2-17　对外经济贸易大学的智慧教室

华中师范大学国家数字化学习工程技术研究中心将交互式电子双板、互动反馈系统以及手持移动终端等进行整合应用，开发了未来教室系统②，与苏州市、太仓市电教馆、教育局合作，为中小学配置未来教室，每个教室配置交互式电子双板、多个电脑一体机触控 LED 侧屏、应答系统、各类学科工具、盘古课堂教学系统以及学生端平板等③④。

华中师范大学于 2016 年新建了一批具有多功能的智慧教室，在智慧教室配备了多个终端，教室内配有无线网络及多终端实时投屏，学生可将手

① 你的教室够潮吗？——对外经贸大学教室改造案例. [EB/OL]. [2017-05-13]. http://www.vccoo.com/v/f2433a.

② 陈迪. 互动媒体支撑下的课堂教学研究 [D]. 武汉：华中师范大学，2012：72.

③ 孔庆梅. 基于"未来教室"环境下的初中地理课堂教学实践思考 [J]. 苏州教育信息化，2015 (2)：26-27.

④ 张红娟. 未来教室，打造不一样的课堂——未来教室有效教学的探索 [J]. 考试周刊，2016 (32)：179-180.

机、电脑在教室周围的屏幕上进行同步分享，具体如图 2-18 所示。

图 2-18 多功能智慧教室

苹果公司开展了很多关于未来教室的教学实践活动，在中国人民大学附中西山学校、华中科技大学附属小学等多所学校建立了智慧教室，教室的硬件设备主要是多个 LED 投影电视、电子白板、无线路由、AppleTV、投影机以及符合人体工学的可移动桌椅，教师配有 iPad 和 Mac 笔记本，学生配有 iPad 或者 Mac 笔记本，如图 2-19 所示。

图 2-19 苹果的智慧教室

此外，上海市、北京市教委与各中小学合作建立智慧教室，并开发相关的教学资源，学生基于移动终端在课堂中开展小组协作学习、PBL 教学、探究式学习以及连接式学习等，智慧教室为学生提供了更加开放的空间，激发了学生的学习兴趣。

2.4 本章小结

本章内容对深度学习的相关理论基础进行探讨，深度学习起源于 20 世纪 70 年代哥德堡大学的马顿和塞尔乔团队的研究，他们将学生的阅读过程划分为深层与浅层两种模式，后来学者进一步研究将这种划分方式应用于一般的学习过程中，认为学生的学习认知与处理过程有深层和浅层之分。深层的学习处理方式更倾向于学生的主动学习，指导学生主动与已有经验建立联系，主动进行理解与思考，会产生较好的学习效果。而浅层的学习处理方式则使学生更加被动地学习，学生在学习过程中仅关注内容本身，主要采用死记硬背的方式记忆内容，以应付考试为目的，相较于主动学习，学习效果较差。因此，深度学习的提出有其理论基础。

深度学习的概念分为学习过程说与学习结果说，学习过程说更加强调学习将理解、迁移作为深度学习的主要特征，而学习结果说则强调深度学习要达到培养学生高阶思维能力的目标。此外，对于深度学习的过程，学界有多种划分方式，加涅的九段教学论与布鲁姆的教学目标分类在深度学习的认知过程的划分中得到了广泛应用，本研究认为深度学习是学生学习的方式及目标，布鲁姆的教育目标分类对学习的结果进行了科学分类。深度学习的结果评测也分为多种方式，包括学生认知过程与结果的评测、学生深度学习动机与策略的评测以及学生高阶思维能力的评测等。

本章对促进深度学习的策略进行了梳理，分别从教学法、评价以及技术三个方面进行，发现小组协作学习、PBL教学、探究学习、同伴互评、学生自评等教学方式与评价能够促进学生的深度学习，而基于网络的博客、Edmodo、Padlet等工具能够辅助教师组织协作学习过程，概念图、思维导图及多种移动程序应用能够激发学生的高阶思维能力。

智慧教室具有移动性、网络性、以学生为中心、强交互性、开放性、智能性等特征。目前国内外已有多所学校开展了基于智慧教室的理论与实践研究，现阶段的智慧教室主要是交互体验型的，部分教室结合了基于云端与诊断分析服务的学习管理系统，在硬件设备上主要是交互式电子白板、LED显示屏、手持终端及其他交互设备等，有的公司开发的智慧教室则实现了虚拟现实技术，可为学生提供情境化学习。

3　促进深度学习的APT教学模型建构

多个研究分析了信息化环境下的课堂教学要素，整合技术的学科教学知识（Technological Pedagogical Content Knowledge，TPACK）模型、技术支持的社交与教学（Pedagogical Social Technology，PST）模型等从不同的角度探究了课堂教学的组成。本研究在前期调研的基础上，对信息化课堂教学中存在的问题进行了分析，发现教师在信息化教学中对评价的应用还比较少。因此，本研究提出了基于评价的APT教学模型，并通过因子分析验证其关键要素，设计基于APT教学的策略来促进小学生的深度学习，探究深度学习结果评测体系。

3.1　信息化教学的理论与实践现状研究

随着科技的飞速进步，当前已进入信息时代，良好的信息素养是未来学生必备的基本条件，而信息技术作为信息传递的重要载体，已成为课堂教学中不可或缺的要素，如何促进信息技术与课堂的深度融合，是教育领域亟待突破的难题。教师作为教学活动的主导者，促进教师对信息技术与课程整合的深度理解，帮助教师厘清技术与教育之间的关系以及技术如何支持教学是教育技术研究的重中之重。因此，研究者对信息化环境下教师所需具备的专业发展知识与教育技术能力进行了大量研究，并提出了指导教师设计信息技术与课程融合的TPACK理论、PST理论等，并在此基础上开展了教学实践与应用研究。

3.1.1　信息化教学模型的相关研究

国内外对信息化环境下教师应该具备的专业发展能力开展了大量研究，联合国教科文组织（United Nations Educational Scientific and Cultural Organization，UNESCO）、欧盟、美国以及中国等多个国家或地区与组织均从宏观层面出台了相关的教师信息技术能力标准，分别从教学法、课程与评估等多个维度对教师提出要求。也有研究者提出了TPACK理论、

PST理论等一类用于指导教师开展信息化教学实践的专业知识框架，本研究将对教师知识理论框架和信息技术能力标准进行介绍。

1. TPACK理论框架

20世纪80年代，国内外学者对于教师应具备的专业知识主要存在两种争论，一种声音认为教师的学科知识（Content Knowledge）是影响教学的最重要的因素，而另一种声音则认为教学法知识（Pedagogical Knowledge）对教师的有效教学是最重要的①。这两种观点分别代表了当时的两种主流争端，即教师的“师范性”与“教学性”，但这两种观点都是非常片面的，这两种知识在教学实践中都是非常重要的，缺一不可。斯坦福大学的舒尔曼（Shulman）教授将这两种知识进行整合，并提出了学科教学知识（Pedagogical Content Knowledge）的概念，认为这种类型的知识超越了学科知识本身，在教学中，教师要根据学生的学习兴趣、年龄等背景，将学科知识进行表征，使其更容易被理解；教师获得良好的学科教学知识使学习趋于简单化，错误的学科教学知识则会使教学复杂化②。学科教学知识是教师开展课堂教学所需具备的核心素养，也是促进教师专业发展的重要内容③。

随着教育技术在20世纪90年代的快速发展，信息技术逐渐走进了日常的课堂教学实践中，如何确定技术与教学之间的关系是教育技术领域关注的重点议题，早期对信息技术融入课程教学的关注点集中在教师对于一系列技术的熟悉程度与使用情况方面，这导致很多的教师培训的重点在于给教师介绍种类繁多的工具，但这些工具最初都是为了商业竞争而设计的，其目的并不是改善教学。技术与教学的整合是情境化的，在特定的教育情境下，教师应该使用相应的教育技术工具，教师仅仅是了解和掌握了这些工具，并不意味着能够运用工具合理教学。因此，密歇根州立大学的米什拉（Mishra）和科勒（Koehler）教授认为教师的技术知识很重要，但这些知识并不是孤立的，技术、内容、教学法是相互影响的，在真实的教学情境中应该综合考虑各方面的影响，随后他们提出了内容—教学法—技术

① 李美凤，李艺. TPCK：整合技术的教师专业知识新框架［J］. 黑龙江高教研究，2008（4）：74-77.

② SHULMAN L S. Those who understand：knowledge growth in teaching［J］. Educational researcher，1986（2）：4-14.

③ 陈静. 整合技术的学科教学法知识视阈下教师的教育技术能力培养［J］. 电化教育研究，2009（6）：29-32.

(Content-Pedagogy-Technology，CPT）理论框架[①②]。米什拉和科勒于2005年首次提出了TPCK，为教师更好地理解技术在教学中的作用提供了理论框架。该框架包含三个领域的知识：学科知识、教学法、技术[③]。2007年，TPCK被修订为TPACK[④]，如图3-1所示。此后，研究者对TPACK的要素进行了细化及描述，包含七个组成部分[⑤]，具体如下。

技术知识（Technology Knowledge，TK）：教师所拥有的、对某些技术工具和软件应用的知识，对技术知识有正确的认识是教师在信息化环境下开展教学的前提条件。

教学法知识（Pedagogy Knowledge，PK）：关于如何开展教学和指导学生的相关教育理论、学习理论、心理学理论以及教学评价等一般知识。

学科内容（Content Knowledge，CK）：教师掌握的关于所教学科内容的知识，是学科教师知识储备的重要组成部分。

技术支撑的教学法知识（Technological Pedagogical Knowledge，TPK）：关于教师运用信息技术来支撑教学法的知识，如基于计算机开展协作学习活动。

技术支撑的学科知识（Technological Content Knowledge，TCK）：教师具备的如何通过信息技术来支持某个学科的特定内容，如将虚拟现实应用于物理学中。

学科教学法知识（Pedagogical Content Knowledge，PCK）：关于如何运用教学法和策略来完成某一特定内容的教学，如如何在数学课中采用协

---

① MISHRA P，KOEHLER M J，et al. Content，pedagogy，and technology：testing a model of technology integration [R]. Washington：The annual meeting of the American Educational Research Association，2004.

② KOEHLER M J，MISHRA P，HERSHEY K，et al. With a little help from your students：a new model for faculty development and online course design [J]. Journal of technology & teacher education，2004 (1)：25-55.

③ KOEHLER M J，MISHRA P. What happens when teachers design educational technology? The development of technological pedagogical content knowledge [J]. Journal of educational computing research，2005 (2)：131-152.

④ LIU Q T，ZHANG S，WANG Q Y. Surveying Chinese In-Service K12 teachers' technology，pedagogy，and content knowledge [J]. Journal of educational computing research，2015 (1)：55-75.

⑤ 詹艺，任友群. 整合技术的学科教学法知识的内涵及其研究现状简述 [J]. 远程教育杂志，2010 (4)：78-87.

作学习。

技术支撑的学科教学法知识（Technological Pedagogical Content Knowledge，TPACK）：运用多种信息技术手段支持与促进教师在某个学科中的教学[①]。

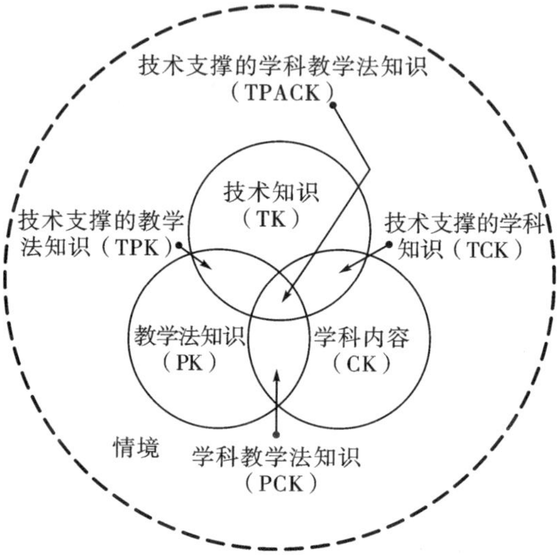

图 3-1 TPACK 理论框架图

TPACK 理论经过十多年的发展，已经成为一个成熟的信息技术与课堂教学整合的专业知识理论框架。目前国内外对 TPACK 的理论研究主要集中于通过评测在职或职前教师的 TPACK 能力[②]、基于 TPACK 理论开展教师教育培训以及教师通过 TPACK 理论来指导信息化环境下的教学等方面。TPACK 理论框架已深入具体学科[③]，基于不同学科特征，TPACK 理论会有相应的解读。Cox 基于概念分析法对 TPACK 理论进行了细分，将

① KOEHLER M J，MISHRA P，YAHYA K. Tracing the development of teacher knowledge in a design seminar：integrating content，pedagogy and technology [J]. Computers & education，2007 (3)：740-762.

② CHAI C S，KOH J H L，TSAI C C，et al. Modeling primary school pre-service teachers' Technological Pedagogical Content Knowledge (TPACK) for meaningful learning with information and communication technology (ICT) [J]. Computers & education，2011 (1)：1184-1193.

③ 焦建利，钟洪蕊. 技术—教学法—内容知识（TPACK）研究议题及其进展 [J]. 远程教育杂志，2010 (1)：39-45.

其与具体的情境脉络相联系，并综合考虑学科特征及活动等①。综上所述，TPACK 理论框架在大量的研究中被用来指导信息化环境下的课堂教学实践，因此，该理论可以被视为信息技术与课程整合的理论基础。

2. COI 理论框架

计算机支持的交流（Computer-Mediated Communication，CMC）活动是课堂教学活动中的重要组织方式，系统科学的 CMC 活动能够有效提高课堂教学效果。加里森（Garrison）等人于 2000 年提出了探究社区（Community of Inquiry，COI）理论框架，并用来指导 CMC 课堂活动的设计②。加里森认为通过社区交互促使学习发生，交互产生的关键要素包括认知临场感（Cognitive Presence）、社交临场感（Social Presence）以及教学临场感（Teaching Presence）。认知临场感是指学生在批判性探究社区活动中通过持续的反思和对话进行意义建构和巩固的程度，认知临场感反映了学生对高阶知识的获取和应用，与学生的批判性思维紧密相关③。社交临场感是探究活动参与者的个人特征在社区中的表达能力，是社交过程中对自我的真实表达；也是认知临场感得以实现的支持要素，它能够间接促进参与者的批判性思维能力的发展。社交临场感与认知临场感并不是相互独立的，而是相互依存的。教学临场感则通过支持和提升社交临场感与认知临场感来实现教育目的。安德森（Anderson）等人认为，教学临场感定义是为达到个人的有意义的教育学习结果，会激发、促进和指导认知临场感与社会临场感④。教学临场感在教育情境中主要有两个作用，第一是对教学内容的选择、组织和呈现，以及学习活动与评价的设计与发展；第二是对教学的促进作用⑤。COI 理论框架的基础是认为以上三个要素的交互作用能够

---

① COX S. A conceptual analysis of technological pedagogical content knowledge [D]. Provo，UT：Brigham Young University，2008：57.

② GARRISON D R，ANDERSON T，ARCHER W. Critical inquiry in a text-based environment：computer conferencing in higher education [J]. Internet & higher education，2000 (2/3)：87-105.

③ ANDERSON T. Critical thinking，cognitive presence，and computer conferencing in distance education [J]. American journal of distance education，2001 (1)：7-23.

④ ANDERSON T，ROURKET L，GARRISON D R，et al. Assessing teaching presence in a computer conference context [J]. Journal of asynchronous learning networks，2001 (5)：1-17.

⑤ GARRISON D R，ANDERSON T，ARCHER W. Critical inquiry in a text-based environment：computer conferencing in higher education [J]. Internet & higher education，2000 (2/3)：87-105.

促使学习的发生，该模型为在线学习活动以及计算机支持的协作学习与交流等学习环境[①]的设计提供了理论指导。COI 模型虽然并没有明确地将教学法、内容及技术体现在关键要素之中，但技术是实现社交临场感的重要手段，COI 模型正是在计算机支持的交流活动盛行的背景下产生的。因此，技术是 COI 模型不可或缺的要素；内容与教学法则体现在教学临场感和认知临场感中，教师需要选择和组织教学内容，设计学习活动与评价等。由此可见，技术、内容、教学法等也是 COI 理论框架的基本要素。

3. PST 理论框架

计算机支持的协作学习已成为一种重要的教学法，教师在设计计算机支持的协作学习（Computer Supported Collaborative Learning，CSCL）活动时会习惯性地应用传统教学中的交互方式，常常导致学生学习效果较差，提出有效促进 CSCL 活动的理论框架迫在眉睫。基施纳（Kirschner）教授提出教育通常是技术、交互和教育环境与可供性的有效整合，并对技术可供性（Technological Affordances）、社交可供性（Social Affordances）和教育可供性（Educational Affordances）进行了详细解释[②]。PST 理论正是在基施纳教授对在线学习环境研究的基础上产生的，PST 理论包含教学法（Pedagogy）、社会交互（Social Interaction）和技术（Technology）三个关键要素[③]。教学法是指教师组织学习内容、传递教学观念和促进学生学习的教学策略、技巧和方法，真实的课堂教学实践需要多种教学法来支撑教师组织课堂教学以促进学生的学习。社会交互是课堂教学中不可缺少的，无论是面对面的互动方式，抑或是基于计算机和网络的在线交流方式都是师生解决学习问题的重要途径。技术是信息化环境中不可缺少的关键要素，教学法与社会交互也因为信息技术的支持而更加便利，且发挥出更大的功效[④]。由此可见，教学法、社会交互与技术是构建信息化学习环境的关键要

① 董利亚，冯锐．在线学习社区培育与发展模型的构建及其策略研究［J］．远程教育杂志，2016（2）：98-105.

② KIRSCHNER P，STRIJBOS J W，KREIJNES K，et al. Designing electronic collaborative learning environments［J］. Educational technology research and development，2004（3）：47.

③ WANG Q Y. A generic model for guiding the integration of ICT into teaching and learning［J］. Innovations in education and teaching international，2008（4）：411-419.

④ WANG Q Y. Guiding teachers in the process of ICT integration：analysis of three conceptual models［J］. Educational technology，2009（49）：23-27.

素，学生学习的产生、课堂教学的发生依赖于教学法与社会交互，而技术是某些教学法与社会交互实施的有力支撑，只有充分将多种信息化手段应用于课堂教学活动中，才能够使教学更加多样且有效。

通过以上对 TPACK、COI 以及 PST 理论框架的介绍与分析发现，虽然三种理论框架在解析信息化环境下课堂教学的关键要素时使用了不同的表达方式，TPACK 理论框架将技术、教学法和学科内容作为教师开展信息技术教学需具备的先验知识，以及指导课堂教学时需要考虑的因素；COI 理论框架认为认知临场感、社交临场感以及教学临场感是构建探究社区环境的三个要素，虽然该理论并没有将技术、内容等要素纳入考虑范围，但是技术与内容也是认知临场感、社交临场感以及教学临场感等实现的必要条件；在 PST 理论框架中，教学法、社会交互和技术是构建信息技术学习环境的重要组成部分。综上所述，TPACK 理论框架关注对教师能力的要求，PST 理论框架更加关注对学习环境的构建，COI 理论框架则关注在学习环境中学生学习的产生①。虽然 TPACK、COI 以及 PST 理论框架的关键组成要素不尽相同，关注的重点也有所不同，但却有着很紧密的联系，即信息化环境下的关键要素应该包括内容、教学法、技术等，因此无论在设计学习环境或者是开展教学实践时均应该关注这些要素。

除 TPACK、COI 及 PST 理论框架之外，还有其他学者提出了促进信息技术与课程整合的理论框架，如 ASSURE（Analyze Learners、State Objectives、Select Methods/Media/Materials、Utilize Media and Materials、Require Learner Participation、Evaluate and Revise，分析学生、呈现教学目标、选择媒体与教学材料、利用媒体与教学材料、要求学生参与以及评价与修改）模型②、ICARE（Introduction、Connect、Apply、Reflect、Extend，介绍、联系、应用、反思以及拓展）模型③。阮全友等人对 TPACK 理论框架进行改进，提出了整合技术的学科和学习策略知识（Technological，Strategic and Content Knowledge，TSACK）模型和整合

① Wang Q Y. Guiding teachers in the process of ICT integration: analysis of three conceptual models [J]. Educational technology，2009 (49)：23-27.

② HEINICH R. Instructional media and technologies for learning [M]. Englewood Cliffs：Prentice Hall，2002：35.

③ HOFFMAN B，RITCHIE D. Teaching and learning online：tools，templates，and training [J]. Computer assisted instruction，1998 (1)：7.

技术的学科和方法论知识（Technological Methodological and Content Knowledge，TMACK）模型[①]。闫志明等人提出了整合技术的学科教学知识网络（Technological Content Pedagogical Net，TCP Net）模型，该模型更加关注教师学科教学知识各要素之间的联系[②]。这些模型对信息技术与课程整合的表征方式各有不同，但我们从中可以发现一些共有的关键要素，如内容、教学法、技术等，在不同的信息技术环境下开展教学都应该考虑这些要素。

4. 教师信息技术教学能力相关标准

TPACK认为内容、教学法和技术是信息化环境下教师必备的专业知识，除此之外，UNESCO等组织以及多个国家对教师运用ICT（Informational and Communication Technology）进行教学的能力提出了要求，并制定了相应的教师信息技术应用能力标准。UNECO提出的教师信息技术能力标准（ICT Competency Standards for Teachers，ICT-CFT）从六个维度对教师的能力提出了要求，分别是理解信息技术在教育中的作用、课程与评估、教学法、ICT、组织与管理和教师专业学习，并将学生的学习分为技术素养、知识深化和知识创造三个阶段。UNESCO的教师信息技术能力标准从学生学习的三阶段对教师在六个维度上的能力进行定义及标准化[③]。欧盟提出了教师使用ICT的能力框架（Teachers Competency and Qualifcations Framework in the Use of ICT's in Education），从ICT、教学法、课程与评估以及专业发展四个维度对教师信息技术能力提出了要求[④]。《美国国家教师信息技术能力标准》（National Educational Technology Standards for Teachers）认为教师信息技术能力标准的维度包括技术操作与概念，规划并设计学习环境与学习经验，教学、学习和课程，评估与评价，生产性和专业性实践，社会问题、民族问题、法律问题以及人类的问

① 阮全友，杨玉芹. 整合技术的学科和教学知识框架的发展：从TPACK、TSACK到TMACK［J］. 中国远程教育，2014（11）：20-26.

② 闫志明，李美凤. 整合技术的学科教学知识网络——信息时代教师知识新框架［J］. 中国电化教育，2012（4）：58-63.

③ MIDORO V. Guidelines on adaptation of the UNESCO ICT competency framework for teachers［M］. Moscow：UNESCO Institute for Information Technologies in Education，2013：25-30.

④ European. eTQF teachers competency and qualifcations framework［EB/OL］.［2017-02-24］. http://etqfproject.ning.com/page/etqf-framework-1.

题 6 个维度[①]。加纳共和国在继续沿用 UNESCO 的教师信息技术能力标准 6 个维度的基础上，对具体的指标进行本土化[②]。菲律宾从技术、社会与道德、教学法以及专业 4 个维度制定了教师信息技术应用能力标准[③]。我国在参照 UNESCO 的 ICT-CFT 框架及其他国家的信息技术能力标准的基础上，教育部于 2014 年颁布了《中小学教师信息技术应用能力标准（试行）》，分别从理念与态度、技术素养、组织与管理、评估与诊断以及学习与发展 5 个维度描述教师的信息技术能力，并且将教师应用信息技术的能力划分为两个等级：应用技术改进课堂教学和应用技术转变学习方式[④]。

通过对以上我国及其他组织与国家或地区的信息技术能力标准分析发现，除了对技术、教学法的关注之外，评估与诊断也是教师需要重点掌握的课堂教学能力之一，且独立于教学法维度，由此可见评估与诊断在课堂教学中的重要性，因此本研究拟将评价作为信息技术环境下课堂教学的关键要素之一。

3.1.2　信息化课堂教学现状与存在问题分析

自 20 世纪后期以来，信息技术进入课堂的浪潮已席卷全中国，联合国教科文组织将信息通信技术应用于教育划分为 4 个阶段，即起步、应用、融合和创新[⑤]。多位学者认为我国目前处于应用阶段，且正向融合阶段迈进[⑥]。教育信息化在不断前进的过程中还存在一些问题，如教师应用信息技术开展课堂教学的能力不足，教师开展信息化教学的课堂实践不理想等。

---

① LOERTSCHER D V. National educational technology standards for students/national educational technology standards for teachers national educational technology standards for administrators [J]. Teacher librarian，2010 (4)：77.

② SARFO F K，AMANKWAH S K，OTI-AGYEN P，et al. Information and communication technology access and use and competency level among second-cycle school teachers in Ghana [J]. Journal of media and communication studies，2016 (5)：43-51.

③ BINGCANG J，VICERRA P，OGENA A. Ict competency of selected teachers in two regions of the philippines：employing international standards [R]. Valencia：Iated，2012.

④ 教育部办公厅. 全国中小学教师信息技术应用能力标准（试行）[Z]. 2014-05-27.

⑤ MAJUMDAR S. Regional guidelines on teacher development for pedagogy-technology integration [Working Draft] [M]. Bangkok：UNESCO，2005：30-40.

⑥ 汪基德. 从教育信息化到信息化教育——学习《国家中长期教育改革和发展规划纲要（2010—2020 年）》之体会 [J]. 电化教育研究，2011 (9)：5-10.

为此，笔者所在项目组开展了对教师信息技术应用能力和教师利用信息技术开展课堂教学的现状调研，具体如下。

1. 中小学教师信息技术能力现状调研

2014年底，依据我国出台的《中小学教师信息技术应用能力标准（试行）》，项目组制定了《中小学教师信息技术应用能力现状调查问卷》，该问卷共包含三大块内容，分别是基本信息、教师应用技术改进课堂教学的能力以及教师应用技术转变学生学习方式的能力，并采用里克特5级量表的方式设计测试题目，“1”表示“非常不赞同”，“2”表示“不赞同”，“3”表示“一般”，“4”表示“赞同”，“5”表示“非常赞同”。通过实施预测并在SPSS及AMOS中进行分析发现，该问卷的项目区分度及效度良好，信度克朗巴哈系数分别为：整体问卷0.970、教师应用技术改进课堂教学的能力0.951、教师应用技术转变学生学习方式的能力0.947，表明该问卷具有良好的信效度①。2014年底，该问卷正式施测，采用纸质问卷的方式发放，共回收414份，施测对象遍布湖北、安徽、广西等多个省（自治区），分别来自教学点、小学、初中及高中等不同类型学校，研究结果分析如下。

（1）调研对象基本情况分析

通过在SPSS中对调研对象的样本信息进行分析发现，男、女比例分别为50.5%、49.5%；学历分布情况为：中专3.6%、大专30.2%、本科64.5%、硕士及以上1.7%；超过95.0%的教师为一级教师、二级教师和高级教师；教师教授的学科主要集中在语文和数学两科；教师的平均年龄为38.4岁，平均教龄为17年，由此可见，参与本次调研的教师多为具有丰富教学经验的骨干教师。教师使用信息技术的基本情况为：94.2%的教师会使用计算机，大部分教师使用计算机的频率较高，且77.5%的教师在过往的教学经历中接受过信息技术相关的培训。本研究对中小学教师开展课堂教学的环境也进行了调研，26.7%的教师在简易多媒体环境中开展教学，36.5%的教师在电子白板环境中开展教学，17.7%的教师在网络环境中开展教学，但在移动学习环境中开展教学的比例较小。

（2）教师应用技术改进课堂教学的能力

本研究对数据进行缺失值处理后，将问卷中的反向题目进行重新计分，即分别以“5、4、3、2、1”代替反向题目的“1、2、3、4、5”。对数据进

① 张屹，马静思，周平红，等. 中小学教师信息技术应用能力现状及培训建议[J]. 中国电化教育，2015（1）：104-110.

行预处理后，分别计算6个维度上在教师应用技术改进课堂教学的能力上的平均值，并绘制了线图，如图3-2所示。

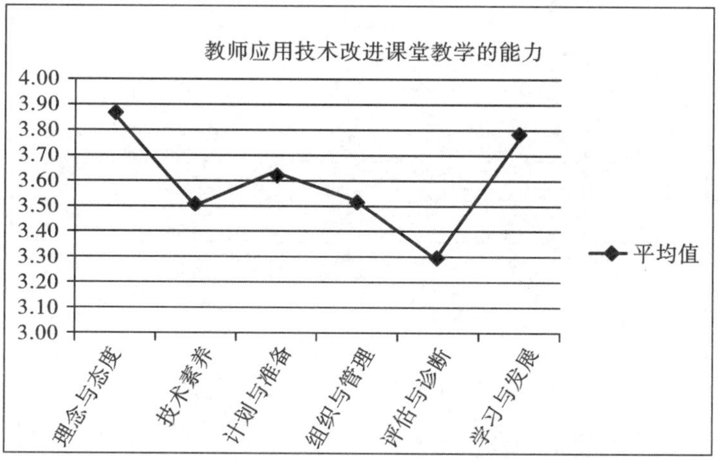

图3-2　教师应用技术改进课堂教学的能力

由图3-2可知，在教师应用技术改进课堂教学的能力方面，各个维度的得分均高于3，教师在理念与态度、学习与发展两个维度上的得分比较高，达到3.7以上，而评估与诊断维度的得分最低，表明教师在利用技术进行评估与诊断方面的能力低于其他维度，需要继续提高教师利用技术进行学情分析、提高评价与反馈效率、支持成绩统计、分析与呈现等的能力。

(3) 教师应用技术转变学生学习方式的能力

通过计算教师应用技术转变学生学习方式方面的6个维度的平均值，并在Excel中绘制条形图，具体如图3-3所示。

若以中间值“3”作为某个维度是否达标的分界线，如果维度平均值小于3，则视作未达标；如果大于或等于3，则视作达标。由图3-3可知，教师应用技术转变学生学习方式的理念与态度、技术素养、计划与准备、组织与管理以及学习与发展5个维度均值都大于3，即已达标，唯独评估与诊断维度教师的自我报告均值小于3，仅为2.1。由此可见，教师通过评估与诊断来转变学生学习方式的能力还需提高。

通过以上分析可知，教师在利用技术改进课堂教学的能力以及转变学生学习方式的能力方面，均存在同样的问题，即在教师的理念与态度、学习与发展以及组织与管理等几个维度上的得分较高，教师的自信心也较强，但在评估与诊断方面却缺乏自信，得分最低。以上表明信息化教学环境中，教师虽然能够在教学法、课堂组织以及理念等多个维度上表现较好，但在评价与

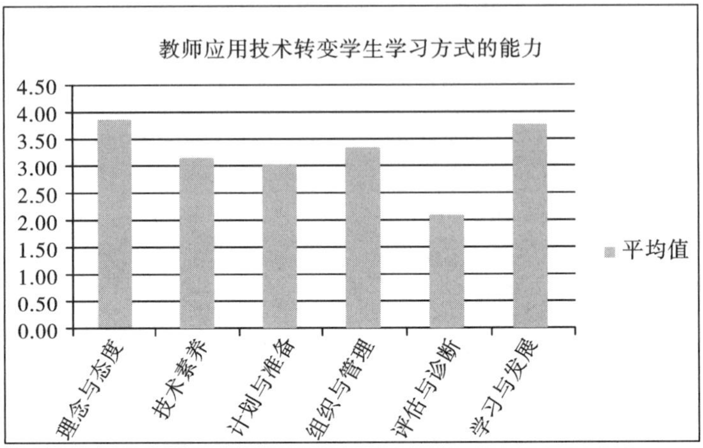

图3-3　教师应用技术转变学生学习方式的能力

诊断方面还比较欠缺，因此，本研究针对这个问题提出了具体的解决策略，具体内容将在3.2节来呈现。

2. 教师利用信息技术开展课堂教学实践的现状

通过问卷星对来自广东、海南、湖南、四川、江西、新疆、河南、山西省（自治区）的317名中小学教师进行了调研，其中男性137人，占43.2%；女性180人，占56.8%。本次调研共包含7个问题，用以调研中小学教师在课堂教学实践中使用教学法、教学评价以及学校建设智慧教室的情况，具体分析结果如下所示。

（1）课堂上教师使用的教学法单一

在课堂上教师采用课堂讲授法最多，占19.6%，其次是任务驱动教学法，占19.0%，再次是演示教学法，占17.7%，实验教学法占12.5%，协作学习法占11.1%。在课堂教学中，教师很少使用移动学习法、在线教学法、翻转课堂，如图3-4所示。

（2）课堂教学评价方式丰富性较差

在课堂上教师使用最多的评价方式是课堂即时评价，占26.8%，其次是测验，占24.9%，然后是同伴互评，占22.8%。而对问卷星、量规、电子档案袋的使用并不多，如图3-5所示。

（3）信息化教学环境基础设施建设情况仍需加强

在智慧教室建设情况方面，72.4%的学校没有建设智慧教室，14.2%的学校建有1～2间智慧教室。在智慧教室中，有计算机的占25.1%，有多媒体投影仪的占23.8%，有实物投影仪的占20.50%，有Wifi无线网

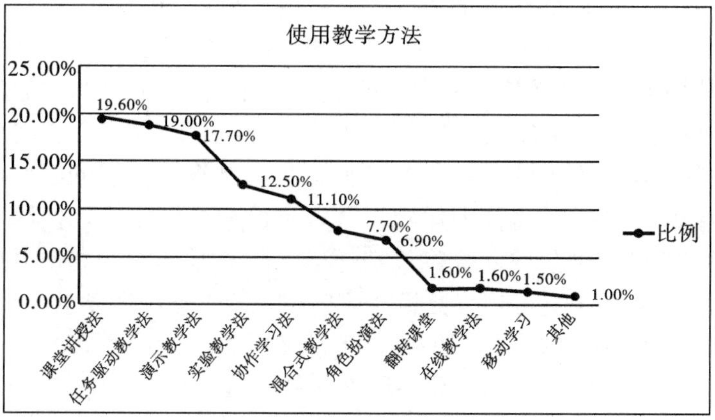

图3-4　课堂教学方法的使用情况

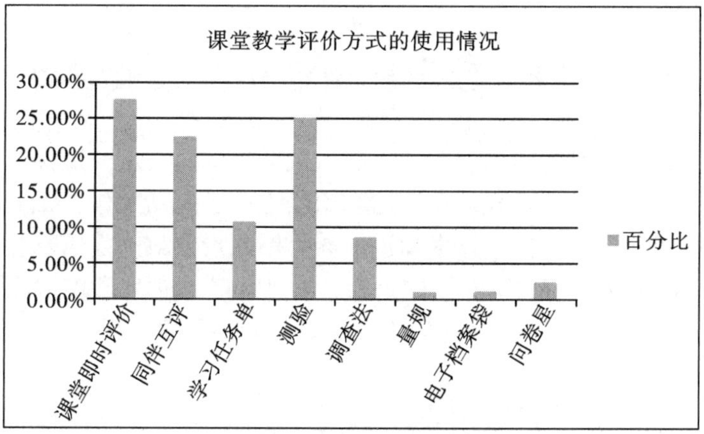

图3-5　课堂教学评价方式的使用情况

的占11.4%，有LED显示屏的占10.8%，有移动终端的仅占1.1%。在使用技术工具辅助教学方面，使用PPT课件的占33.9%，使用实物教具的占28.6%，使用学科教学工具（思维导图、词典等）的占15.1%，使用学习平台的占5.3%，使用学习类应用程序的占4.2%，使用电子书或电子书包的占1.6%。在教学中使用的教学平台方面，日常教学中，49.3%的教师使用过某些专题学习网站，19.4%的教师使用过“一起学习网”，18.7%的教师使用过教育云服务平台，9.7%的教师使用过“淘题吧”平台。

综上分析可知，在当前的课堂教学中教师使用得较多的教学法有课堂讲授法、任务驱动教学法、演示教学法和协作学习法，对移动学习法等其他教学法使用较少，存在教学法比较单一的问题；使用较多的评价方式是课堂即时评价、同伴互评、测验等，存在评价方式不够丰富等问题。在教学中，使用PPT课件教学已成为一种常态，而实物教具在日常教学中也扮演了重要角色，对于数字资源库的需求和使用也日益频繁。在线学习平台已成为教师教学中不可缺少的部分，资源共享是教育发展的必然趋势。当前全国各地的中小学和高校中建有智慧教室的学校还很少，但越来越多的学校有建智慧教室的愿望，智慧教室环境下的教学和学习如何开展，也是亟待解决的问题。由此可见，要提高信息化环境下教师课堂教学实践能力，应该从丰富教学法与课堂教学评价入手，加强教师对课堂教学评价的重视程度。因此，本研究针对信息化环境下的教师教学提出了基于评价的APT理论框架，用以指导教师应用信息技术开展课堂教学实践以及评估信息化环境下教师所需具备的知识，具体内容见下文。

3.2 APT教学模型建构与策略设计

笔者通过对教师的信息技术应用能力及应用信息技术开展课堂教学实践的现状进行分析后发现，教师在评估与诊断方面还有所欠缺，因此，本研究提出了基于评价的教师信息技术知识框架，用以指导教师在信息化环境下开展课堂教学，达到“以评促学”的目的。本研究将通过因子分析探究APT模型的因子组成，通过结构方程模型分析APT理论框架内部要素间的关系。

3.2.1 基于评价的APT理论框架设计

1. APT理论框架的构建与要素解析

在对已有TPACK、COI、PST等信息技术与课程整合理论框架、教师信息技术能力标准以及当前课堂教学实践分析的基础上，笔者发现教师在评估与诊断方面的能力达标情况较差，同时教师在课堂上存在教学法单一及评价方式不够丰富的现象。为体现评估与诊断在教学中的重要性，本研究提出了基于评价的APT教学模型，APT是评价（Assessment）、教学法（Pedagogy）以及技术（Technology）首字母的缩写。APT理论框架旨在为教师开展信息化环境下的课堂教学提供指导，同时从评价角度对教师在信息技术环境下所需具备的知识提出要求，教师除了要具备相应的教学法、技术能力外，还要具备评价的能力，以及三者相互整合使用的能力。APT理论框架模型如图3-6所示。

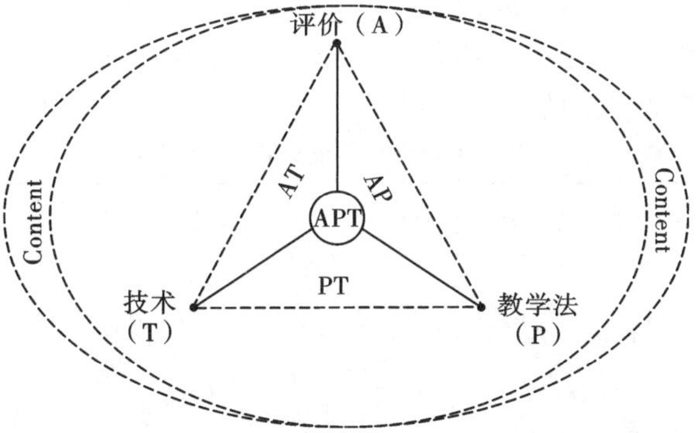

图 3-6　APT 理论框架模型

APT 理论框架包含 3 个核心要素、4 个复合要素以及 1 个外部影响因素，具体如下。

（1）核心要素

①评价（Assessment）：教师和学生通过搜集信息、分析信息、做出推断与决策，并采取相关行动改进教学和学习过程的一种有意识的、系统的活动①。

②教学法（Pedagogy）：是教学和学习的策略、过程以及方式的总和，包括教师制定教学目标、设计教学活动和组织教学任务等，是一切可以用来改善教学的努力和措施。

③技术（Technology）：包括一切支持课堂教学的硬件设备及软件系统等，如计算机、移动终端、网络、学习管理系统等。技术的使用会使教学更加方便。

评价、教学法和技术是 APT 理论框架的三大核心要素，是教师开展课堂教学必备的能力，也是教师在设计课堂教学时要考虑的关键因素，教师要对每个要素在活动中的作用及方式进行思考，依据不同教学目标及内容应选择相应的教学法、评价与技术。如教学评价部分，在课程开始前可以对学生进行诊断性评价以了解学生的先验知识，采用同伴互评、学生自评等丰富评价参与主体，量规使评价更加科学化且具有可操作性；在教学法方面，讲授法适用于教师对知识类内容的传授，探究性学习则更适用于数学、科学等学科，协作学习、PBL 教学等是当前课堂教学的重要组成部分，可以培养学生的合作沟通能力以及探究能力；而技术是评价及教学法更方

① 赵士果．促进学习的课堂评价研究［D］．上海：华东师范大学，2013：24.

便实现的支持条件，如教师通过 PPT、Keynote 等来展示教学内容，通过 BBS 论坛等实现同伴互评，通过 Padlet 展示学生作品等。具体评价手段、教学法及技术如表 3-1 所示。

表 3-1　APT 核心要素的具体内容列表

评价（Assessment）	教学法（Pedagogy）	技术（Technology）	
诊断性评价 即时评价 电子档案袋评价 学生自评 同伴互评 量规评价 契约评价 测试 ……	PBL 教学 角色扮演 探究性教学 连接式教学 翻转课堂 移动学习法 协作学习法 讲授法 ……	硬件： 投影仪 LED 显示屏 移动终端 无线网络 计算机 交互式电子白板 投影幕布 ……	软件： 学习管理平台（Edmodo、云平台等） 社交软件（QQ、微信等） 学习社区工具（BBS 论坛等） 内容展示工具（PPT、Keynote 等） 虚拟仿真软件 学科教学应用（几何画板、月球探秘等） 专题学习网站 ……

（2）复合要素

三个核心要素是信息化环境下教师需要具备的基本能力，也是教师在课堂教学中要考虑的因素。但通常在实际教学中，这三个要素并不是割裂开来的，在设计与实施课堂教学时，需要将其中两个或三个要素进行综合考虑，因此，三大要素相互作用产生了 4 个复合要素，具体如下。

①技术支持的评价（Technological Assessment，TA）：信息化环境下的评价要以信息技术为支撑，技术支持的评价是将技术与评价两个要素进行整合，强调技术与评价的双向互动，合适的技术使相应的评价方式更简便，节约了时间和资源，拓展了评价的时间、空间与主体，记录了学生学习过程中评价的结果、证据与建议，为学生进行全面细致的需求、兴趣及能力方面的诊断和个性化学习提供了基础。如基于 Padlet、出题优等平台开展同伴互评，这些平台可以记录学生评价的过程，激发同伴之间互相交流的热情，培养学生公正、客观评价他人的能力；基于 Clicker、问卷星开展课堂即时评价，能够即时提供测评结果，教师可以实时掌握学生的学习状况，并及时对学生的学习采取补救措施等；通过 iBooks 互动开展学生自评能够培养学生的评价能力，合理评价自己是学生在未来生活与工作中必备的技能之一；根据教学内容与情境，技术与评价可以任意进行组合，以

达到最优的评价目的。

②教学化评价（Pedagogical Assessment，PA）：教学化评价是不考虑技术因素，整合教学法与评价的结果，要将评价嵌入教学任务与活动中，在开展课堂教学的过程中及时评价学生的学习状况，并提供反馈，以帮助教师与学生了解学习动态。传统的评价以甄别、选拔为目的，采用测试、考试等总结性评价为主，但这种评价方式无法对学生面对真实世界的复杂能力做出评估，而过程性的、嵌入性的评价对复杂能力的评估与解释更有效。如在研究型学习的过程中，教师可以采用基于量规的同伴互评对学生的研究方案、报告及作品进行评价，鼓励学生作为评价主体畅所欲言，使评价过程更加自由与客观，被评价者可以吸纳多种想法及建议，以改进自己的作品及报告等；在自主学习中，学生可通过自评的方式进行自我监督；在以教师为主导的讲授法教学中，通过即时评价，教师能够了解学生的学习状态。总而言之，不同类型的教学内容、教学方法可以搭配不同的评价手段，嵌入教学的评价方式更加有利于教师的教学与学生的学习。

③技术支持的教学法（Technological Pedagogy，TP）：技术支持的教学法是由技术与一般教学法相互作用产生的，技术可以强化教学法的作用，也可以产生新的教学法，如混合式学习、在线学习、移动学习和连接式学习等；教学法也会影响教师对技术的选择与使用，如在使用讲授法教学的过程中，教师如果需要展示或呈现相关的教学内容，则可以通过 PPT、Keynote 等软件和多媒体投影系统、移动终端等硬件和无线网来实现；在协作学习中，可以借助 Padlet、微信、QQ 等工具提高协作效率，方便学生沟通交流，记录协作过程数据等；探究学习则可以通过虚拟仿真软件如人体探秘、月球探秘等为学生提供模拟真实的虚拟环境，以弥补无法去真实环境中获得感受的不足；同样的技术在不同的教学法中可以产生不同的效果，发挥不同的功效，如 Padlet 既可以帮助学生开展协作学习，也可用以展示学生作品；在讲授法教学中，电子白板所发挥的功能就类似于普通的黑板，是一块便捷式黑板；而在头脑风暴、探究式学习等学习活动中，电子白板则可充当师生合作探究活动的支持工具。

④技术支持的教学化评价（Technological Pedagogy and Assessment，APT）：将技术、评价和教学法进行整合，是这三者的动态平衡，强调技术、评价和教学法之间的统一性和平等性。通过技术来支持教学法与评价

可以发挥不同的作用，不仅能提高教学效率，还会产生新的教学方式与评价方式，为学生提供表达与分享的平台与空间。如在科学课程中，可以通过移动终端、网络以及学习管理平台等实现课堂内外的连接，突破空间的限制，将学习环境拓展到课堂外，甚至是真实的问题解决环境中，在课堂内则开展答疑、分享、评价及交流等，可借助 Padlet、问卷星等开展基于研究型学习的同伴互评、自评，给学生以质疑、交流的机会，培养学生的元认知能力、探究能力，激发学生的学习动机。教学法、评价和技术的有机融合能够产生更大的学习效应，具有动态发展性、个体内隐性和实践性等特点。APT 理论框架的复合要素如图 3-7 所示。

图 3-7　APT 理论框架复合要素

（3）外部影响因素——学科内容

学科内容（Content）是所学或所教的知识体系，教学内容会因为学生的特征与学科的特征而不同，如五年级的数学、三年级的语文以及二年级的科学等教学内容；内容知识主要包括学科相关的理论知识、概念框架以及应用实践等。学科内容有两层含义：第一是指学生需要学习和掌握的知识内容，也即教师需要在课堂中教的内容；第二是为保证课堂教学的顺利进行，教师需要掌握的学科知识体系和领域知识等。

2. APT 理论框架的理论基础

基于评价的 APT 理论框架是在多元智能理论和建构主义学习理论的视角下提出的，多元智能理论强调学生在学习能力上的差异，建构主义学习理论重视学生的主动性，认为学生知识的习得是在与社会文化的互动中完成的，APT 理论框架正是在这两种理论的基础上提出的，强调教师在教学中要以学生为本。

（1）多元智能理论

传统的智能理论认为人类的能力与智能是可以通过统一的测试（如智力测试等）进行评价的。20 世纪 70 年代，心理学家开始对传统的智能理论提出挑战，试图摆脱简单化一的智力评价方式，从更多元的角度来看待人类的智能[①]。多元智能理论（Multiple Intelligences）正是在这种背景下产生的，1983 年哈佛大学发展心理学家加德纳（Gardner）教授在《智能的结构》一书中提出了多元智能理论，认为学生在不同领域里学习能力有差异，并将人类的智能进行划分，具体的划分如下[②]。

语言智能（Verbal-Linguistic Intelligence）：指运用语言文字进行读写的能力，具体的活动包括读书、演讲、讲故事、辩论、写论文等。在语言智能方面能力比较突出的学生通常情况下能够显示出更好的听、说、读、写和与他人进行交流的技能，比较适合从事主持人、作家、诗人、辩手和编辑等职业。

逻辑数学智能（Logical-Mathmatical Intelligence）：指学生利用数据进行分析、推理的能力，通常在数字游戏、数学问题的解决和逻辑推理等活动中能够表现出逻辑数学智能。具有较强逻辑数学智能的人适合从事会计、金融等方面的相关工作。

音乐智能（Musical Intelligence）：指学生处理音乐、韵律的能力，包括作词、编曲、合成音乐、感受音乐、演唱和指挥的能力。在音乐智能方面能力比较突出的人比较适合从事歌唱、演奏、指挥、音乐评论和乐器制作等方面的工作。

空间智能（Spatial Intelligence）：指人对色彩、空间以及位置的感受与表达的能力，即能够准确感受整个空间的能力。通常具备突出空间智能的人适合从事海员、飞行员、画家、雕刻师、建筑师和装潢设计师等职业。

身体运动智能（Bodily-Kinesthetic Intelligence）：指通过运用身体的动作、手势和模仿表达感受及想法的能力。具备突出身体运动智能的人比较适合从事运动、舞蹈、武术、手工制作等工作。

---

① 张冬梅. 多元智能理论述评［J］. 新课程学习：学术教育，2010（8）：130-131.

② 霍华德·加德纳. 智能的结构（经典版）［M］. 沈致隆，译. 杭州：浙江人民出版社，2013：9-19.

人际沟通智能（Interpersonal Intelligence）：指对他人的言语、表情、话语和手势的敏感，具有较强的沟通能力的能力。具备突出人际沟通智能的人适合从事政治家、外交官、推销员等职业。

自我认识智能（Intraperaoanal Intelligence）：指通过反思和自我评估等方式正确了解和认知自己的能力。具备突出自我认识智能的人能够准确描述自己的价值和表达情绪等，适合从事哲学家、心理学家和神学家等职业。

自然观察智能（Naturalist Intelligence）：指人类辨别自然和生物的能力，对自然界的敏感性强的一种能力。具有突出自然观察智能的人适合从事地理学家、生物学家等职业。

每个人都可能在某一方面或几个方面比较突出，也会在其他方面相对平庸。多元智能理论对教育有非常重要的意义，它提醒教师不应该忽视学生所具备的长处与优势，某些学生可能在学习成绩方面比较薄弱，但在音乐、美术等其他方面可能会有突出的智能，因此，如何客观、准确地评价和认识学生的优势智能，并加以引导，是当前教育亟待解决的问题。

（2）建构主义学习理论

建构主义强调学生的主动性，认为学生知识的习得是在与外界社会、环境发生互动的过程中完成的，可以追溯至皮亚杰的儿童认知发展理论，建构主义学派的代表人物有维果斯基、布鲁纳等。

皮亚杰提出的认知发展理论认为，个体自出生起便与外界环境、社会相互作用，从而构建个体内部的知识体系，使其认知结构得以发展。图式、同化、顺应和平衡是皮亚杰认知理论的四个核心概念：图式是指个体已经建立的存在于人脑中的经验和知识的网络；同化是指个体将外部环境中的相关信息吸收到已有认知结构网络中的活动；顺应是指当外部环境发生改变时，个体内部知识结构发生相应变化的过程；平衡是指个体要在吸纳外界信息的过程中，需要通过自身内部调节从一个平衡达到新的平衡状态的过程。

维果斯基则强调了社会化作用对个体认知建构过程的影响作用，认为个体的学习活动都是在一定的社会文化背景下进行的，社会文化对个体的知识建构过程有非常重要的支持与促进作用。维果斯基提出的最近发展区理论中对学生认知的实际发展水平与潜在的发展水平做了区分，实际发展水平是指学生可独立完成的心理水平，而最近发展区则是指学生在教师指导下可达到的心理水平，在实际的教学中，教师要重点关注学生心理发展的两个水平。

布鲁纳的认知发现说认为学生学习的过程是不断发现的过程，强调学生内在动机的重要性，在实际教学中，教师要重点关注学生的已有认知结构，并组织课堂活动以促进学生的发现知识的过程。外部动机如激励、惩罚等可能有作用，但激发学生的内在动机，让学生主动发现、获得知识才是最重要的，认知发现说更加强调学生的主动发现的过程。

综上所述，建构主义强调学生主观认知的能动性，认为教师的被动传递与讲授并不是学习知识的最佳方式，只有在一定的社会文化背景下，激发学生的内在动机，令学生主动与外界环境发生作用，才能够使新知识与个体已有的内部认知结构建立联系，达到主动学习的目的。建构主义认为学习要以学生为中心，学习要在一定的情境中产生，需要合作与交流。

3.2.2　基于 APT 的理论框架要素探索

本书提出的 APT 理论框架是教师在信息化环境下需要具备的专业发展知识，以及指导教师开展信息技术与课堂教学整合。通过前文可知，APT 理论框架主要包括 3 个核心要素、4 个复合要素以及 1 个外部影响因素，本节将通过问卷调查及因子分析的方法对 APT 理论进行建模，分析其关键要素。

1. 测量工具

（1）问卷来源

在前期对 TPACK、UNESCO 以及各国文献梳理的基础上，笔者编制了问卷《基于 APT 理论框架的教师课堂教学要素调研》，问卷包含两部分内容，一是基本信息，二是教师信息技术应用能力现状调研。对于教师信息技术应用能力的调研主要参考了施密特（Schmidt）① 和蔡庆星②编制的

① SCHMIDT D A, BARAN E, THOMPSON A D, et al. Technological Pedagogical Content Knowledge (TPACK): The development and validation of an assessment instrument for preservice teachers [J]. Journal of research on technology in education, 2009 (2): 123-149.

② CHAI C S, KOH J H L, TSAI C C, et al. Modeling primary school pre-service teachers' Technological Pedagogical Content Knowledge (TPACK) for meaningful learning with information and communication technology (ICT) [J]. Computers & education, 2011 (57): 1184-1193.

TPACK 问卷，以及《中小学教师信息技术应用能力标准》①、UNECSO 的 ICT-CFT 框架②、《全国中小学教师教育技术水平考试（NTET）教学人员考试大纲》③ 等，在此基础上编制了该问卷初稿。为保证问卷的内容效度，笔者通过德尔菲法与专家问卷对问卷进行删减及修订，再次确定问卷的项目，问卷包含 36 个题目，其中 24 个题目来源于已有问卷和相关标准等，12 个题目为笔者根据实际情况和 APT 理论框架的内涵自己编制，具体的参考来源如表 3-2 所示。

表 3-2 《基于 APT 理论框架的教师课堂教学要素调研》问卷参考来源

项 目	来 源
C2：我知道足够的学科领域知识、结构和脉络。	Technological Pedagogical Content Knowledge （TPACK）：The Development and Validation of an Assessment Instrument for Preservice Teacher
C3：我能不断丰富自己的学科前沿知识，拓宽专业视野。	
P4：我能根据不同的教学环境、学生特点使用不同的教学方法。	
P6：我知道如何在课堂中组织和管理教学。	
T8：我能够学会信息技术。	
T9：我能够紧跟信息技术发展的步伐。	
T10：当我遇到技术问题时，我知道如何解决这些问题。	
A14：我能够在课堂上运用多元的评价方式评估学生。	
TP23：我能够根据不同教学活动，选择相应的信息技术工具。	
TP25：我能够指导学生通过信息技术获取和产生更多的知识。	

① 教育部办公厅．全国中小学教师信息技术应用能力标准（试行）[Z]．2014-05-27．

② MIDORO V. Guidelines on adaptation of the UNESCO ICT competency framework for teachers [M]. Bangkok：UNESCO Institute for Information Technologies in Education，2013：25-30.

③ 裴纯礼，张进宝，杨雪萍，等．“全国中小学教师教育技术能力水平考试”教学人员考试大纲（初级）的研制 [J]．电化教育研究，2007（6）：25-29.

续表

项　目	来　源
C1：我知道如何应用所教的学科知识解决现实世界中的问题。	Modeling primary school pre-service teachers' Technological Pedagogical Content Knowledge（TPACK） for meaningful learning with information and communication technology
P5：我能够为学生创设具有挑战性的活动来鼓励他们积极参与和思考。	
P7：我能够指导学生积极参与小组讨论与其他活动。	
T11：我能够制作不同教学环境下所需的课件资源。	
T12：我能够整合使用网络工具（如 QQ、微信等）来指导学生的学习。	
T13：我能够使用学习管理系统、教学资源网来支持教学。	
TP24：我能够使用信息技术创设教学情境。	
TP26：我能够指导学生通过信息技术进行合作。	
TP27：我能够指导学生通过信息技术计划和监管自己的学习。	
A15：我能够根据教学目标合理设计课堂评价方案。	《中小学教师信息技术应用能力标准》
TA22：我能够使用在线问卷调查平台、学习管理平台或电子档案袋等工具，持续性地记录学生的学习情况。	
A16：我能够科学评估学生的高阶思维能力（创造力、问题解决能力等）。	UNECSO 的 ICT-CFT 框架
TA20：我能够在课堂上利用信息技术组织学生开展自评、互评等。	《全国中小学教师教育技术水平考试（NTET）教学人员考试大纲》
TA21：我可以选择合适的工具和方法对评价数据进行初步处理。	
PA28：我能够使用诊断性评价了解学生的已有知识。	自编
PA29：我能够在课堂讲授过程中对学生的学习表现进行即时评价。	
PA30：我能够在教学活动完成后，合理设计评价活动对学生一节课或一段时间的表现进行评估。	

续表

项　目	来　源
PA31：我能够在教学活动的不同阶段使用相应的评价方式对学生进行评价。	自编
A17：我能够设计并使用评价量规对学生进行评价。	
A18：我能够自如运用学生自评与同伴互评的方式组织学生进行评价。	
A19：我能根据评价的反馈结果对教学过程实施有效干预。	
APT32：我能够设计出基于真实问题的教学情境，用合适的技术手段将情境呈现出来吸引学生，并开展合理的评价。	
APT33：我能够设计好活动顺序，帮助学生使用合适的技术进行知识建构，并能对学生建构的过程进行合理的评价。	
APT34：我能够合理使用网络工具指导学生进行协作学习，并能对活动效果进行评价。	
APT35：我能够使用合适的工具帮助学生进行自主学习，并通过信息技术对学生自主学习效果进行评价。	
APT36：我能够构思出指导学生使用合适的工具进行探究的活动，并能够基于技术对学生开展合理的评价。	

注：C指学科知识能力（Content）；A指评价能力（Assessment）；P指教学法能力（Pedagogy）；T指信息技术能力（Technology）；TA指技术支持的评价能力（Technological Assessment）；PA指教学法与评价融合的能力（Pedagogical Assessment）；TP指技术支持的教学法能力（Technological Pedagogy）；APT指评价教学法技术融合的能力（Technological Pedagogy and Assessment）。

通过文献研究及德尔菲法，确定问卷的教师信息技术应用能力部分包含36个题目、8个维度，分别是：教师掌握的学科知识能力（C）、教学法能力（P）、信息技术能力（T）、评价能力（A）、技术支持的评价能力（TA）、技术支持的教学法能力（TP）、教学法与评价融合的能力（PA）以及评价教学法技术融合的能力（APT）。本问卷采用里克特5级量表的形式来进行测试，“非常不同意”记为“1”，“不同意”记为“2”，“一般”记为

"3"，"同意"记为"4"，"非常同意"记为"5"。

（2）项目分析

项目分析主要是通过检验高、低分组在题项上的差异与区分度，项目分析中最常用的是临界比值法和同质性检验法。临界比值法的主要目的是求出个别题项的决断值——CR 值，并将分析的结果作为问卷项目是否该删的依据，对高、低分组进行 t 检验，将未达显著水平的题项删除[①]。同质性检验法是分析题项与量表的内部一致性，通过计算每个题项得分与量表总分的相关性，并将相关系数小于 0.4 的项目进行删减或修改。本次研究在问卷星中发放并回收问卷。在正式施测前，我们先对问卷进行小范围的初测，初测回收的问卷为 36 份，全部是来自安徽中小学老师。该样本的基本信息如下：教师平均年龄为 44.9 岁，男教师占到了 66.7%；本科学历占 75.0%，硕士及以上占 25.0%；小学教师占 8.3%，初中教师占 22.2%，高中教师占 55.6%，其他（中职教师）占 13.9%，平均教龄为 23.4 年，覆盖大部分学科，主要是高级教师。问卷《基于 APT 理论框架的教师课堂教学要素调研》的项目分析结果如表 3-3 所示。

表 3-3　《基于 APT 理论框架的教师课堂教学要素调研》问卷项目分析结果

题项	CR 值	相关系数	题项	CR 值	相关系数
C1	4.27***	0.618***	A19	5.76***	0.772***
C2	4.27***	0.625***	TA20	6.93***	0.865***
C3	4.32***	0.650***	TA21	4.33***	0.779***
P4	5.16***	0.636***	TA22	3.96***	0.681***
P5	7.42***	0.793***	TP23	7.28***	0.847***
P6	4.92***	0.666***	TP24	6.19***	0.690***
P7	5.05***	0.668***	TP25	5.57***	0.814***
T8	3.60**	0.659***	TP26	5.88***	0.870***
T9	4.52***	0.744***	TP27	4.54***	0.700***
T10	4.58***	0.745***	PA28	6.17***	0.791***
T11	6.24***	0.802***	PA29	5.55***	0.748***

① 吴明隆. 问卷统计分析实务［M］. 重庆：重庆大学出版社，2010：158-188.

续表

题项	CR 值	相关系数	题项	CR 值	相关系数
T12	6.06***	0.798***	PA30	5.21***	0.687***
T13	6.06***	0.836***	PA31	5.52***	0.776***
A14	6.88***	0.818***	APT32	5.41***	0.821***
A15	6.31***	0.854***	APT33	8.85***	0.877***
A16	4.38***	0.795***	APT34	6.11***	0.850***
A17	3.53*	0.746***	APT35	6.61***	0.858***
A18	5.25***	0.795***	APT36	5.05***	0.771***

注：* 表示 $p<0.05$，** 表示 $p<0.01$，*** 表示 $p<0.001$。

由表 3-3 项目分析结果发现，高、低分组学生在各个项目的 t 检验中均存在显著差异，每个题项与量表总分之间的相关系数均高于 0.600，由此可见，不需要删除项目。

（3）信度分析

在 SPSS 18.0 中对问卷整体及各个维度进行信度分析，计算克朗巴哈系数，问卷整体的信度为 0.970，问卷中第二部分（教师信息技术应用能力现状）的信度为 0.979，其他各个维度的信度如表 3-4 所示。

表 3-4　《基于 APT 理论框架的教师课堂教学要素调研》问卷的信度分析

维度	Cronbach's α	维度	Cronbach's α
学科知识能力（C）	0.735	技术支持的评价能力（TA）	0.901
教学法能力（P）	0.884	教学法与评价融合的能力（PA）	0.889
信息技术能力（T）	0.922	技术支持的教学法能力（TP）	0.921
评价能力（A）	0.933	评价教学法技术融合的能力（APT）	0.925

通过信度分析可知，问卷整体及各个维度的信度均高于 0.700，可见该问卷信度良好。

2. 调研背景与对象

（1）调研背景

本次调研的背景是基于一次教师教育培训的项目，通过问卷星的方式在培训过程中进行匿名问卷调查搜集，培训的内容是“信息化环境下课堂教学改革与实践研究”，主要介绍信息化环境下指导教师教学的 APT、TPACK 理论框架以及选取学科案例进行分析，培训内容会根据培训对象做微调，将问卷的搜集作为培训内容的一部分，并在问卷星中为培训对象实施反馈调查的初级统计分析结果。

（2）调研对象

本次调研的对象包括中小学教师和大学教师，分别来自安徽、福建、甘肃及湖北等 20 个省，教师平均年龄为 38.3 岁，平均教龄为 15.2 年，主要从事教育学、理学、工学等学科教学，其中女性教师的比例占到了 64.0%。高校教师主要来自省属及市属高校，学历以硕士为主，博士占到了 23.4%，最高学历类型主要来自“211 工程”高校，海外高校较少，职称以副教授、讲师为主。中小学教师的学历以本科为主，占到了 77.1%，超过一半是小学教师，主要是高级教师和二级教师，学科范围覆盖了中小学开设的大部分学科。共回收 420 份问卷，对数据进行预处理后，剩余 387 份有效样本。

3. 调研基本情况分析

在 SPSS 中对问卷中的所有题项进行描述统计分析，计算各题项的得分的平均值，题项平均值如表 3-5 所示。

表 3-5　《基于 APT 理论框架的教师课堂教学要素调研》问卷的题项均值

题项	均值	题项	均值	题项	均值
C1	3.87	T13	3.60	TP25	3.58
C2	3.67	A14	3.64	TP26	3.41
C3	3.97	A15	3.68	TP27	3.27
P4	3.78	A16	3.46	PA28	3.40
P5	3.72	A17	3.41	PA29	3.74
P6	3.93	A18	3.51	PA30	3.53
P7	3.78	A19	3.62	PA31	3.58
T8	3.94	TA20	3.26	APT32	3.50
T9	3.73	TA21	3.41	APT33	3.46
T10	3.53	TA22	3.19	APT34	3.37
T11	3.50	TP23	3.38	APT35	3.38
T12	3.70	TP24	3.54	APT36	3.30

由表 3-5 可知，所有题项得分都高于 3 分，教师对内容和教学法有更强的自信，为进一步分析各个维度的得分平均值，笔者绘制了折线图，如图 3-8 所示。

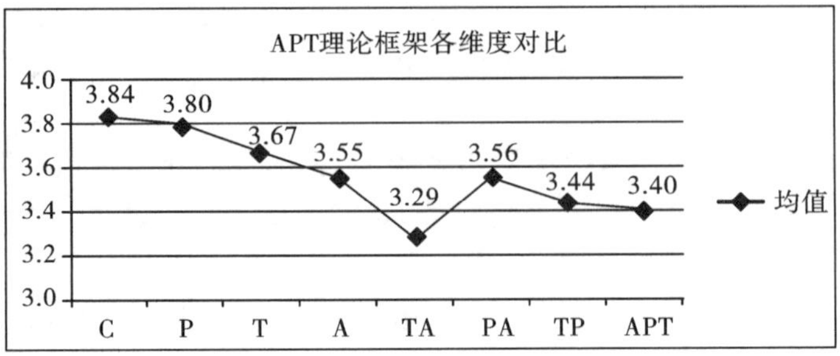

图 3-8　APT 理论框架各维度对比图

由图 3-8 可知，教师在核心要素的维度上的掌握及应用程度较高，而在复合要素包含的 4 个维度上得分较低。此外，教师在应用技术支持评价、教学的自我感知维度上的得分较低，在评价维度上的得分显著低于其他 3 个核心要素。

4. 基于 EFA 的 APT 模型要素分析

根据对前期文献及相关理论的梳理，前文已构建了包含 3 个核心要素及 4 个复合要素的 APT 理论框架，为进一步分析 APT 理论的维度架构，拟采用因子分析精准全面地建构 APT 理论模型，包括探索性因子分析（EFA）和验证性因子分析（CFA）。探索性因子分析是初步探究 APT 理论的要素组成，遴选每个维度下的相关指标，去掉冗余指标，即以最少的信息丢失将众多变量归因到少数的几个因子中①；验证性因子分析的目的是确认建构模型或因素结构的适切性与真实性②。通常在分析过程中，会将样本总体一分为二，一半用于探索性因子分析，另一半用于验证性因子分析。本研究以在 SPSS 18.0 中随机选取个案的方式进行探索性因子分析。由于挑选的条件为约 50%的样本，因此选择样本的数量为 200，并不是严格的一半样本，下文将对选择的样本进行探索性因子分析。

在因子分析之前首先要考察原有变量是否适合进行因子分析，借助变量的相关系数矩阵、巴特利特球形度检验和 KMO 检验方法进行分析。巴特利特球形度检验值越高越好，本研究中巴特利特球形度检验值为 3 219.865，p 值为 0，可认为相关系数矩阵与单位阵有显著差异；KMO 值

① 薛薇. SPSS 统计分析方法及应用［M］. 北京：电子工业出版社，2013：262-263.

② 吴明隆. 结构方程模型：AMOS 的操作与应用［M］. 重庆：重庆大学出版社，2009：216.

为 0.941，根据 Kaiser 给出的 KMO 标准（KMO 小于 0.5，应该放弃；在 0.5～0.6 之间，表示很差；在 0.6～0.7 之间，尚可；在 0.7～0.8 之间，适合；在 0.8～0.9 之间，很适合；在 0.9 以上，非常适合）可知，原变量非常适合做因子分析，具体如表 3-6 所示。

表 3-6 KMO 和 Bartlett 的检验

取样足够的 Kaiser-Meyer-Olkin 度量		0.941
Bartlett 球形度检验	近似卡方	3 219.865
	df	231
	Sig.	0.000

根据原变量的相关系数矩阵，采用主成分分析法提取因子，在对因子分析碎石图进行分析后，指定提取特征根的标准为选取固定因子数量，并设定因子数为 5，变量的共同度均高于 0.700；累计方差贡献率是评价因子提取的重要因素，一般累计方差贡献率要高于 80%，本次因子分析的累计方差贡献率为 74.580%，略低于标准值，但结合 KMO 和 Bartlett 检验值，研究认为基本符合因子分析的要求，因子解释原有变量总方差的情况如表 3-7 所示。

表 3-7 因子解释原有变量总方差的情况

成分	初始特征值			提取平方和载入			旋转平方和载入		
	合计	方差的 %	累积 %	合计	方差的 %	累积 %	合计	方差的 %	累积 %
1	10.761	48.913	48.913	10.761	48.913	48.913	4.573	20.787	20.787
2	2.235	10.160	59.074	2.235	10.160	59.074	4.151	18.868	39.656
3	1.832	8.327	67.400	1.832	8.327	67.400	3.230	14.683	54.339
4	0.801	3.640	71.041	0.801	3.640	71.041	2.387	10.849	65.187
5	0.779	3.539	74.580	0.779	3.539	74.580	2.066	9.393	74.580
6	0.600	2.728	77.307						
7	0.510	2.318	79.625						
8	0.479	2.176	81.801						
9	0.449	2.042	83.843						
10	0.414	1.882	85.725						
11	0.387	1.761	87.486						

续表

成分	初始特征值			提取平方和载入			旋转平方和载入		
	合计	方差的 %	累积 %	合计	方差的 %	累积 %	合计	方差的 %	累积 %
12	0.351	1.595	89.081						
13	0.335	1.524	90.605						
14	0.315	1.433	92.038						
15	0.298	1.356	93.394						
16	0.271	1.231	94.625						
17	0.249	1.134	95.759						
18	0.231	1.052	96.811						
19	0.193	0.879	97.690						
20	0.179	0.815	98.505						
21	0.169	0.768	99.273						
22	0.160	0.727	100.000						
提取方法：主成分分析									

探索性因子分析提取了5个因子，提取后的因子整体信度为0.952，因子TA、A、P、T和APT的信度分别为0.858、0.874、0.853、0.907和0.935，各个因子的变量及载荷如表3-8所示。

表3-8　因子分析载荷表

题项	Factor 1	Factor 2	Factor 3	Factor 4	Factor 5
APT34	0.842				
APT33	0.820				
APT35	0.818				
APT36	0.808				
APT32	0.771				
T9		0.865			
T8		0.819			
T10		0.742			
T11		0.737			
T13		0.644			

续表

题项	Factor 1	Factor 2	Factor 3	Factor 4	Factor 5
T12		0.628			
P4			0.840		
P6			0.786		
P7			0.776		
P5			0.741		
A14				0.701	
A15				0.694	
A16				0.630	
A19				0.575	
TA22					0.749
TA20					0.624
TA21					0.557

由表 3-8 可知，探索性因子分析共筛选出 22 个指标，其中，因子 APT、T、TA、P 的原变量均进入新的模型中，因子 A 丢失两个变量，因子 PA、TP 则全部丢失。在因子分析的过程中，PA 及 TP 的变量总是归因到 APT、P 及 A 的维度下，因此，本研究考虑将这两个因子从模型中删除。

5. 基于 CFA 的 APT 模型要素验证分析

验证性因素分析（CFA）是结构方程模型（SEM）的一种次模型，用来检验测量变量与可以解释测量变量的因素之间的构念关系①。验证性因素分析包括一阶验证性因素分析和二阶验证性因素分析，本研究选择 AMOS 21.0来进行验证性因子分析。

(1) 一阶验证性因子分析

一阶验证性因子分析是探究测量变量与一阶因素之间的关系，主要包括概念模型设定、参数设置、模型评价和结果解释等。在前期对 APT 理论框架的探索性因子分析中，筛选出 22 个指标，归因到 5 个一阶因素中，具体如表 3-9 所示。

① 吴明隆. 结构方程模型：AMOS 的操作与应用 [M]. 重庆：重庆大学出版社，2009：216.

表 3-9　探索性因子分析研究变量

潜变量	观察变量
APT	APT34：我能够合理使用网络工具指导学生进行协作学习，并能对活动效果进行评价。
	APT33：我能够设计好活动顺序，帮助学生使用合适的技术进行知识建构，并对学生建构知识的过程进行合理的评价。
	APT35：我能够使用合适的工具帮助学生进行自主学习，并通过信息技术对学生自主学习效果进行评价。
	APT36：我能够构思出指导学生使用合适的工具进行探究的活动，并能够基于技术对学生开展合理的评价。
	APT32：我能够设计出基于真实问题的教学情境，用合适的技术手段呈现出来吸引学生，并开展合理的评价。
T	T9：我能够紧跟信息技术发展的步伐。
	T8：我能够学会信息技术。
	T10：当遇到技术问题时，我知道如何解决这些问题。
	T11：我能够制作不同教学环境下所需的课件资源。
	T13：我能够使用学习管理系统、教学资源网来支持教学。
	T12：我能够整合使用网络工具（如QQ、微信等）来指导学生的学习。
P	P4：我能根据不同的教学环境、学生特点使用不同的教学方法。
	P6：我知道如何在课堂中组织和管理教学。
	P7：我能够指导学生积极参与小组讨论和其他活动。
	P5：我能够为学生创造具有挑战性的活动来鼓励他们积极参与和思考。
A	A14：我能够在课堂上运用多元的评价方式评估学生。
	A15：我能够根据教学目标合理设计课堂评价方案。
	A16：我能够科学评估学生的高阶思维能力（创造力、问题解决能力等）。
	A19：我能根据评价的反馈结果对教学过程实施有效干预。
TA	TA22：我能够使用在线问卷调查平台、学习管理平台或电子档案袋等工具，持续性地记录学生的学习情况。
	TA20：我能够在课堂上利用信息技术组织学生开展自评、互评等。
	TA21：我可以选择合适的工具和方法对评价数据进行初步处理。

为验证探索性因素分析中构建的 APT 理论模型是否与实际数据适配，采用另一半数据对模型进行验证性因素检验，依据研究变量表构建概念模型如图 3-9 所示。

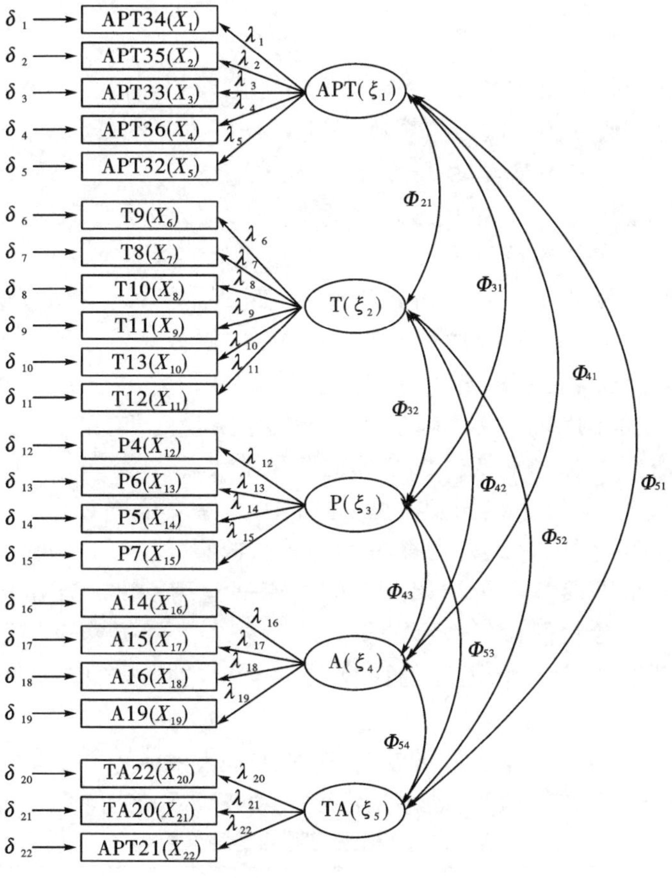

图 3-9　一阶假设模型

由图 3-9 可知，假设模型有 5 个因素、22 个观测变量，所建立的回归方程如下：

$$X_1 = \lambda_1\xi_1 + \delta_1, \qquad X_2 = \lambda_2\xi_2 + \delta_2,$$
$$X_3 = \lambda_3\xi_2 + \delta_3, \qquad X_4 = \lambda_4\xi_2 + \delta_4,$$
$$X_5 = \lambda_5\xi_2 + \delta_5, \qquad X_6 = \lambda_6\xi_2 + \delta_6,$$
$$X_7 = \lambda_7\xi_2 + \delta_7, \qquad X_8 = \lambda_8\xi_2 + \delta_8,$$
$$X_9 = \lambda_9\xi_2 + \delta_9, \qquad X_{10} = \lambda_{10}\xi_2 + \delta_{10},$$
$$X_{11} = \lambda_{11}\xi_2 + \delta_{11}, \qquad X_{12} = \lambda_{12}\xi_3 + \delta_{12},$$

$$X_{13}=\lambda_{13}\xi_3+\delta_{13},\qquad X_{14}=\lambda_{14}\xi_3+\delta_{14},$$
$$X_{15}=\lambda_{15}\xi_3+\delta_{15},\qquad X_{16}=\lambda_{16}\xi_4+\delta_{16},$$
$$X_{17}=\lambda_{17}\xi_4+\delta_{17},\qquad X_{18}=\lambda_{18}\xi_4+\delta_{18},$$
$$X_{19}=\lambda_{19}\xi_4+\delta_{19},\qquad X_{20}=\lambda_{20}\xi_5+\delta_{20},$$
$$X_{21}=\lambda_{21}\xi_5+\delta_{21},\qquad X_{22}=\lambda_{22}\xi_5+\delta_{22}。$$

在上述回归方程式中,22 个观量变量的测量误差的回归系数均设定为 1,模型只估计潜在因素的回归系数。在上述回归方程中,$\lambda_1\sim\lambda_5$ 分别是观察变量 $X_1\sim X_5$ 在潜变量 ξ_1 上的因素负荷量,$\lambda_6\sim\lambda_{11}$ 分别是观察变量 $X_6\sim X_{11}$ 在潜变量 ξ_2 上的因素负荷量,$\lambda_{12}\sim\lambda_{15}$ 分别是观察变量 $X_{12}\sim X_{15}$ 在潜变量 ξ_3 上的因素负荷量,$\lambda_{16}\sim\lambda_{19}$ 分别是观察变量 $X_{16}\sim X_{19}$ 在潜变量 ξ_4 上的因素负荷量,$\lambda_{20}\sim\lambda_{21}$ 分别是观察变量 $X_{20}\sim X_{21}$ 在潜变量 ξ_5 上的因素负荷量。$\delta_1\sim\delta_{22}$ 分别是观察变量 $X_1\sim X_{22}$ 的误差变异量,$\xi_1\sim\xi_5$ 代表潜变量,Φ_{21}、Φ_{51} 分别为潜变量 ξ_1 与 ξ_2、ξ_5 之间的路径系数,Φ_{32}、Φ_{52} 分别为潜变量 ξ_2 与 ξ_3、ξ_5 之间的路径系数,Φ_{43}、Φ_{53} 分别为潜变量 ξ_3 与 ξ_4、ξ_5 之间的路径系数,Φ_{54} 为潜变量 ξ_4 与潜变量 ξ_5 之间的路径系数。

在 AMOS 21.0 中建假设模型，并将每个潜变量要有一个测量指标的路径系数 λ 固定为 1，误差变量的路径系数要设定为 1，假定误差变量间没有关系，也即误差变量初始关系的共变假定为 0。在 AMOS 中选用极大似然法估计参数假设，模型的拟合程度较差，根据修正指数及估计参数对模型进行修正，修正后的模型及拟合后的模型如图 3-10、图 3-11 所示。

如图 3-11 可知，修正后的模型中所有标准化路径系数均在取值范围（0.500～0.950）内，模型拟合的路径系数如表 3-10 所示。

表 3-10　修正模型拟合路径系数

	Estimate	S. E.	C. R.	P
APT36<---APT	0.878			
APT32<---APT	0.686	0.072	10.537	***
APT35<---APT	0.852	0.067	14.500	***
T12<---T	0.769			
T13<---T	0.891	0.114	9.096	***
P7<---P	0.615			
P5<---P	0.720	0.169	6.853	***
P4<---P	0.772	0.197	6.926	***

续表

	Estimate	S. E.	C. R.	P
A17<---A	0.789			
A19<---A	0.718	0.089	10.123	***
A16<---A	0.726	0.079	10.260	***
A15<---A	0.750	0.082	10.668	***
TA20<---TA	0.786			
TA21<---TA	0.850	0.086	12.281	***
TA22<---TA	0.807	0.096	11.590	***

注：* 表示 $p<0.05$，** 表示 $p<0.01$，*** 表示 $p<0.001$。

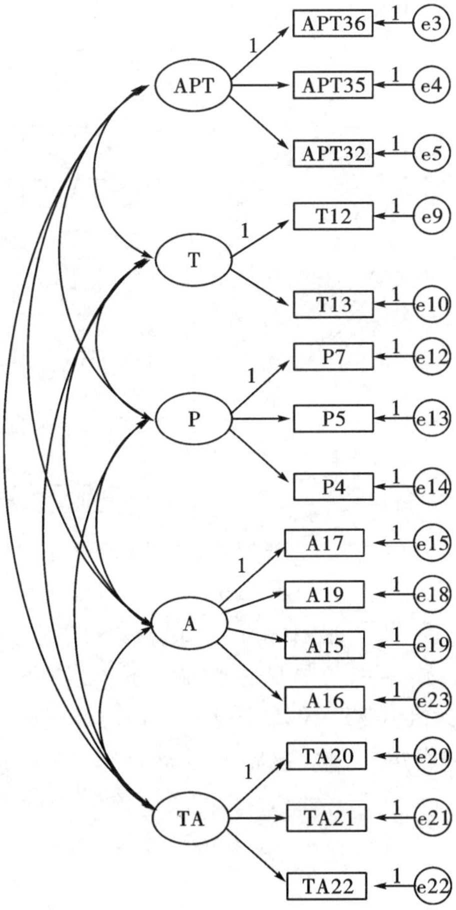

图 3-10　修正后的模型

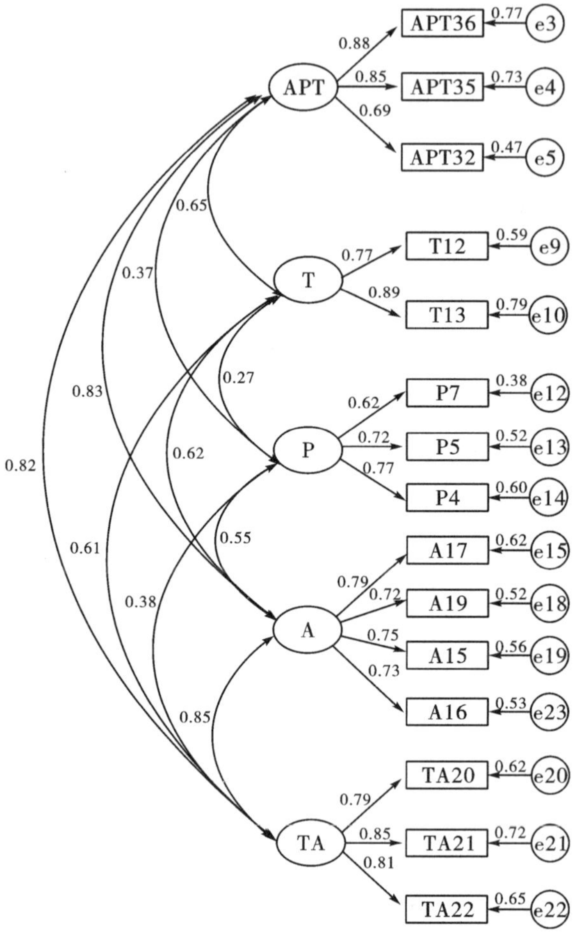

图 3-11　修正后的标准化估计模型

由表 3-10 可知，由于 APT36 <---APT、T12 <---T、P7 <---P、A17<---A和 TA20<---TA 的未标准化回归系数设定为固定参数 1，所以这 5 个参数不需要进行路径系数显著性检验，标准误差、临界比和显著性 P 值均为空白。其他标准化路径的临界比均大于 2.960，则参数估计值达到 0.010 的显著水平，表示回归系数显著不等于 0；潜变量与观察变量之间的因素负荷量均大于 0.600，小于 0.900，表明该模型的拟合良好。模型的适配度指数也是检验模型拟合的重要标准，该模型的适配度指数如表 3-11 所示。

表 3-11 一阶模型适配度指数

统计检验量	适配的标准或临界值	检验结果数据
绝对适配度指数		
χ^2值	显著性概率值 $p>0.050$	87.791 ($p=0.258>0.05$)
GFI 值	>0.90 以上	0.940
RMR 值	<0.050	0.027
RMSEA 值	<0.050(良好),<0.080(合理)	0.023
增值适配度指数		
NFI 值	>0.900 以上	0.942
IFI 值	>0.900 以上	0.995
TLI 值(NNFI 值)	>0.900 以上	0.993
CFI 值	>0.900 以上	0.995
简约适配度指数		
卡方值与自由度的比值 NC(χ^2/df)	NC<2(严谨),NC<3(普通)	1.097
PCFI 值	>0.5 以上	0.758
PNFI 值	>0.5 以上	0.718

由表 3-11 可知,修正后的一阶模型适配指数均达到标准,NC(χ^2/df)值为 1.097,绝对适配度指数 GFI 值、RMR 值、RMSEA 值,增值适配度指数 NFI 值、IFI 值、TLI 值(NNFI 值)、CFI 值,以及简约适配度指数 PCFI 值、PNFI 值等都达到了良好的标准,由此可见,该模型拟合良好。结合表 3-10 可知,在该模型中,APT36 的因素负荷量最大,即 APT36 对因素 APT 的影响最大,路径系数越大,则该观察变量对潜变量的影响越大。

(2)二阶验证性因子分析

一阶验证性因子分析是探究观察变量对一阶因子的影响,而二阶验证性因子分析则探究一阶因子对二阶因子的影响,是一阶验证性因子分析模型的特例。当一阶验证性因子分析模型拟合较好的时候,可以进一步假定一阶因子构念在测量更高一阶的因子构念,即某一高阶结构可以解释所有的一阶因子的结构。本研究将设定二阶验证性因子分析假设模型,APT、T、P、A 和 TA 五个因素作为内因潜变量,外因潜变量为 APT 框架,具体如图 3-12 所示。

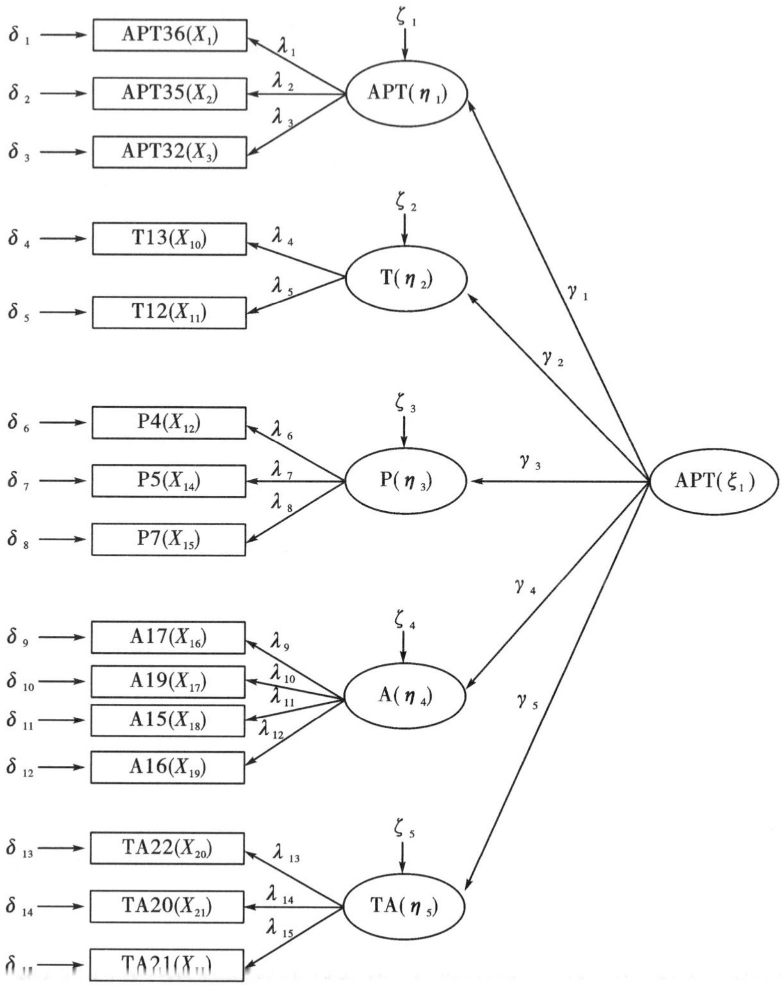

图 3-12　二阶验证性因子分析假设模型

如图 3-12 所示，在该假设模型中，ξ_1 为二阶因子，$\eta_1 \sim \eta_5$ 为内在潜变量，也即一阶因子，$\zeta_1 \sim \zeta_5$ 为一阶因子的测量误差，$\gamma_1 \sim \gamma_5$ 为一阶因子在二阶因子上的因素负荷量，依据上述假设模型建立回归方程如下所示：

$$\eta_1 = \gamma_1 \xi_1 + \zeta_1, \qquad \eta_2 = \gamma_2 \xi_1 + \zeta_2,$$
$$\eta_3 = \gamma_3 \xi_1 + \zeta_3, \qquad \eta_4 = \gamma_4 \xi_1 + \zeta_4,$$
$$\eta_5 = \gamma_5 \xi_1 + \zeta_5。$$

依据假设模型及回归方程在 AMOS 21.0 中绘制拟合模型，并假设测量变量间没有误差共变存在，并将一种内因潜变量的路径系数 λ 固定为

1，误差变量的路径系数要设定为 1，拟合后的标准化路径模型结果如图 3-13 所示。

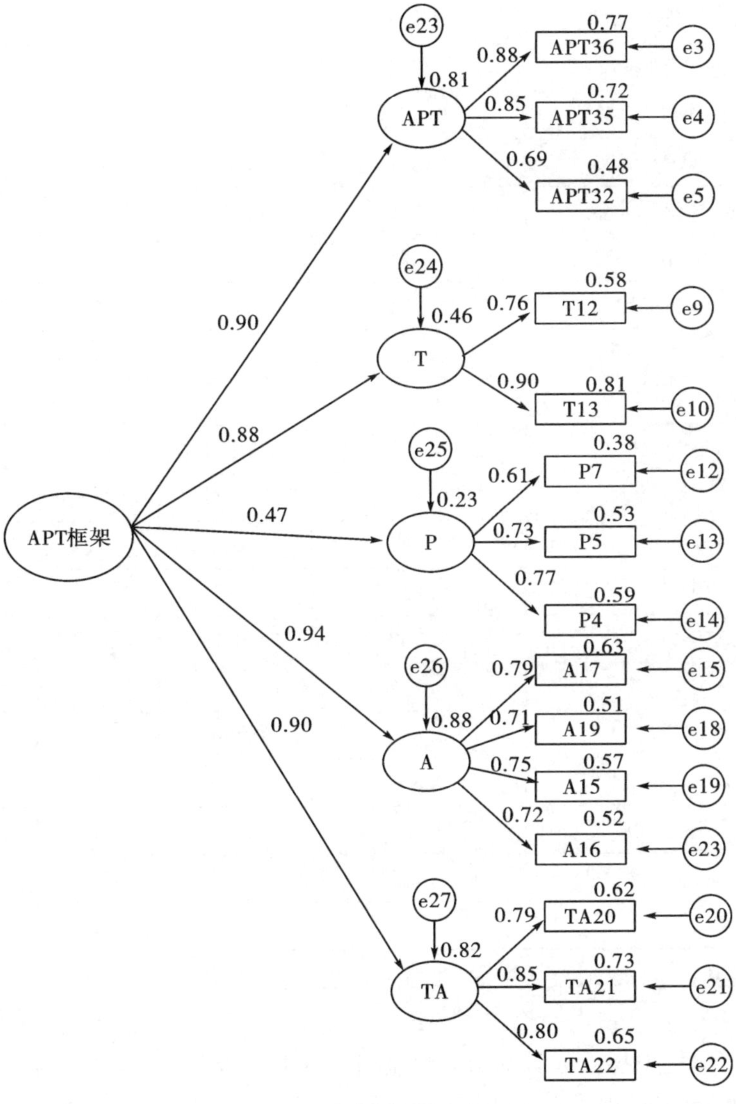

图 3-13　二阶验证性拟合路径图

由图 3-13 可知，二阶验证性因子分析模型拟合的标准化回归系数均小于 0.95，表明没有异常值。二阶验证性因子分析模型拟合的路径系数结果如表 3-12 所示。

表 3-12　二阶验证性因子分析模型拟合的路径系数结果

	Estimate	S. E.	C. R.	P
APT<---APT 框架	0.898			
T<---APT 框架	0.680	0.114	6.949	***
P<---APT 框架	0.475	0.073	4.739	***
A<---APT 框架	0.937	0.091	10.404	***
TA<---APT 框架	0.903	0.095	10.042	***
APT36<---APT	0.875			
APT35<---APT	0.851	0.068	14.334	***
APT32<---APT	0.693	0.072	10.636	***
P7<---P	0.613			
P5<---P	0.727	0.173	6.778	***
P4<---P	0.766	0.200	6.801	***
A17<---A	0.791			
A19<---A	0.714	0.089	10.032	***
A15<---A	0.753	0.082	10.693	***
TA20<---TA	0.786			
TA21<---TA	0.854	0.086	12.313	***
TA22<---TA	0.803	0.096	11.510	***
A16<---A	0.724	0.078	10.204	***
T12<---T	0.761			
T13<---T	0.901	0.118	8.910	***

注：* 表示 $p<0.05$，** 表示 $p<0.01$，*** 表示 $p<0.001$。

由表 3-12 可知，一阶因子 APT、T、P、A 和 TA 在二阶因子 APT 框架上的标准化路径系数都显著，临界比 CR 值均大于 2.96。二阶验证性因子分析模型的适配度指数如表 3-13 所示。

由表 3-13 可知，此模型所有的适配度指数均达到了适配的标准，从而确定了最终的模型框架及指标变量的组成。本研究通过 SPSS 18.0 再次检测模型的组合信度，计算发现，所有的维度的克朗巴哈系数均在 0.800 以上，表明此模型具有良好的信度，具体数据如表 3-14 所示。

表3-13　二阶验证性因子分析模型的适度指数

统计检验量	适配的标准或临界值	检验结果数据
绝对适配度指数		
χ^2值	显著性概率值 $p>0.050$	99.312（$p=0.137>0.05$）
GFI值	>0.900以上	0.930
RMR值	<0.050	0.029
RMSEA值	<0.050（良好），<0.080（合理）	0.030
增值适配度指数		
NFI值	>0.900以上	0.935
IFI值	>0.900以上	0.990
TLI值（NNFI值）	>0.900以上	0.988
CFI值	>0.900以上	0.990
简约适配度指数		
卡方值与自由度的比值NC（χ^2/df）	NC<2（严谨），NC<3（普通）	1.168
PCFI值	>0.500以上	0.810
PNFI值	>0.500以上	0.757

表3-14　验证模型组合信度

维度	克朗巴哈系数	维度	克朗巴哈系数
整体	0.937	技术支持评价（TA）	0.858
教学法能力（P）	0.822	评价教学法技术融合的能力（APT）	0.886
信息技术能力（T）	0.818	评价能力（A）	0.866

通过验证性因素分析发现，APT理论框架应该包含技术支持的评价能力（TA）、评价教学法技术融合的能力（APT）、评价能力（A）、教学法能力（P）和信息技术能力（T），丢失了教学法与评价融合的能力（PA）及技术支持的教学法能力（TP）两个因子。造成TP丢失的原因可

能是教师在教学中习惯性地将技术与教学法分开考虑，潜意识中将技术与教学法作为两个无关联的要素。信息技术与教学的深度融合是当前教育最被热议的话题，但很多教师在开展信息化环境下的课堂教学时只是一味地追求技术的炫酷与高难度，并未真正做到依据教学法来选择最合适的技术，技术应该是用来辅助教学的，而不应喧宾夺主，为了技术而技术。在因子分析中，PA被归因到了因子APT中，对于因子PA的丢失，可能是由于在当前很多教学理论中多将评价作为教学法的一部分。由于评价的重要性以及当前教学中对教学评价不够重视，本研究特意将评价作为模型中的一部分来提出。在实际的教学实践中，评价往往需要根据不同的教学法来选择，因此，教师在教学中应该更加重视教学法与评价的融合。

6. APT要素路径分析

在结构方程模型中，当所有潜在变量都只有一个观察变量时，要分析各潜在变量之间的结构模型，通常采用路径分析法。路径分析有两种，一种是传统回归取向的路径分析，被称为观察变量路径分析（简称PA-OV模型），只探究回归系数是否达到显著，可在SPSS中执行回归分析，或在AMOS中进行分析；另一种是结合了传统路径分析与验证性因素分析的测量模型，既包含观察变量，也包含潜变量，被称为潜在变量路径分析（简称PA-LV模型）[①]。本研究路径分析的目的是探究各一阶因子之间的路径系数，因此采用传统回归取向的路径分析。PA-LV模型中只有观察变量，因此在采用路径分析之前，先根据一阶验证性因子分析的因子载荷结果计算各个因子的权重，具体算法是某一观察变量的路径系数与该观察变量所属一阶因子下所有观察变量路径系数总和的比值，如指标APT36的权重为$\lambda_1/(\lambda_1+\lambda_2+\lambda_3)$，计算结果为0.363。根据该算法计算每个观察变量的权重如表3-15所示。

表3-15　观察变量权重表

	Estimate	权重
APT36<---APT	0.878	0.363
APT32<---APT	0.686	0.284

① 吴明隆. 结构方程模型：AMOS的操作与应用［M］. 重庆：重庆大学出版社，2009：216.

续表

	Estimate	权重
APT35<---APT	0.852	0.353
T12<---T	0.769	0.463
T13<---T	0.891	0.537
P7<---P	0.615	0.292
P5<---P	0.720	0.342
P4<---P	0.772	0.366
A17<---A	0.789	0.264
A19<---A	0.718	0.241
A16<---A	0.726	0.243
A15<---A	0.750	0.251
TA20<---TA	0.786	0.322
TA21<---TA	0.850	0.348
TA22<---TA	0.807	0.330

根据各观察变量的权重计算每个维度的水平，具体计算方法为：

$APT=0.363\times APT36+0.284\times APT32+0.353\times APT35$，

$T=0.463\times T12+0.537\times T13$，

$P=0.292\times P7+0.342\times P5+0.366\times P4$，

$A=0.264\times A17+0.241\times A19+0.243\times A16\times+0.251\times A15$，

$TA=0.322\times TA20+0.348\times TA21+0.330\times TA22$。

经过计算后，测算出了每个维度的总体水平。根据验证性因素分析，APT 的组成要素包括 5 个要素，但学科知识 C 是模型的外部影响因素，本研究可认为 C 有可能会对这 5 个因素产生显著影响，因此本研究提出如下假设：

H1：因子 A 对因子 APT 产生显著性影响。

H2：因子 T 对因子 APT 产生显著性影响。

H3：因子 A 对因子 TA 产生显著性影响。

H4：因子 T 对因子 TA 产生显著性影响。

H5：因子 TA 对因子 APT 产生显著性影响。

H6：因子 C 对因子 TA 产生显著性影响。

H7：因子 P 对因子 APT 产生显著性影响。

H8：因子 C 对因子 APT 产生显著性影响。

H9：因子 A 和因子 C 之间存在显著性相关关系。

H10：因子 C 和因子 T 之间存在显著性相关关系。

H11：因子 C 和因子 P 之间存在显著性相关关系。

根据以上假设本研究绘制的路径分析假设模型如图 3-14 所示。

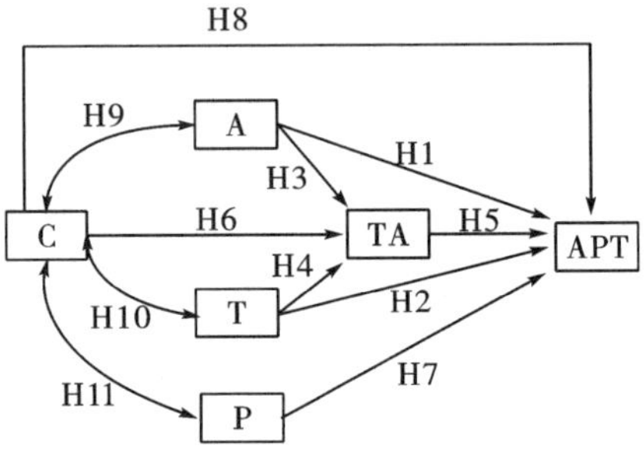

图 3-14　路径分析假设模型

根据以上假设模型在 AMOS 21.0 中进行路径分析，估计路径系数，路径分析的路径系数如表 3-16 所示。

表 3-16　路径分析路径系数

假设	变量路径关系	路径系数	S.E.	C.R.	检验结果
H1	A ⟶ APT	0.349	0.059	6.693***	支持
H2	T ⟶ APT	0.171	0.035	4.314***	支持
H3	A ⟶ TA	0.652	0.047	16.637***	支持
H4	T ⟶ TA	0.280	0.036	7.304***	支持
H5	TA ⟶ APT	0.378	0.045	7.955***	支持
H6	C ⟶ TA	−0.103	0.044	−2.909***	支持
H7	P ⟶ APT	−0.008	0.042	−0.199	不支持
H8	C ⟶ APT	0.018	0.042	0.484	不支持
H9	C ⟷ A	0.519	0.021	9.425***	支持
H10	C ⟷ T	0.487	0.026	8.961***	支持
H11	C ⟷ P	0.526	0.022	9.525***	支持

注：* 表示 $p<0.05$，** 表示 $p<0.01$，*** 表示 $p<0.001$。

由表 3-16 可知，H7、H8 未达到显著性水平，表明假设 H7 和 H8 不成立，即 P 对 APT 未产生显著性影响，C 未对 APT 产生显著性影响，其他假设均成立。该路径分析的模型适配指数如表 3-17 所示。

表 3-17　路径分析适配指数

统计检验量	适配的标准或临界值	检验结果数据
绝对适配度指数		
χ^2 值	显著性概率值 p＞0.050	1.297（p＝0.258＞0.05）
GFI 值	＞0.900 以上	0.999
RMR 值	＜0.050	0.030
RMSEA 值	＜0.050（良好），＜0.080（合理）	0.026
增值适配度指数		
NFI 值	＞0.900 以上	0.999
IFI 值	＞0.900 以上	0.990
TLI 值（NNFI 值）	＞0.900 以上	1.000
CFI 值	＞0.900 以上	1.000
简约适配度指数		
卡方值与自由度的比值 NC（χ^2/df）	NC＜2（严谨），NC＜3（普通）	1.279
PCFI 值	＞0.500 以上	0.067
PNFI 值	＞0.500 以上	0.067

由表 3-17 可知，虽然该模型的简约适配度指数中的 PCFI 值和 PNFI 值未达到标准值，但绝对适配度指数及增值适配度指数均高于标准值，由此可见，该模型拟合基本合格。

根据路径分析的结果可知，外界影响因素学科知识会对 TA 产生显著性影响，C 和 A、P、T 之间存在显著的相关关系，即在教学实践中设计评价、教学法和技术时，要充分考虑学科内容知识的不同，合适的评价、教学法和技术会对学科知识产生积极影响，如在评价过程中、教学中会产生一些再生性的学科知识。评价和技术对 TA 要素产生显著性影响，在教学中不仅要充分考虑评价和技术，也要综合考虑 TA 要素，而且 TA 的设计要在充分设计 T、A 的基础上。A、T 和 TA 也对 APT 产生了显著性影响，即 APT 的设计要建立在 T、TA 和 A 的基础上。综上所述，APT 理论框架是一个系统的要素综合体系。

3.2.3 基于APT理论框架的教学策略与设计原则

1. 基于APT的教学策略设计方法

APT理论框架的重要来源是笔者前期在多所实验学校参与教学研究的实践，在通过与一线教师及高校专家的多次深度研讨，以及对相关文献及现状调研的基础上设计了基于评价的APT模型，并进一步通过探索性因子分析和验证性因子分析对APT模型的要素组成进行分析，基于路径分析探究各要素之间的关联，最终确定了APT模型的构成，即包含评价能力(A)、教学法能力(P)、信息技术能力(T)、技术支持的评价能力(TA)以及评价教学法技术融合的能力(APT)5个要素，以及5个要素之间形成了多种路径关系。APT模型能从宏观上指导教师开展课堂教学实践，使课堂教学实践具体化、微观化且更具可操作性，即形成具体为可实施的教学策略与方法，这也是本研究的重要研究问题。

学者们并未对教学策略形成统一的概念。何克抗认为教学策略包括一切可以用来改善教学的努力和措施[①]。加涅在《教学设计原理》一书中视教学策略为教育者和教学设计者为设计和促进学习而用到的工具与技术，教师在教学设计中应该选择完成特定学习目标的教学策略[②]。顾明远将教学策略定义为"建立在一定理论基础之上，为实现某种教育目标而制定的教学实施总方案，包括合理选择和组织各种方法、材料，确定师生行为程序等内容"[③]。黄梅在其博士学位论文中指出教学策略是未达到特定的目标所采取的一系列教学方法与活动的综合[④]。通过以上对教学策略的概念辨析我们发现，教学策略是教学方法、评价、反馈及活动调节等的总和。而教学环境、条件、教学目标和内容又会影响到教学策略的选择。教学策略是在一定理论指导下依据教学目标和内容设计的教学方法与活动，教学媒体、环境等条件是教学策略有效实施的支撑。

布鲁姆在教育目标分类中将知识划分为事实性知识、概念性知识、程序性知识及元认知知识，安德森在布鲁姆教育目标分类的基础上，将认知领域的教育目标划分为识记、理解、应用、分析、评价与创造6个维度[⑤]。

---

① 何克抗，李文光. 教育技术学［M］. 北京：北京师范大学出版社，2009：346.

② 加涅. 教学设计原理［M］. 上海：华东师范大学出版社，2007：202.

③ 顾明远. 教育大辞典（增订合卷本）［M］. 上海：上海教育出版社，1998：15.

④ 黄梅. 基于三维目标的化学教学策略研究［D］. 重庆：西南大学，2009：30.

⑤ 洛林·W. 安德森，等. 布卢姆教育目标分类学：分类学视野下的学与教及其测评［M］. 蒋小平，等译. 北京：外语教学与研究出版社，2009：4.

依据教育目标分类与知识分类，本研究在 APT 理论框架的基础上设计多种教学策略，不同的教育目标与知识类型的组合可以选择多种评价方式、教学法以及技术组合成相应的教学策略，即某一种知识类型与教学目标的组合可以由多种教学策略来实现，具体如表 3-18 所示。

表 3-18　教学知识、目标与策略组合表

知识类型＼学习目标	识记	理解	应用	分析	评价	创造
事实性知识	A：Ⅷ/Ⅰ P：h/i T：1.1/1.5/2.4 ……	A：Ⅷ/Ⅴ P：a/i T：1.2/1.3/1.4 ……	A：Ⅵ/Ⅲ P：c/b T：1.6/1.3/2.6 ……	A：Ⅵ/Ⅶ P：c/h T：1.6/1.3/2.4 ……	A：Ⅴ/Ⅲ P：c/d T：1.6/1.3/2.1 ……	A：Ⅵ/Ⅲ P：a/c T：1.3/1.5/2.6 ……
概念性知识	A：Ⅷ/Ⅳ P：a/i T：1.1/1.5/2.4 ……	A：Ⅷ/Ⅴ P：e/c T：1.5/1.4/2.6 ……	A：Ⅵ/Ⅴ P：c/b T：1.6/1.3/2.6 ……	A：Ⅲ/Ⅴ P：d/i T：1.3/2.6 ……	A：Ⅵ/Ⅲ P：a/b/d T：1.4/1.3/2.6 ……	A：Ⅲ/Ⅴ P：c/f T：1.4/1.3/2.6 ……
程序性知识	A：Ⅱ/Ⅳ P：e/c T：1.5/1.6/2.7 ……	A：Ⅱ/Ⅳ P：c/g T：1.3/1.4/2.1 ……	A：Ⅶ/Ⅵ P：c/g T：1.5/1.6/2.7 ……	A：Ⅶ/Ⅵ P：a/g T：1.5/1.6/2.5 ……	A：Ⅲ/Ⅵ P：a/g T：1.5/1.6/2.2 ……	A：Ⅴ/Ⅵ P：a/f/g T：1.3/1.2/2.6 ……
元认知知识	A：Ⅲ P：c/h T：1.5/1.4/1.2 ……	A：Ⅳ/Ⅴ P：d/i T：1.2/1.3/2.6 ……	A：Ⅲ/Ⅵ P：a/g T：2.2/1.5/1.4 ……	A：Ⅴ/Ⅳ P：c/g T：2.1/1.3/1.4 ……	A：Ⅲ/Ⅵ P：a/i T：2.1/1.5/1.4 ……	A：Ⅲ/Ⅵ P：a/f/g T：2.2/2.5/1.3 ……

注：A（评价）—— Ⅰ诊断性评价、Ⅱ即时评价、Ⅲ电子档案袋评价、Ⅳ学生自评、Ⅴ同伴互评、Ⅵ量规评价、Ⅶ契约评价、Ⅷ测试……

P（教学法）——a PBL 教学、b 角色扮演、c 探究性教学、d 连接式教学、e 翻转课堂、f 移动学习、g 协作学习、h 讲授法、i 自主学习……

T（技术）—— 硬件：1.1 投影仪、1.2 LED 显示屏、1.3 移动终端、1.4 无线网络、1.5 计算机、1.6 交互式电子白板、1.7 投影幕布……软件：2.1 学习管理平台（Edmodo、云平台等）、2.2 社交软件（QQ、微信等）、2.3 学习社区工具（BBS、论坛等）、2.4 内容展示工具（PPT、Keynote 等）、2.5 虚拟仿真软件、2.6 学科教学应用（几何画板、月球探秘等）、2.7 专题学习网站……

由表 3-18 可知，在完成以识记为目标的事实性知识后，可以选择测试、诊断性评价等评价方式，讲授法、自主学习等教学法，以及使用投影仪、电脑和内容展示工具等来支撑，但这些并不是唯一的选择，教师在完成分析、评价和创造等较高阶的教学目标后，会趋向于使用 PBL 教学、协作学习等教学法，以及同伴评价、电子档案袋等评价方式，在达到高阶教学目标的同时，也会完成低阶教学目标，如学生如果能够在学习过程中评价或创造，则很大程度上学生已经能透彻理解和识记知识了。教师和教学设计者可以依据自己的教学背景、环境、条件以及学生的能力等选择适合的评价、教学法与技术，形成科学、有效的教学策略。

笔者在实验学校开展智慧教室中的教学实践达 3 年之久，依据表 3-17 所示的评价、教学法、技术的组合方式形成了很多种教学方法。如在完成语文学科中《苹果树上的外婆》的阅读教学中，形成了以合作、展示、分享为主导的教学方法，综合运用同伴评价、量规评价等多样化的评价方式，并以微信、平板电脑、LED 显示屏等软（硬）件支撑的基于移动终端的图画式教学策略。其主要教学环节包括梳理小说人物、设置任务、提出评价规则、小组合作创作、交流分享、评价总结。在数学学科《问题解决（两位数乘两位数）》的教学中，通过协作学习、移动学习的教学方法，采用即时评价、学生互评等评价手段，以及 Educreation 等学科教学软件、Keynote 等内容展示工具形成基于任务的合作式教学策略来达到教学目的。其主要教学环节包括回顾旧知、提出问题、小组研讨、解决问题、学生编制问题、小组分享并解决。在英语学科《Toby's Dream》中选择 PBL 教学、协作学习、自主学习等教学方法，并基于同伴评价、学生自评来开展课堂教学评价，通过平板电脑、iBooks、问卷星、Padlet 等软、硬件形成基于学生创作分享评价的 PBL 教学策略。其主要环节包括复习导入、提出规则、自主学习理解故事、习题检测内化故事以及分享作品同伴互评等过程。

2. 基于 APT 的小学科学教学模式

(1) 提出背景

本研究提出的 APT 理论框架在实验学校得到了实践检验，笔者选取科学学科，基于 APT 理论开展课堂教学实践。在设计教学策略前，笔者首先对科学学科的知识与教学目标进行分析。《全日制义务教育科学（1～6 年级）课程标准（修订稿）》（以下简称《标准》）中提出小学科学课程的宗旨是培养学生的科学素养，包括学生能够了解与小学生认知水平相当的基本科学知识、事实和方法，能够培养学生的探究能力、创新能力和问题解决的能力，以及学生对科学探究的兴趣、好奇心等①。科学素养的核心是学生能够通过探究过程发现证据，并应用已有知识做出判读、辨别。解决问题及探究是科学课程最重要的环节。识记、理解是科学课程中最基本的教育目标，而达到分析、评价、创造才是科学课程的最终目的。由此可见，在科学课程中应该通过探究式教学法、PBL 教学法、协作学习法以及专题教学法等为学生创造良好的科学学习环境；而多样化的评价方式如同伴评价、学生自评、电子档案袋以及量规评价等，则能够培养学生的批判性思维等；在技术方面则以移动终端、科学教具、多种科学学科教学软件以及通用教学软件来支撑科学课程教学的开展，可以实时记录学生的探究过程、作品及结果等，也可为学生作品、思想理念的分享、沟通与交流提供支持。因此，本研究提出了基于协作探究的专题教学策略，并通过多轮的教学实践及实证研究探究该教学策略的有效性。

（2）教学目标导向

小学科学探究的最终目的是能够将探究方法、思维应用于生活中，并解决实际问题。《标准》分别从科学知识、科学探究以及科学态度三个方面对学生应该具备的能力以及要达到的目标做出了规定，要求小学科学要帮助学生了解比较、分类、抽象、概括、推理、类比等多种思维方法，能够搜集信息、获取证据，有效地与他人交流分享自己的探究结果与方法，并能够将科学与生活中的实际问题相结合。此外，《标准》还要求学生要对自然现象保持好奇与探究的热情，乐于探究，并能够尊重事实、大胆质疑、主动与他人合作等②。本研究提出的基于协作探究的专题式教学策略，正是为了培养学生的探究能力、合作能力、批判性思维及创新能力等高阶思维能力，给学生充分的自主权，让学生享受探究，培养学生的科学学习兴趣。该策略采用专题教学的方法弥补了以节为单位的传统教学中强行将学科内容切割的不足，将一个单元内的知识点以及学生已有的相关知识进行重新组合，使学生的思维具有连贯性、学习具有延展性。

（3）教学模式

20 世纪 90 年代起，建构主义学习理论开始出现，信息技术也飞速发

① 中华人民共和国教育部．全日制义务教育科学（1～6 年级）课程标准（修订稿）[M]．北京：北京师范大学出版社，2014.

② COX S. A conceptual analysis of technological pedagogical content knowledge [D]. Provo，UT：Brigham Young University，2008：57.

展，以学生为中心的教学正是在这种背景下产生的，以学为主的教学重在彰显学生的主体地位，强调协作的重要性、学生学习的主动性、问题的真实性与复杂性等。本研究的目的是培养学生在科学学习中的高阶思维能力、提高学习动机等，而以学为主的教学模式、协作学习及专题教学的方式能够促进学生的动机合力及高阶思维能力的养成，因此，本研究设计了基于协作探究的专题教学策略。与传统的教学策略相比，该策略主要在知识以及教师、学生和资源间的组织方式方面做出了改变。该策略的教学活动组织方式如图 3-15 所示。

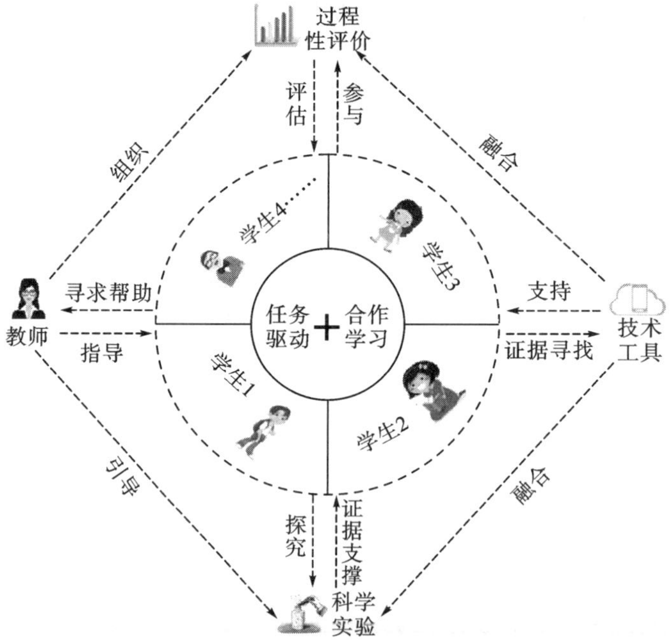

图 3-15　专题教学策略下教学活动组织方式

由图 3-15 可知，在基于协作探究的专题教学策略中，教师的角色是教练或者指导者，他们为学生设置情境、布置任务和提供充足的学习资源，并在学生探究遇到困难时提供适当的支持与指导，而这种指导并不是直接告知学生结果，而是以告知方法或提示为主。学生则以 4～6 人组成合作小组，通过科学实验、协作探究的方式完成任务。在教师设置的情境中，研究选题可以是由教师给定或者学生根据兴趣自主选择，学生通过科学探究实验寻找证据以验证并支持假设，在探究的过程中遇到问题可以向教师寻求帮助，也可通过网络以及教师提供的学习资源等多种方式找到解决问题的办法，该策略给学生以充分的信任感和自主权，以达到科学课程中高阶目标培养的目的。

（4）基本教学流程

科学探究最常用的 5E 模型包括投入（Engagement）、探索（Explore）、解释（Explain）、精细化（Elaboreate）、评价（Evaluate）5 个基本流程。本研究在 5E 模型的基础上提出基于协作探究的专题教学主要包含 4 个环节：设置任务、协作探究、成果分享以及评价反馈。在设置任务的环节中，教师需要设置教学情境，给出备选研究问题，提出任务评价量规及要求；学生需要选择小组研究课题，并明确要求及评价准则。在协作探究的环节中，教师作为指导者为学生提供支持与答疑，学生以小组为单位开展探究，具体包括人员分工、实验探究、资源查询以及完成实验报告作品等过程。成果分享主要是对学生的探究报告、作品及过程等内容进行展示与汇报，通过分享平台（如 QQ、微信、Padlet 等工具）提交作品，并汇报探究过程、证据及结果等。评价反馈中采用多样化的评价方式、评价主体及评价标准等，让学生接受同伴、教师的意见，在评价他人与自我反思的过程中提升学生的批判性思维与元认知能力。具体内容如图 3-16 所示。

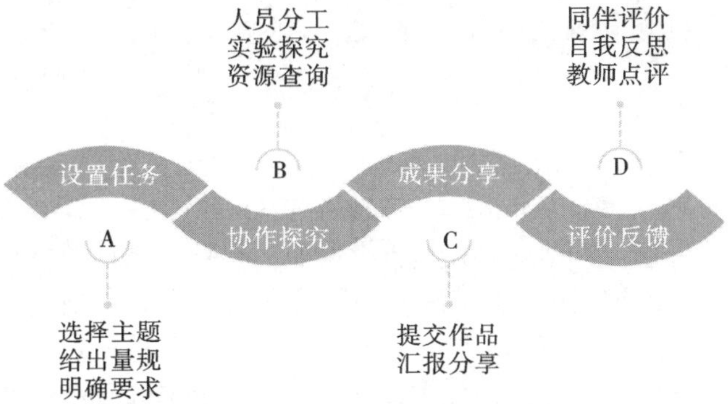

图 3-16 基本教学流程

3. 基于 APT 模型的教学设计原则

APT 教学模型是在分析信息化教学实际及前沿的基础上提出的融评价、教学法和技术为一体的理论框架，该框架指导本研究在信息化环境下展开教学实践。以该模型为原型，本书提出了适用于小学科学的基于协作探究的专题教学策略，为使该模型更具可实施性，本研究提出了如下的教学设计原则。

原则1：C（内容：Content）——教学内容的整合性。

传统的科学教学内容是以单元、节、知识点的方式组织，教师主要以1课时完成1节内容教学目标的方式授课，讲授的顺序则完全由教材决定，这种授课方式一定程度上割裂了知识点之间的连贯性，如在讲授“温度与水的变化”一章时，其中第二节内容是“测量水的温度”，该节详细介绍了热水、温水、自来水温度变化的过程，而第三节“水结冰了”介绍了冰水的温度及结冰的过程。常规教学中教师会按教材顺序分别进行讲授，毫无疑问会导致学生在学习冰水时不易建立起冰水与热水、温水、自来水之间温度变化的联系，如果将冰水、热水、温水、自来水一起讲授，则会建立起知识间的联系，学生更易于理解要学的知识点，提升学习的连贯性。与传统科学课程相比，本研究提出的教学内容组织方式发生了很大的改变，不再将教材知识点作为唯一的教学内容。基于协作探究的专题教学策略强调教学内容的整合性、任务设置的综合性，具体如图3-17所示。

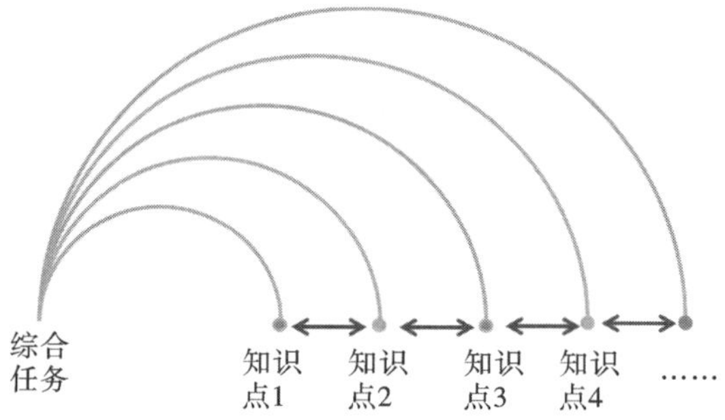

图3-17　基于协作探究的专题教学策略的教学内容组织方式

由图3-17可知，依据本研究的教学策略，教师在设计教学活动时，应该打乱传统以节为单位的知识点呈现顺序，选择以单元为专题进行教学，将一个单元的内容拆解为多个知识点，并联系学生已有的相关知识，建立知识点的集合{知识点1，知识点2，知识点3，……}，再根据教学目标，建构知识点与知识点之间的内在逻辑关系，形成综合性的任务。传统科学教学中一个单元的学时数为2～3周，在这种综合性的教学中，学生也只需通过2～3周的时间来完成发现问题、提出假设、探究验证等学习过程，专题教学的方式并未延长单元学时数，但提高了学生的思维延展性及学习动机等。

原则2：A（评价：Assessment）——评价量规的规范性，学生在评价中的参与性。

教学评价是课堂教学的重要组成部分，其目的是帮助教师实时了解学生的学习状态，也使学生能够监控、管理自身的学习进程。传统的课堂教学评价方式主要是由教师根据所讲授的知识内容或学习活动，以即时提问、测试、点评及打分等方式进行评价，虽然教师也能够对学生做出相对准确的评价，但如果没有规范的评价细则，在一定程度上评价的主观性会比较强，尤其在以学生为评价主体的情况下，如果学生不具备比较强的评价能力，则他们的评价会带有强烈的主观性。量规正是为解决评价主体在评价过程中无法准确判断的问题而提出的。此外，量规也能够为学生的学习与任务完成提供支架，学生能够做到有的放矢，在评价过程中能够做出更加准确的评价。因此，本研究提倡教师在教学开始时或者提出任务要求的阶段为学生出示评价量规，如在学生开展探究实验前给出学生探究过程及能力的评价量规；在学生完成作品前给出学生作品评价的量规，并在任务完成后依据该量规进行评价。

教师评价一直是传统课堂教学中的主流评价方式，但通常在教师评价的过程中，部分学生无法集中精神聆听教师的点评，且在短暂的课堂教学过程中，教师无法对每一名学生做出及时准确的评价。因此，本研究提倡在教学中充分调动学生的主动性，将学生作为评价的主体，如开展学生自评，这种自评的方式不仅能够促使学生更加了解自己，学会对自身学习过程的监控、管理，也能够提升学生的元认知能力和课堂投入度。将学生作为评价活动的主体也能够使教师从多个视角更加全面地了解每一名学生的学习状况，弥补了传统教学评价中“教师一言堂”的不足。

原则 3：P（教学法：Pedagogical Assessment）——科学学习的探究性。

我国 2014 年发布的《全日制义务教育科学（1～6 年级）课程标准（修订稿）》[①] 将探究学习列为小学生学习科学的重要方式之一，探究学习也是培养学生动手实践、处理信息、分析和解决问题能力的重要途径之一。因此本研究倡导以探究学习作为科学课程的核心教学方式，学生通过真实的科学实验器材以及数字化的科学探究应用程序开展探究实验。科学探究的过程为学生提供了实践探究过程的机会，能够体现学生在科学课程学习中的主体地位。探究式学习也为学生探究能力、批判性思维等深度学习能力的培养，以及学习动机的提升创设了条件。

原则 4：T（技术：Technology）——技术合目的性。

技术的作用是为教学服务，因此教师在使用技术支持教学时，应该以

① 中华人民共和国教育部. 全日制义务教育科学（1～6 年级）课程标准（修订稿）[M]. 北京：北京师范大学出版社，2014.

教师、学生及教学等课堂的关键要素为主。但部分教师在开展信息技术与课程整合教学时，经常会出现技术定位失误的情况，如一味地追求技术的复杂性而忽略了其实用性。因此本研究倡导在选择技术应用时应该以低门槛为原则，尽量应用学生熟悉的软、硬件技术，如平板电脑、QQ、微信、照相机和摄像机等工具，最大化实现其教学功能。技术的简单易用性能够避免学生产生畏难情绪，提高学习效果，也能够激发学生的学习动机与兴趣。

原则5：TA（技术支持的评价：Technological Assessment）——技术支持的成果展示分享。

通过笔者长期在一线学校科学教学实践的观察发现，在传统科学教室中开展教学的弊端主要是无法为学生的探究成果与数据的展示汇报提供便利的条件，且由于每节课时长的关系，并不能使每名或每组学生的探究过程与结果得到分享。智慧教室的最大优势是为教学提供了丰富的信息技术工具，包括多种硬件设备及软件应用程序。多样化的移动终端为学生探究过程中证据的记录提供了支持，QQ、微信等社交工具及Padlet、iTeach等多种学习管理平台工具实现了对学生的证据、成果及数据的分享与展示。因此本研究提倡通过技术来支持学生的证据、结果及数据的分享，为学生的自评及同伴互评等评价过程提供依据。

原则6：APT（技术支持的教学化评价：Technological Pedagogy and Assessment）——技术支持的评价嵌入学生学习过程。

以甄别为目的的测验、考试等将评价与学习过程割裂，评价往往在某一阶段性的教学完成后开展。教学是不断发展变化的过程，教学内容在这个过程中不断被加入新的要素，但传统的考试不仅在形式上不变，甚至题目也是年年重复，导致测试无法准确评估学生的学习状况。技术支持的评价能够实现评价的即时开展，及时更新评价内容，使评价无缝嵌入学生的学习过程中，通过评价促进教与学。如在教学开始时开展诊断性评价，技术支持使评价结果及时反馈给师生，教师可根据评价结果及时调整教学过程；在教学开展的过程中，对学生的学习进行即时评测、点评为学习过程的调整提供依据；在任务完成后对作品及过程的同伴互评等能够了解学生一节课的学习情况。由此可见，技术支持下的教学评价能够与教学更加无缝融合，将过程性评价与总结性评价相结合，准确、客观地评估学生及教学。

3.3 深度学习评测设计

自20世纪80年代深度学习进入人们的视野以来，众多研究者从不同角度对深度学习的概念及评测方式进行了阐述。本研究将在前人研究的基础上构建深度学习评测的维度与指标，并设计深度学习的测量工具与使用方法。

3.3.1　深度学习评测维度构建

由于人类学习的复杂性，某个单一的学习理论、模型或学科很难准确解释学习的复杂过程，学习科学正是为了研究学习是如何发生的、如何促进学生学习以及学习复杂性的科学，它结合了脑科学、心理学、语言学、社会文化学、教育学等多个学科①。学习科学研究者将学习置于复杂的教育场景中，促进学生的深度学习、深度理解、反思和元认知等是学习科学的重要研究内容之一②。当前对于深度学习的认识主要有学习方式说与学习结果说两种。学习方式说从学生学习的分类着手，认为学习可以分为浅层与深层两种，浅层学习指学生在学习中只为了达到课程的最低需求，主要通过死记硬背、机械化学习的方式，将学习内容看作相互独立的知识点，不能够掌握学习材料的深层目的与意义的一种学习方式；深层学习强调学生在学习过程中对知识、内容的整体性理解，寻找文字背后所隐含的思想和意图，注重内容之间的联系，并最终能够将所学知识进行迁移，解决现实生活中的问题。教育中的深度学习最初起源于学习方式说，马顿和塞尔乔在提出深度学习时正是将深度学习看作一种学生学习的策略与方式。随着深度学习在教育中的盛行与演变，逐渐出现了学习结果说。学习结果说将深度学习视为学生学习后需要达到的目的，以培养学生的批判性思维能力、元认知能力、问题解决能力等高阶思维能力为目标，即学生能够主动建构知识，实现知识在不同情境中的迁移，实现学生对学习的全情投入以及学习兴趣、动机的提升。

多位学者对于深度学习的概念有了比较详细的界定与阐述，但对于在真实的教学环境中确定什么样的学习是深度学习的方式，以及什么样的学习结果是深度学习，还并未形成统一的见解。持学习方式说的学者主要通过对学习过程中所采用的策略、动机的评价来确定学生的学习方式，主要的评价方式有定性的现象描述分析（Phenomenography）、问卷调查等方式。如哥德堡大学的马顿团队在“On Qualitative Differences in Learning:

---

① 冯锐，任友群．学习研究的转向与学习科学的形成［J］．电化教育研究，2009（2）：25-28.

② SAWYER R K. The Cambridge handbook of the learning sciences［M］. Cambridge：Cambridge University Press，2006：2.

Ⅰ. Outcome and Process”一文中初次对学生的学习方式进行区分时，正是采用了现象描述分析的研究方法，通过询问学生在阅读过程中所采用的策略以及对阅读内容的理解等，研究者基于学生的描述分析学生阅读与学习的特征、模式等①。恩特威斯尔等学者在现象描述分析研究方法的基础上研发了 Approaches and Study Skills Inventory for Students（ASSIST）问卷，分别从深层、策略及浅层三个方面测量学生在学习中采用的方式，共包含52个题目②。彼格斯设计的学生学习过程问卷主要包含浅层动机、深层动机、成就动机，以及浅层策略、深层策略和成就策略，并以5级量表的形式对学生进行调研③。此外还有 LSQ 问卷④、ETLQ 问卷⑤以及 MSLQ 问卷⑥等对学生学习过程中的方式、体验等进行调研。由此可见，对于学生学习方式的评价主要是从动机、策略等角度分析学生在学习过程中的体验。

持学习结果说的研究者则从学生所需达到的学习层次与具备的能力角度来评价学生的学习结果，布鲁姆的教学目标分类从认知领域评价学生的学习⑦；彼格斯从可观察的学习成果角度分析学生的思维结构并进行分类，同时构建了学习质量评价的 SOLO 分类理论⑧；辛普森将动作技能领域划分为知觉、定势、有指导的反应、机械动作、复杂的外显反应、适应及创

① MARTON F，SÄLJÖ R. On qualitative differences in learning：Ⅰ. outcome and process [J]. British journal of educational psychology，1976（1）：4-11.

② ENTWISTLE N. Scoring key for the Approaches and Study Skills Inventory for Students（ASSIST）[Z]. Unpublished Paper. Scotland：University of Edinburgh，1997.

③ BIGGS J. Study process questionnaire manual. student approaches to learning and studying. [M]. Australia：Australian Council for Educational Research Ltd.，1987：10-11.

④ ENTWISTLE N. Ways of thinking and ways of teaching across contrasting subject areas [DB/OL]. [2017-05-04]. http://www.etl.tla.ed.ac.uk/docs/etlISL2005.pdf.

⑤ ENTWISTLE N，MCCUNE V，HOUNSELL J. Approaches to studying and perceptions of university teaching-learning environments：concepts，measures and preliminary findings [R]. Edinburgh：The University of Edinburgh，2002.

⑥ PINTRICH P R，SMITH D A F，GARCIA T，et al. A manual for the use of the Motivated Strategies for Learning Questionnaire（MSLQ）[J]. College students，1991（9）：76-78.

⑦ 洛林·W. 安德森，等. 布卢姆教育目标分类学：分类学视野下的学与教及其测评 [M]. 蒋小平，等译. 北京：外语教学与研究出版社，2009.

⑧ 彼格斯，科利斯. 学习质量评价 [M]. 高凌彪，张洪岩，译. 北京：人民教育出版社，2010：14.

新；克拉斯沃将情感领域划分为接受或注意、反应、价值评估、组织及性格化或价值组合等①。《全美学生投入度问卷》则从整合性学习、高阶学习和反思性学习三个维度来判定学生的深度学习程度②。21 世纪学习联盟提出的学习技能框架中要求学生具备生存与职业能力、学习与创新能力，以及信息、媒体和技术能力③。北京师范大学研发的《中国学生发展核心素养》以学生的全面发展为主旨，包括文化基础、自主发展、社会参与三个方面，以及人文底蕴、科学精神、学会学习、健康生活、责任担当、实践创新六大素养；文化基础包括人文底蕴和科学精神，重在强调学生在人文及科学等多个学科领域的知识掌握，以及在文化基础知识习得过程中所具备的情感态度与价值观等；自主发展和社会参与重在强调学生的自我管理与社会参与交际的能力、态度和价值观④。美国国家科学院国家研究委员会在 SDL 项目中将深度学习概括为三个领域及六种核心素养，具体为认知领域、个人领域和社交领域三个领域，以及深度内容知识、批判性思维、复杂问题解决、合作与交流、学会学习的能力及学术思维六种素养，也是学生所需具备的认知基础领域知识和自我发展及社会合作交流的能力⑤。

通过以上分析可知，无论是传统的以布鲁姆等为代表的教学目标分类，还是各研究机构及国家出台的信息化社会 21 世纪学生所需具备的能力，都分别从认知、能力（包括个人及社会参与）、情感态度与价值观（包括个人及社会参与中的价值观）三个方面进行阐述，这与我国目前使用最广泛的三维教学目标不谋而合。结合我国在传统教育中重知识、轻能力的现状，对学生价值观的培养更是缺乏，新课程背景下的教学目标强调教育者要从知识与技能、过程与方法以及情感态度与价值观三个维度来考虑。因此，本研究认为认知、能力及情感是学生所需具备的三种领域知识与能力，而

① 孟献华．情感领域下的教学目标建构［J］．教学研究，2004（1）：66-67.

② 王纾．研究型大学学生学习性投入对学习收获的影响机制研究——基于 2009 年“中国大学生学情调查”的数据分析［J］．清华大学教育研究，2011（4）：24-32.

③ Nationg Eduation Association. Partnership for 21st century skills［EB/OL］.［2017-03-13］. http://www. nea. org/home/34888. htm.

④ 核心素养研究课题组．中国学生发展核心素养［J］．中国教育学刊，2016（10）：1-3.

⑤ HUBERMAN M. The shape of deeper learning: strategies, structures, and cultures in deeper learning network high schools. findings from the study of deeper learning opportunities and outcomes: report 1［R］. Washington: American Institutes for Research, 2014: 2.

深度学习是以培养学生的高阶思维能力为目的，是学生学习的高阶目标，本研究构建了深度学习的三维评测框架，如图 3-18 所示。

图 3-18　深度学习的三维评测框架

由图 3-18 可知，深度学习的评测要从认知领域、能力领域和情感领域三个维度进行，这三个维度并不是相互独立的，三者是一个复杂的整体，在实际教学中，能力与情感领域的目标达成必须建立在学生对认知领域知识的掌握的基础上，而认知领域知识的习得也必须以能力、情感等更高级目标的达成为目的，同时学生的能力及情感领域也会影响认知领域知识的习得。本研究在教学中更加强调学生在真实情境中的综合实践与协作探究，因此深度学习的评价应该更加强调其真实性、有效性、科学性与全面性，深度学习评价应该贯穿于整个学习过程中，而不仅仅是对学生能力及目标达成情况的评估。

3.3.2　深度学习测量方法设计

1. 认知领域评测设计

从心理学角度讲，认知是指人们获得知识和应用知识的过程，或者说是信息的加工过程（皮亚杰学派的说法是原有认知结构对刺激物的通化、顺应的过程）①。1956 年布鲁姆将教育目标分为认知领域、情感领域及动作技能领域②，依据布鲁姆的分类法，佩莱格里诺（Pellegrino）等人在美国社会科学研究院的报告《教育为了生活与工作：发展 21 世纪可迁移的知识与技能》（"Education for Life and Work: Developing Transferable Knowledge and Skills in the 21st Century"）中将认知领域定义为运用与思

① 彭聃龄. 普通心理学［M］. 北京：北京师范大学出版社，2010：5.

② BLOOM B S. Taxonomy of educational objectives: handbook Ⅰ. cognitive domain［M］. New York: David McKay, 1956: 3.

维相关的一些能力，如记忆、推理、问题解决等①。我国专家何克抗教授视认知领域目标为知识的结果②，因此本研究认为认知领域的评测是对学生通过信息加工过程获得与应用知识的结果进行评价，即对学生经过学习所得到的知识与思维的结果进行评估。通常情况下对学生知识掌握情况的评价方式主要是测验，如考试、IQ测试等，而标准化的考试仅能显示出学生对知识的识记与理解程度，而将学科知识应用于解决实际问题的能力则无法得到体现。本研究除对考试成绩评估外，也要评价学生在课堂中产生的作品，这些作品能够反映学生的思维能力与对知识的应用能力。基于此，本研究构建了认知领域的“布鲁姆教学目标分类＋SOLO分类理论”的评测框架，具体如图3-19所示。

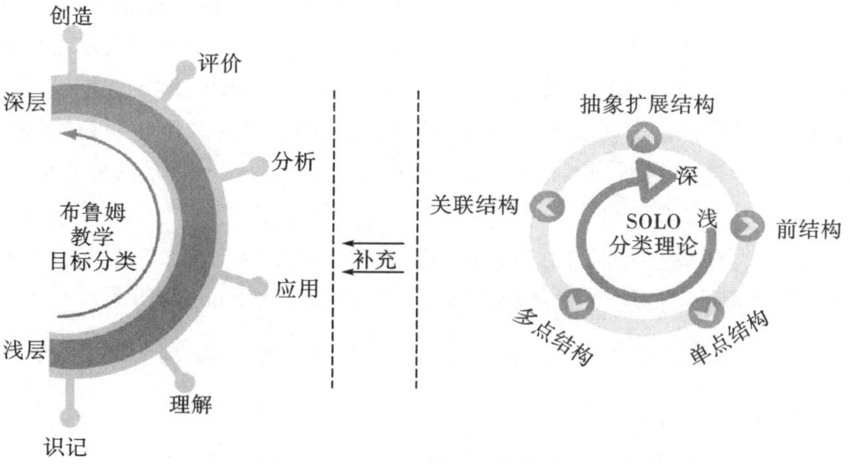

图3-19 认知领域的“布鲁姆教学目标分类＋SOLO分类理论”评测框架

由图3-19可知，认知领域的“布鲁姆教学目标分类＋SOLO分类理论”评测框架包含两部分的内容，分别是基于布鲁姆教学目标分类的知识评价与以彼格斯SOLO分类理论为依据的思维评估，布鲁姆教学目标分类主要用于学生认知领域知识掌握程度的评估，SOLO分类理论作为布鲁姆教学目标评价的补充，则用于评价学生在学习中表现出来的思维过程。

① National Research Council. Education for life and work：developing transferable knowledge and skills in the 21st century [R]. Washington：National Research Council, 2012：7.

② 何克抗，李文光. 教育技术学 [M]. 北京：北京师范大学出版社，2009：346.

（1）布鲁姆教学目标分类法

布鲁姆教学目标分类是将教育目标进行系统分类的一种分类法，自提出以来就受到了教育界的广泛认可，对教学产生了深远的影响。布鲁姆依据学生的认知成果水平将其划分为识记、理解、应用、分析、评价与创造 6 个等级①，该体系能够为学生学习结果的评价提供依据和标准，使学生学习成果的评价更具可操作性。为阐释知识与认知过程的关系问题，安德森将单一维度拓展为知识维度和认知过程两个维度，将知识维度划分为事实性知识、概念性知识、程序性知识以及元认知知识 4 种，将认知过程维度划分为识记、理解、应用、分析、评价、创造 6 个层次。如图 3-19 所示，布鲁姆教学目标分类体系与深度学习、浅层学习之间存在对应关系，识记和理解属于浅层学习的类别，而应用、分析、评价和创造等高阶目标属于深度学习的范围。根据前文对浅层学习、深度学习的解释可知，浅层学习表示学生停留在机械化的记忆与简单的理解两个层次上；而深度学习则强调学生能够对知识进行综合性的应用、分析、评价，最终达到创造的目的，如学生可以解决劣构问题，将知识迁移到不同的情境中，通过自己的理解、分析等思维活动归纳、总结知识，并能够进行作品创作等，主要涉及元认知、创造力、问题解决能力和探究能力等高阶思维能力目标。在实际教学中，布鲁姆的教学目标分类法主要用于指导教师陈述教学目标以及测试题目的制定，如图 3-20 所示。

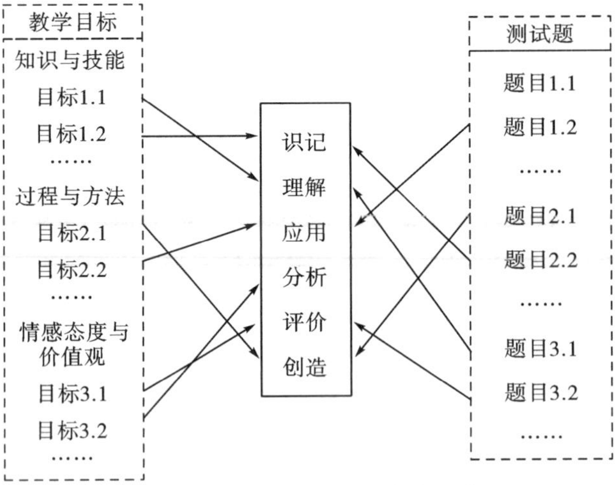

图 3-20　布鲁姆教学目标分类应用模式图

① BLOOM B S. Taxonomy of educational objectives: handbook Ⅰ. cognitive domain [M]. New York: David McKay, 1956: 3.

由图 3-20 可知，在真实教学中，教学目标的描述要以布鲁姆教学目标分类法为基础，依据记忆不同的学科内容与知识类型设计相应的教学目标。如在语文教学中，学生需要理解某一个句子、记忆所有生字的拼写方式等。教学目标分类的目的是帮助教师更好地教学，学生更好地学习，测评者更好地测评，因此学习完成后需要检验每一个目标的达成情况，即需要将每个题目与布鲁姆教学目标的分类对应，以此来检测学生学习目标的达成情况。

（2）SOLO 分类理论

布鲁姆教学目标分类法适合描述显性行为，对于学习过程中的隐性行为，由于太抽象而无法具体描述。此外布鲁姆教学目标以行为变化为主，将学生认知水平以线性进阶的方式划分等级，但实际上各个水平之间很难简单区分，而且布鲁姆教学目标分类法也忽视了对思维结构的测量。因此，本研究将强调高阶思维能力的 SOLO 分类理论作为补充。SOLO 分类理论建立在皮亚杰的发展阶段理论的基础上，是指人在解决问题过程中所经历的思维发展阶段①。SOLO 是指学生在实际回答某一问题时所表现出来的思维结构，即可观察的学习成果结构，彼格斯将 SOLO 划分为 5 个层次，分别是前结构、单点结构、多点结构、关联结构和抽象扩展结构，如图 3-21 所示②。

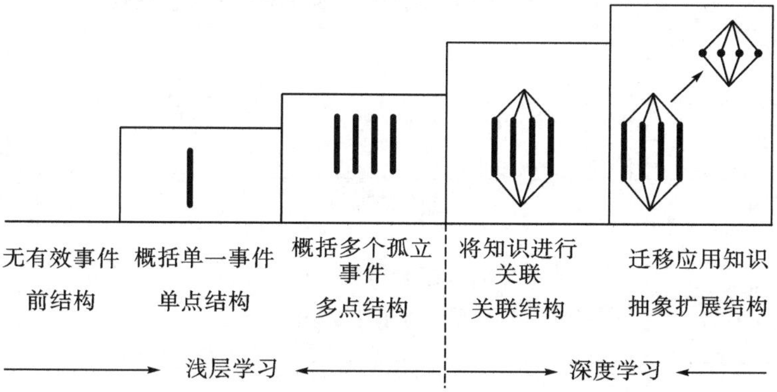

图 3-21　SOLO 分类理论层次

① 吴有昌. SOLO 分类学对布卢姆分类学的突破［J］. 华南师范大学学报（社会科学版），2009（4）：44-47.

② 彼格斯，科利斯. 学习质量评价［M］. 高凌彪，张洪岩，译. 北京：人民教育出版社，2010：14.

由图 3-21 可知，依据学生在回答问题中表现出来的思维结构，SOLO 分类理论将其划分为 5 个层次：前结构、单点结构、多点结构、关联结构和抽象扩展结构。根据深度学习与浅层学习的意义及阐述，本研究将前结构、单点结构和多点结构划归为浅层学习，关联结构及抽象扩展结构划归为深度学习。处于前结构层次的学生无法对相应的题目做出有效反应，可能只是对题目的重复、同义反复等；单点结构是指仅能够概括单一的事件或认识；多点结构是指学生能够概括出多个与题目相关的观点与认识，但无法在多个观点之间建立联系；关联结构是指学生能够根据题目概括出多个与之相关的认识或观点，并能够将观点之间建立联系，形成新的认识或看法；抽象扩展结构是指能够将关联后的知识与观点迁移到新的场景中。依据这 5 个层次分类来判断学生在回答问题过程中所表现出来的思维等级，是 SOLO 分类理论的主要应用。

SOLO 分类理论主要是用来评价学生在回答某个问题时所表现出来的思维结构，多位研究者基于 SOLO 分类设计评价量规对学生进行评价①②，本研究主要对学生在完成任务过程中形成的作品进行评测，分析学生在文字内容与作品中所表现出来的思维结构。根据 SOLO 分类理论体系，借助伯内特（Burnett）等的评价量规，本研究设计了基于 SOLO 分类理论的学生思维结构的评价量规，具体量规如表 3-19 所示。

表 3-19　基于 SOLO 分类理论的思维结构评价量规

SOLO 层级	细化等级	描　述	编码	得分
前结构		完全不理解题目的意思，对题目简单的重复或猜测	0	0～5
单点结构		能够提出一个与题目有关的要点	1	6～20
多点结构	低	能够提出与题目相关的 2～3 个要点，但并没有尝试将要点相关联、解释与整合	2	21～35

① CHAN C C，TSUI M S，CHAN M Y C，et al. Applying the structure of the observed learning outcomes（SOLO）taxonomy on student's learning outcomes：an empirical study [J]. Assessment & evaluation in higher education，2002（6）：511-527.

② BURNETT P C. Assessing the structure of learning outcomes from counselling using the SOLO taxonomy：an exploratory study [J]. British journal of guidance & counselling，1999（4）：567-580.

续表

SOLO层级	细化等级	描 述	编码	得分
多点结构	中	提出与题目相关的多个要点，但并未整合成新的认识或看法，只是通过简单列表描述或尝试进行解释	3	36～50
	高	提出与题目相关的多个要点，并对每个要点进行详细解释、举证等，但并未对观点进行整合与关联	4	51～65
关联结构	低	提出的要点能够与主题或内容相关联，但有一小部分的观点偏离了主题，能够通过解释、例证等方式产生一些新的观点	5	66～80
	高	观点与主题产生了很强的相关性，所有的观点都能够贴合主旨，能够通过解释、例证等方式产生新的理解与观点	6	81～89
扩展抽象结构		能够将观点与理解整合到主题与相关概念中，并将产生的新理念、观点应用于其他场景中，如批判性反思等	7	90～100

2. 能力领域评测设计

传统的教学评价主要是以认知领域的知识内容为主，方式则采取标准化考试的方式，学校的甄别、选拔等均以在认知领域知识的评价为依据。但仅仅以认知领域知识作为评测内容显然是不能全面反映学生的学习状态及结果的，如何将学生在学习过程中所表现出来的高阶思维能力评测出来是教学评价应该解决的重要问题。能力是关于学生如何将知识应用于问题解决中的过程性知识，是学生所具备的能够进行知识迁移的原因、时间、情境等多个要素。经济合作与发展组织（Organization for Economic Cooperation and Development，OECD）将能力定义为在特定情境中运用人类的心理资源来满足复杂需求或完成一项任务所体现出来的素质，如有效沟通的能力是指运用语言技能、实际的IT能力与所面对的人进行沟通的能力①。能力是学生学习中必须要掌握的技能与策略，是将知识与真实情境相联系的桥梁。深度学习的目标是使学生能够将知识与技能迁移到新的情境

① National Research Council. Education for life and work: developing transferable knowledge and skills in the 21st century [R]. Washington: National Research Council, 2012: 7.

中，以及形成高阶思维能力。由此可见，能力领域是深度学习中不可或缺的一部分，本节内容对能力领域进行阐释，具体如图 3-22 所示。

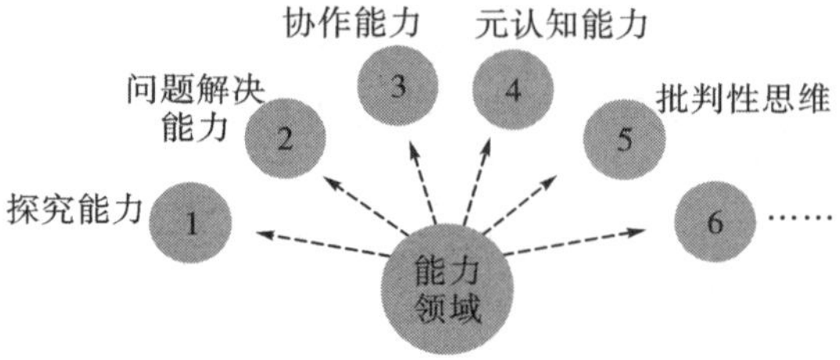

图 3-22　能力领域评测框架

深度学习是一个比较综合的概念，高阶思维能力是深度学习的重要组成部分，因此能力领域是学生在学习中需要达到的目标。根据教学方式的不同，所获得的深度学习能力的所在领域也有所不同。本研究选择科学课程为研究内容，多样化的评价方式是本研究支持深度学习的重要教学方式，因此选择元认知能力、协作能力、探究能力及创新能力作为深度学习的指标，并依据不同的教学内容设置相应的能力领域教学目标。元认知能力是指反思、理解和控制学习过程的能力①。当前对学生元认知能力的评测主要通过访谈、问卷等调研方式进行，宾夕法尼亚州立大学的斯珀林（Sperling）教授等分别针对大学生和中小学生设计了元认知能力调查问卷，并对其认知结构等进行详细分析，最终包含认知知识（Knowledge of Cognition）与认知调节（Knowledge of Regulation）两个维度，认知知识包括陈述性知识（Declarative Knowledge）、程序性知识（Procedural Knowledge）和条件性知识（Conditional Knowledge）；认知调节包括计划（Planning）、信息管理（Information Management）、监控（Monitoring）、调节（Debugging）和评价（Evaluation）等②。本研究采用斯珀林等人提出的 3～9 年级的元认知能力调查问卷对学生的元认知能力进行调查。探究能力是科学课程的核心培养目标能力之一，本研究通过学生在学习过程中产生的研究方案进行分析，从而评价学生的探究能力，具体量规如表 3-20 所示。

---

① SCHRAW G，DENNISON R S. Assessing metacognitive awareness［J］. Contemporary educational psychology，1994（4）：460-475.

② SPERLING R A，HOWARD B C，MILLER L A，et al. Measures of children's knowledge and regulation of cognition［J］. Contemporary educational psychology，2002（1）：51-79.

表 3-20　探究能力评价量规

<table>
<tr><th rowspan="2">维度</th><th rowspan="2">标准描述</th><th colspan="3">得分</th></tr>
<tr><th>86～100</th><th>60～85</th><th>0～59</th></tr>
<tr><td rowspan="2">实验操作</td><td>实验器材使用的准确性</td><td></td><td></td><td></td></tr>
<tr><td>实验步骤的准确性</td><td></td><td></td><td></td></tr>
<tr><td rowspan="4">观察记录</td><td>观察方式的多样性</td><td></td><td></td><td></td></tr>
<tr><td>实验现象记录的及时性</td><td></td><td></td><td></td></tr>
<tr><td>实验记录的准确性</td><td></td><td></td><td></td></tr>
<tr><td>实验操作的合理性</td><td></td><td></td><td></td></tr>
<tr><td rowspan="4">结论与解释</td><td>证据的充分性</td><td></td><td></td><td></td></tr>
<tr><td>结论的规范性</td><td></td><td></td><td></td></tr>
<tr><td>论据的举例</td><td></td><td></td><td></td></tr>
<tr><td>结论的合理性</td><td></td><td></td><td></td></tr>
</table>

通过以上分析可知，依据课程及教学内容的性质，以及所设计的教学策略与方法，本研究将主要从元认知能力、探究能力、协作学习能力等多个方面评测学生的能力领域，具体评测工具及方式如表 3-21 所示。

表 3-21　能力领域评测工具及方式

能力类型	描　述	评测方式
元认知能力	对学习过程的反思、调节、计划及控制等能力	问卷
探究能力	在科学探究过程中，学生表现出的规范性探究能力	研究方案、问卷
协作学习能力	学生在探究过程中表现出的与他人合作的能力	问卷

3. 情感领域评测设计

“情感领域”一词最早出现于布鲁姆对教学目标的分类。克拉斯沃尔对情感领域的层级进行了分类，将情感领域教学目标划分为接受、反应、价值评价、组织及价值体系个性化 5 个层次。情感是指人对客观事物态度体验的一种心理过程，与人的社会需要相联系，是人类所特有的一种心理活动[①]，紧密衔接的心理外显、内化、升华之于指导外显行为的过程，教学会引起学生内心情感体验过程中心理水平的变化[②]。情感领域是指学习兴趣、学习态度、人生态度以及个人价值与社会价值的统一[③]。我国义务教育课程

① 孟献华. 情感领域下的教学目标建构 [J]. 教学研究，2004 (1)：66-67.

② 冒兵. 情感领域的历史教学目标评价 [J]. 当代教育科学，2013 (24)：57-59.

③ 钟启泉. “三维目标”论 [J]. 教育研究，2011 (9)：62-67.

标准中提出的三维教学目标正是从知识与技能、过程与方法以及情感态度与价值观三个领域对教学需要达成的目标进行规定的，情感领域的教学目标是在认知领域、能力领域的基础上需要达成的更高级目标。因此，本研究认为深度学习不仅应该关注学生掌握的知识、思维过程及能力等，更应该关注学生在教学体验中的心理、态度、价值观等的变化。依据情感的定义及目标，本研究对深度学习的情感领域进行了细化，分为学习动机、学习兴趣、投入度、技术接受度、满意度及认知负荷等多个维度，具体如图 3-23 所示。

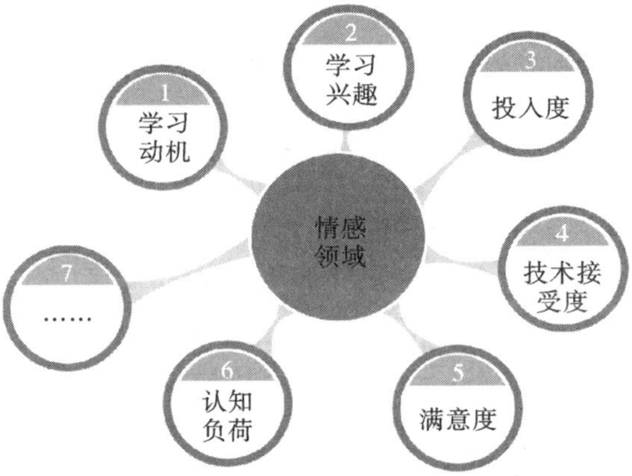

图 3-23　情感领域评测框架

由图 3-23 可知，深度学习的情感领域应该包含多个维度，依据课程标准及教学内容的性质、类型，本研究在情感领域对学生的学习动机及认知负荷进行评测。学习动机是使学生维持某一学习行为的动力，学习动机的评测主要参考彼格斯提出的深度学习问卷中的动机部分；认知负荷与学生所面对的任务难度及付出的心理努力有关，本研究的认知负荷评测采用斯威勒（Sweller）① 提出的问卷，具体如表 3-22 所示。

表 3-22　情感领域评测工具

情感类型	描　述	评测方式
学习动机	使学生维持某一学习行为、达到某个学习目标的动力	问卷
认知负荷	学生所面对的任务难度及付出的心理努力	问卷

① SWELLER J. Cognitive load during problem solving：effects on learning [J]. Cognitive science，1988 (2)：257-285.

3.4　本章小结

随着信息技术的飞速发展，将学生培养成具有良好信息素养的21世纪学生是当前教育的主要目标。当然教师也要具备一定的信息素养，以能够开展信息化环境下的课堂教学。在此背景下，本章首先对信息化环境下的教学理论（如TPACK、PST、COI以及教师信息技术能力标准等）进行了分析，梳理出信息化环境下教学的一些必备要素，并进一步分析了信息化课堂教学的现状与存在的问题，从而提出了信息化环境下基于评价的APT教学模型，该模型融评价（Assessment）、教学法（Pedagogy）和技术（Technology）于一体。在提出APT教学模型的基础上，本研究基于因子分析（包括探索性因子分析和验证性因子分析）及路径分析探究APT模型的因子组成结构及各因子之间的关系，最终确定A、P、T、TA及APT 5个组成要素及内容（C）这一外部影响要素作为APT的核心要素，且APT模型得到了有效的数据验证。APT模型是宏观指导教学的理论框架，将其细化为可实施操作的教学策略也是本研究拟解决的问题之一，由此笔者提出了基于协作探究的专题教学策略，并对其目标导向、教学流程及组织方式等进行了详细阐述。

APT理论模型的主要目的是促进信息化环境下学生的学习。深度学习是一个包容性比较强的概念，其内涵比较复杂，多位研究者对深度学习进行了定义，本研究在此基础上提出了深度学习的三个维度，即认知领域、能力领域和情感领域。由于深度学习的复杂性与多变性，依据教学内容的特征，本研究在每个领域选取相应的部分指标进行评价，并在此基础上对每个领域的评价指标进行细化，以使其具有可操作性。在认知领域包括基于布鲁姆教学目标分类法与SOLO分类理论的知识与思维评测，能力领域包括元认知能力、探究能力和创新能力，情感领域包括学习动机和认知负荷等，具体内容如图3-24所示。

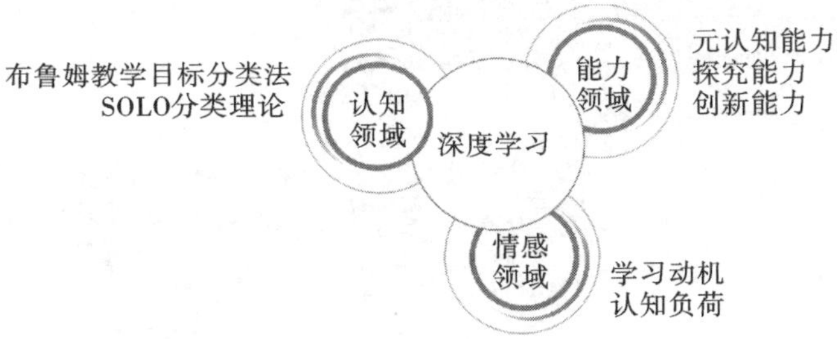

图3-24　深度学习评测体系图

4 基于量规评价的探究式教学促进学生深度学习——第一轮 APT 教学设计研究

为了促进智慧教室环境下的小学生深度学习，本研究设计了基于评价的 APT 教学模型，提倡以评促学，将评价、教学法和技术等要素融为一体。通过因子分析法确定了 APT 教学模型的要素包括评价（A）、教学法（P）、技术（T）、技术支持的评价（TA）及技术支持的教学化评价（APT），通过路径分析发现这些要素之间形成了多种路径关系，内容（C）也会对 APT 教学模型的要素产生影响。基于因子分析及路径分析的结果最终确定了 APT 理论模型，并提出了基于协作探究的专题教学策略，在三轮的教学实践、分析、改进的过程中，我们将不断修正 APT 教学模型及其所衍生的教学设计的原则，最终形成一套适用于智慧教室环境中促进学生深度学习的理论与实践，过程如图 4-1 所示。在第一轮的教学实践中选择“土壤中有什么”作为教学内容，将依据其组织方式、基本流程与教学设计原则在智慧教室环境中开展小学科学教学实践，首先对传统科学教学中的教学内容、评价方式进行改进，并通过教学设计、实施、数据搜集与分析的过程对理论模型及策略进行改进，为下一轮实践提供基础。

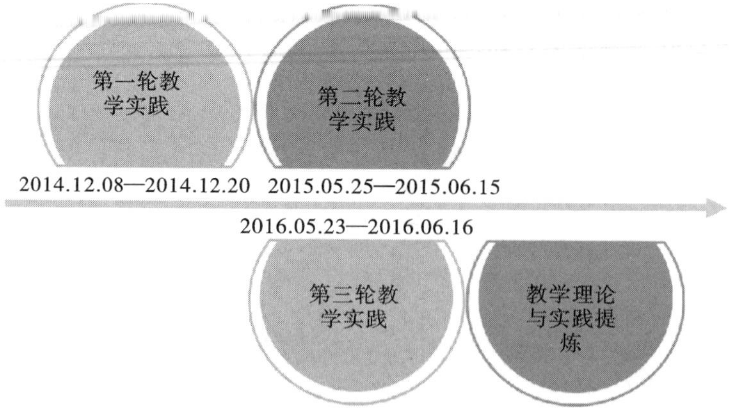

图 4-1　三轮教学实践过程

4.1 量规式评价引导下的探究式教学设计与实践

传统的科学课主要以知识讲授与实验探究为主，内容则按照教材的组织与排列方式来呈现，知识点与知识点之间并未形成关联，本研究在APT教学模型指导下提出的基于协作探究的专题教学策略，旨在建构知识间的联系，以知识整合的方式形成专题教学，并与相应的评价方式、教学法及技术进行整合。第一轮的教学实践以课程“土壤中有什么”为例，在对学生、教学内容和目标设计的基础上对APT教学模型中的要素进行分析，并在智慧教室中开展教学。本轮教学前端分析如下。

4.1.1 “土壤中有什么”教学前端分析

教学前端分析是指在教学设计之前，对影响教学但又不属于教学设计范畴的因素分析的过程，主要包括学生分析、教学内容分析及教学目标分析等，第一轮教学实践的前端分析过程如下。

1. 学生分析

（1）学生一般特征分析

第一轮“土壤中有什么”的教学对象是小学五年级的学生，依据皮亚杰的认知发展阶段理论可知，五年级的学生处于具体运算阶段的末期，该阶段的学生已经过了感知运动阶段和前运算阶段，其认知结构得到了重组，思维也不再是不可逆的，有一定的思维空间。此外，该阶段的学生也初步具备了一小部分形式运算阶段的特征，有一定的抽象思维能力，但还需要具体事物和案例的支撑。综上所述，五年级的学生具有守恒性，即能够从一个概念、事物的变化中找到本质，具有分类和组合的能力，能够对变化的事物进行分类和组合。该阶段的学生形成了群体结构，能够根据复杂的规则分类，进行简单的逻辑推理，但对没有发生过的事情还无法进行缜密思考，因此本研究在让学生对知识、探究结果进行抽象概括的基础上提供了科学用具、实验材料的支持。

（2）学生初始能力分析

初始能力分析是指对学生的已有知识储备、能力水平、学生心理状态和态度等进行分析[①]。科学的学生初始能力分析是教学顺利实施的重要基

① 杨九民. 教学系统设计理论与实践［M］. 北京：北京大学出版社，2014：83-87.

础，维果斯基提出的最近发展区理论认为，只有在充分了解学生的现有水平的基础上才能够合理规划学生所需要达到的水平，否则教学目标太高或太低都可能导致学生失去学习兴趣。教学设计前，研究者与执教老师进行了深度的访谈，以进一步了解学生的特征。通过访谈我们了解到学生在先前的科学课程的学习中已具备熟练操作科学仪器和素材的能力，大部分学生能够在操作中注意到实验器材的使用方法及注意事项，教师对学生的科学探究过程进行了非常规范的训练，包括假设的提出、方案的设计、实验的操作以及实验现象的记录、分析和解释。

教师通过与学生的长期接触也发现五年级学生正处于活泼好动的阶段，对科学课程的学习表现出浓厚的兴趣，学生的知识储备较充足，由于对自己过分自信，往往在协作探究的过程中容易出现注意力不集中的现象，而且少数学生不容易接纳其他人的意见。

通过以上分析可知，本轮教学实践中应尽量以具体的实验过程数据来支撑抽象的理论知识，并尽量为学生提供多种知识获得途径，给学生相对宽松、自由的环境，以支持学生获得充足的相关知识，自主协作探究解决科学实验中遇到的一些问题。

2. 教学内容分析

本次教学内容选择教育科学出版社五年级上册“地球表面及其变化”单元中的两节内容，分别是“岩石会改变模样吗”、“土壤中有什么”。由于本次为第一轮教学，教师在前期的科学教学中并未尝试采用专题教学的方式教学，因此，本轮教学中并未选择一个单元作为教学内容，而选择了两节关联性比较强的内容进行尝试教学。

“地球表面及其变化”这一单元的内容共包含8节内容，第1节内容是关于地球表面地形地貌的整体介绍，第2节内容为地球内部运动引起的变化，第3节和第4节内容是关于土壤和岩石的构造组成，第5～8节是关于土地侵蚀的内容。从以上分析可知该单元能够划分为4个小的知识专题，本研究选择第3～4节作为教学内容，该内容从地球内部运动转向了外力引起的地球面貌的变化，是该单元中承上启下的两节内容。根据《全日制义务教育小学科学（1～6年级）课程标准（修订稿）》[①]，在学习关于土壤知识的过程中，学生通过协作探究实验来验证土壤的组成成分，知道地球表

① 中华人民共和国教育部．全日制义务教育科学（1～6年级）课程标准（修订稿）[M]．北京：北京师范大学出版社，2014.

面大部分覆盖着土壤，了解岩石的变化过程及原因。本次教学活动共包含 3 个课时，在方法层面上主要贯穿了分类、比较、概括等思维方式，并根据已有的知识经验设计了合理的探究方案，搜集数据、信息，得出结论，将知识与方法进行迁移和反思。在科学态度方面，本节内容要做到保护学生探究的兴趣，以数据、实验现象为判断依据，能够采用多种工具、方式研究，大胆质疑，接受他人意见，并意识到自然对人类的重要性。

3. 教学目标分析

目标是我们需要达成的结果，有助于我们集中注意力于任务并努力完成活动。教学目标是指学生通过学习过程需要达到的学习结果和预期的目标。合理的教学目标是教学活动顺利完成的基础，也是教学活动、教学策略和教学评价设计的依据。教学目标是对学生通过教学后可达到的、应该表现出来的可见行为的具体明确的表述[①]。教学目标的设置既要符合学生的实际认知能力，也要具体、可实施，如果目标描述太过笼统、抽象，则无法对教学过程及评价起到导向作用，并可能导致教师的教学活动设计脱离学生与课堂。本研究在对学生和教学内容作了详细分析的基础上，提出了本次教学活动的三维目标如下。

（1）知识与技能

学生能用自己的话说出风化的概念。

学生了解风化作用会改变地球上的地形地貌，但这种变化是在缓慢的过程中进行的。

学生掌握外力的风化作用和生物的作用会使岩石最终变成土壤。

学生能认识到土壤是一种混合物，包含岩石风化而成的大小不同颗粒（小石子、沙、黏土），动物、植物的残留物，以及腐殖质、水和空气等。

水流动时能携带土壤微粒跟着一起运动，当水流静止下来时，携带的物质也会沉积下来。一般来说，重的颗粒先沉积，轻的颗粒后沉积。

学生能够认识到生物的生存离不开土壤，土壤和人类的生产、生活有着密切的关系，它为我们提供了丰富的资源。

（2）过程与方法

学生能根据岩石变化的特点，尝试推测岩石变化的原因。

学生能够做冷热变化、流水、植物对岩石影响的模拟实验来验证推测。

---

① 杨九民．教学系统设计理论与实践［M］．北京：北京大学出版社，2014：83-87.

学生能够根据模拟实验中的现象，想象并初步解释自然界中岩石变化的原因。

学生能用口头和书面语言描述实验中的现象，用流程图或图画表示岩石风化的过程。

学生能动手操作实验，通过观察寻找土壤的成分，学生能用沉积的方法把土壤成分按颗粒的大小分层。

学生能综合各种方法获得的信息，获得对土壤成分的正确认识。

指导学生自我反思与评价以培养他们的元认知能力。

(3) 情感态度与价值观

体验过程与方法中证据、逻辑推理及运用想象建立假设和理解的重要性。

培养学生欣赏自然界岩石变化形成的景观，获得美的体验。

认识到土壤对生命以及人类的生产、生活的重要意义。

培养学生形成自然界的事物是在不断变化着的观点。

通过协作探究的方式提升学生的学习动机。

4.1.2 APT 教学设计

根据前文的因子分析和路径分析，我们得出 APT 教学模型主要包括 A、P、T、TA 及 APT 5 个要素，并对 APT 教学模型中的相关要素进行了分析，下面介绍一下第一轮 APT 教学设计的推进过程。

1. 基于量规的自我评价设计

评价是课堂教学的重要环节。传统的课堂教学中教师更加注重效率，评价方式多以教师的点评、测验等方式为主，忽略了学生的主体地位。但教师的课堂点评有时无法引起学生的重视，而测验往往以甄别为目的，学生参与度较低，因此使学生积极参与评价是形成性评价关注的重点。学生通过自我反思与评价能够更加了解自己的学习状况，提高自身的元认知能力[①]。本研究为提升学生的课堂参与度，促进其元认知能力的提升，设计了基于量规的学生自我反思评价方式，并辅以同伴点评与课堂观察，具体的课堂评价模式如图 4-2 所示。

---

① KOSTONS D，GOG T V，PAAS F. Training self-assessment and task-selection skills：a cognitive approach to improving self-regulated learning [J]. Learning & instruction，2012 (2)：121-132.

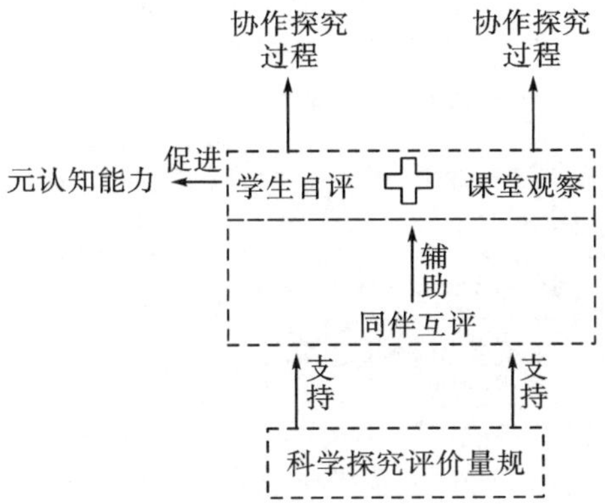

图 4-2　基于量规的自我评价

从本轮教学的目标可知，在知识与技能层面学生需要掌握风化和土壤组成的相关知识；在过程与方法层面要求学生能够通过图示的方式表征风化过程，运用实验探究土壤的组成成分，并培养学生的元认知能力；在情感态度与价值观层面要培养学生的证据思维、逻辑推理能力，让学生认识到土壤的意义、欣赏岩石景观，提升学生的学习动机。依据本轮教学的目标，我们设计了如图 4-2 所示的课堂教学评价模式。由图 4-2 可知，本次教学的评价是以基于量规的学生自评为主，在土壤协作实验探究之前，教师给学生以评价的量规，学生自主阅读评价量规中的要求，待学生完成阅读后，再开展探究实验。评价量规为学生的实验探究提供了支架，为学生的实验操作、记录和结论解释以及实验记录单填写的过程提供指导、提示，量规的使用为学生的自我评价提供了客观有效的标准。学生在实验探究的过程中，要填写实验记录单，在填写完实验记录单后学生要依据评价量规对小组科学探究的过程进行评价。

依据《全日制义务教育科学（1～6 年级）课程标准（修订稿）》[①] 中对学生科学探究的要求可知，每个学段的科学实验探究过程都应该包括提出问题、做出假设、制订计划、搜集证据、处理信息、得出结论、表达交流、迁移应用、反思评价这九个环节。但在具体的教学实施中，教师应该根据课程的内容及目标重点关注其中的某些要素，本轮教学拟重点关注学生的实验操作、观察记录和得出结论与解释三个方面，并进行评价。具体的评价量规如表 4-1 所示。

① 中华人民共和国教育部．全日制义务教育科学（1～6 年级）课程标准（修订稿）[M]．北京：北京师范大学出版社，2014.

表 4-1　科学探究的评价量规示例

评价指标	标准描述			
实验操作	知道每个实验器材的使用注意事项（如烧杯、镊子……）（10 分）			
	能按照实验步骤有序地开展实验（10 分）			
观察记录	可以通过闻味道或者手触摸等多种感官进行观察（10 分）			
	每一步实验操作完成之后都可以仔细地观察并记录实验现象（10 分）			
	记录的顺序与现象发生过程一致（10 分）			
	通过观察可以给土壤中的颗粒分类（10 分）			
得出结论与解释	对于土壤中每一种成分的解释都有证据证明（10 分）			
	在得出实验结论时，能用表格的方式归纳出土壤中的物质是由哪一方法得到的（如：通过肉眼观察到什么？通过放大镜观察到什么？……）（10 分）			
	通过实验，得出的土壤的成分有多种，并一一列举出来（10 分）			
	认为土壤中还有些物质不能通过观察得到，并做了记录（求助网络得出的）（10 分）			

注：其中  表示 8～10 分； 表示 5～7 分； 表示 2～4 分。

由表 4-1 可知，在实验操作方面要求学生能够知道实验器材的用法，并按照步骤开展探究；在观察记录方面要求学生可以进行详细的观察，并准确记录；在得出结论与解释方面要求学生能够基于证据得出实验结论。依据该量规，将每条标准划分为三个等级，探究实验后，学生需要完成相应实验的自评表单。为更加客观地评价学生的实验过程，在开展实验探究的过程中，教师与研究者对学生的操作、记录和结论解释等进行课堂观察记录，并尽可能详细地记录每一组学生在实验操作过程中出现的问题，教师与研究者所使用的实验探究观察记录表如表 4-2 所示。

表 4-2 实验探究课堂观察记录表

<table>
<tr><td colspan="2">学校</td><td></td><td colspan="2">班级</td><td></td></tr>
<tr><td colspan="2">观察小组</td><td></td><td colspan="2">观察人</td><td></td></tr>
<tr><td colspan="2">观察项目</td><td colspan="4">“土壤中有什么”实验探究</td></tr>
<tr><td colspan="2">评价指标</td><td colspan="3">等级</td><td rowspan="2">问题记录</td></tr>
<tr><td colspan="2">实验操作</td><td>3</td><td>2</td><td>1</td></tr>
<tr><td colspan="2">认真并正确地完成实验步骤（15 分）</td><td></td><td></td><td></td><td rowspan="12"></td></tr>
<tr><td colspan="2">正确使用实验器材（10 分）</td><td></td><td></td><td></td></tr>
<tr><td colspan="5">观察记录</td></tr>
<tr><td colspan="2">结合不同感官进行观察（10 分）</td><td></td><td></td><td></td></tr>
<tr><td colspan="2">如实记录实验现象和数据（10 分）</td><td></td><td></td><td></td></tr>
<tr><td colspan="2">记录数据完整且准确（15 分）</td><td></td><td></td><td></td></tr>
<tr><td colspan="5">得出结论</td></tr>
<tr><td colspan="2">能根据实验现象和数据归纳结论（15 分）</td><td></td><td></td><td></td></tr>
<tr><td colspan="2">结论展示（如表格）符合逻辑，组织良好（10 分）</td><td></td><td></td><td></td></tr>
<tr><td colspan="2">能准确运用学科知识解释结论（15 分）</td><td></td><td></td><td></td></tr>
</table>

由表 4-2 可知，在实验探究的过程中，教师与研究者就学生能否正确使用实验器材完成操作、准确完整地记录实验现象以及归纳结论并进行解释等进行观察，尽量记录学生在实验中出现的每一条问题，在课后教师将记录结果反馈给学生，并对比教师观察结果与小组自评结果的异同，培养学生更加客观准确的自我评价能力。在结果展示与分享的阶段，教师组织学生依据量规有针对性地对同伴的探究过程、结果进行点评。

2. 探究式学习教学法设计

教学方法是教师教的方法与学生学的方法的总和，传统的教学方法有讲授法、案例教学法等，以知识传授为主。课程标准中将科学课程定义为一门活动性和实践性的课程，其教学目标不仅仅要求学生掌握科学知识，更重要的是让学生体验探究的过程，掌握一些基本的探究方法并获得相应的能力。由此可见，以讲授为主的教学法已无法满足科学探究教育目标的达成。通过教学内容与目标分析可知，本研究的核心目标是让学生理解风化的概念，并能自主探究土壤的组成成分。因此，本轮教学方法主要是以探究学习为核心，并辅以协作学习、讲授法和演示法等，形成如图 4-3 所示的教学方法。

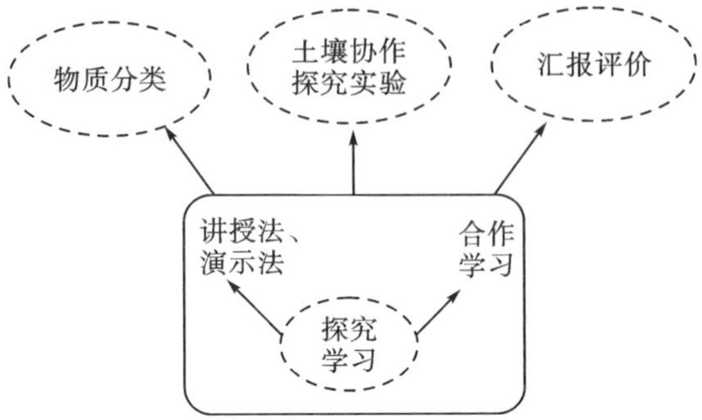

图 4-3 “土壤中有什么”教学方法设计

由图 4-3 可知，在本轮教学中，主要以探究学习、协作学习为主，并辅以教师的讲授法、演示法。教学方法的设计综合考虑了五年级学生的认知特点和知识的难易程度，学生要了解风化的概念及土壤的分类，因此设计了基于协作探究的土壤分类活动，学生在托盘中将土壤中的物质进行归类，并放入九宫格中。待学生将土壤分类后，教师讲授风化的概念并引导学生将土壤中的物质的分类进行修正，即再次分类。学生鉴定土壤的组成主要采用协作探究式的学习方式，学生搅拌烧杯中的土壤以观察土壤的分层情况，教师则提供相应的指导。学生在协作探究的过程中需要填写实验记录单，为实验的分享汇报提供证据支持。具体的实验记录单如表 4-3 所示。

表 4-3 “土壤中有什么”实验记录单

探究问题	土壤中有什么
我们可以做出这样的猜想	
实验步骤	(1) 将干燥的土壤碾碎，用手摸或者其他方式观察，回答土壤中有什么 (2) 在烧杯中加入适量的水，取干燥的土壤放到水中，搅拌水中的土壤，使土壤随水流运动起来，静置一段时间，观察
我们小组对整个实验探究过程的现象记录及解释	
我们得出这样的结论	

3. 信息技术的教学应用设计

我国发布的《教育信息化十年发展规划（2011—2020年）》中将推进信息技术与课程融合作为发展任务之一，以教育信息化引领教育创新，利用信息技术开展启发式、探究式和参与式教学等，鼓励多样化的过程性评价，培养学生在信息化环境下的学习能力，增强其提出问题、分析问题和解决问题的能力①。在信息化环境中，信息技术已成为当前教学中不可缺少的一部分。智慧教室作为当前教育信息化的一种新型产物，为信息技术与教育的融合提供了新的契机。前文中依据智慧教室的技术特征将其划分为交互体验型、诊断建议型、沉浸式和全能型4种，“寻宝总动员”在交互体验型的智慧教室环境下开展教学，交互体验型智慧教室主要的硬件设备有平板电脑、LED显示屏、电子白板、路由器等，软件包括软件应用程序、智慧学习管理系统等，可支持PBL教学、移动学习、探究学习以及即时反馈的评价开展。本轮专题教学“土壤中有什么”在交互体验型智慧教室中开展，应用的硬件设备主要有平板电脑、路由器、LED显示屏等，而应用软件包括照相机、录像机、QQ、Safari等。本轮教学中信息技术的应用如图4-4所示。

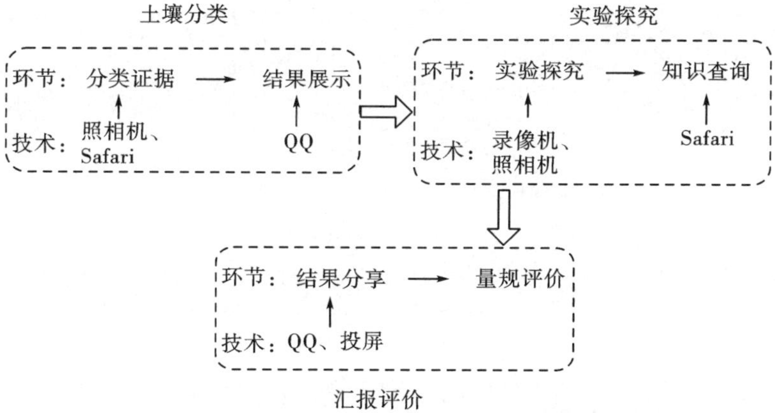

图4-4　“土壤中有什么”信息技术应用图

由图4-4可知，本轮教学中主要包含3个教学活动，在土壤分类的活动中主要用到平板电脑中的照相机来拍摄学生对土壤的分类，待学生拍照后将照片上传到QQ群中，教师可在自己的终端中实时查看全部小组的分类结果，以了解学生的学习状态并及时调整后续教学过程。在实验探究的阶

① 汪基德. 从教育信息化到信息化教育——学习《国家中长期教育改革和发展规划纲要（2010—2020年）》之体会［J］. 电化教育研究，2011（9）：5-10.

段主要用到录像机、照相机来拍摄记录小组的探究过程，并通过 Safari 来查询土壤组成成分中相关的拓展知识。在最后汇报与评价的活动中，学生将实验记录单拍摄上传到 QQ 空间中，教师组织学生进行展示评价。

4. 复合要素设计

通过因子分析对 APT 教学模型的要素结构进行探究，找出 APT 教学模型的评价、教学法、技术三个核心要素与技术支持的评价和技术支持的教学化评价两个复合要素，因此本研究不仅要对各个核心要素进行设计，也要对两个复合要素进行分析。复合要素 TA 是指运用技术来支持课堂教学评价的开展，智慧教室为课堂教学提供了丰富的技术支持，合理设计如何运用智慧教室中的多样化信息技术来支持课堂教学正是复合要素要解决的问题，如图 4-5 所示。

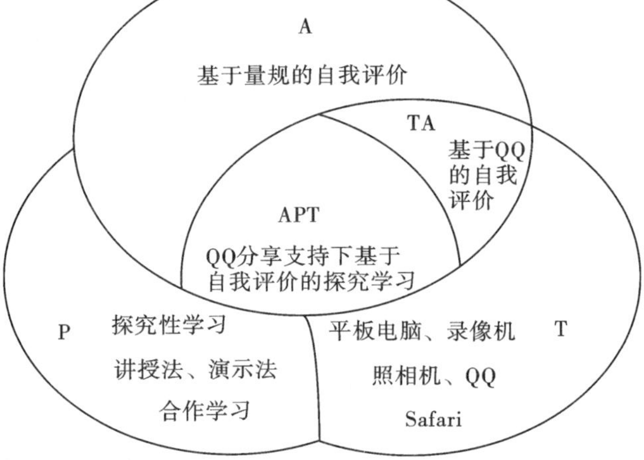

图 4-5 第一轮教学复合要素设计

如图 4-5 所示，本轮教学中的评价方式主要是采用基于量规的学生自评方式，在实验探究阶段通过 QQ、学生自评表的方式支持自我反思与评价。而复合要素 APT 的设计则融合教学法、评价和技术三个要素，本轮设计研究中用到的教学法主要是协作学习和探究学习，为了让学生更加了解小组的实验情况，本研究设计了基于量规的自我评价，量规为学生的探究过程提供了脚手架。通过照相机、录像机的支持记录学生的实验探究过程，而 QQ 则为学生的展示分享提供支撑，Safari 浏览器软件支持学生知识的拓展。

5. 教学活动设计

通过对 APT 模型中的核心要素课堂教学评价、教学法和信息技术应用，以及复合要素技术支持的评价和技术支持的教学化评价进行设计，本研究对专题教学内容“土壤中有什么”进行了详细分析与设计。在此基础上，本轮设计研究的教学活动主要包含3个，分别是土壤物质分类、土壤组成实验协作探究和汇报评价，共3课，每个活动的教学目标及流程如表4-4所示。

表4-4　“土壤中有什么”教学活动表

目　标	教学活动
•学生能说出风化的概念 •学生知道外力的风化作用和生物的作用会使岩石最终变成土壤 •学生能认识到土壤是混合物	学习活动1：土壤物质分类 小组学习任务1：土壤样本九宫格分类 小组学习任务2：网络查阅佐证分类结果 小组学习任务3：教师引导，对土壤分类进行修正
•学生知道土壤包括岩石风化而成的大小不同颗粒（小石子、沙、黏土）、动物和植物的残留物，以及腐殖质、水和空气等 •学生能够推测并根据模拟实验中的现象探索土壤的成分	学习活动2：土壤组成实验协作探究 小组学习任务1：土壤分层实验探究 小组学习任务2：模拟风化实验 小组学习任务3：网络查阅风化知识
•学生能用口头语言和书面语言描述实验中的现象 •利用多种评价方式培养学生的元认知能力与学习动机	学习活动3：汇报评价 小组学习任务1：小组汇报土壤组成及来源 小组学习任务2：小组自我反思与评价、教师点评、同伴点评

4.1.3　教学活动实施

笔者所在项目组与多所小学建立了良好的合作关系，本轮教学活动在某重点大学的附属小学的智慧教室中开展。该智慧教室主要是以交互体验型为主，移动终端能够为学生的学习提供便利，多种应用程序的使用也为学生提供了展示分享的平台，以及拓展知识宽度和深度的途径。本次教学实践是笔者与教师共同设计的专题教学课程，经历了多次教学研讨，对教学设计进行了多次修改，最终确定了“土壤中有什么”的教学内容，共3个课时，跨越2周的时间，笔者全程参与了本次教学，并在教学中对学生的行为等进行观察记录。具体的实施过程如下。

1. 土壤物质分类

土壤物质分类活动的目的是让学生初步了解土壤是由多种物质组成的，

并对物质进行分类，为后续实验探究提供初步的猜想。该教学活动时长为 1 个课时，包含 3 个小组学习任务，具体实施过程如下。

（1）土壤样本九宫格分类

本轮教学是以探究学习为核心，并综合应用协作学习等教学法。学生被划分为 12 个组，分组方式与常态化科学教学中的分组方式一致，小组成员之间已形成了良好的默契。课堂活动开始时，教师将量规、九宫格分类表及半结构化的思维导图等脚手架素材分发给学生。在分类活动前，教师先提出 3 个问题：土壤分布在哪里？土壤有什么作用？土壤由什么组成？并为学生设计以土壤为主题的半结构化思维导图，如图 4-6 所示。待学生思考并在小组内讨论后，需要依据讨论结果尽可能填写完整的思维导图。完成思维导图活动后，学生以小组为单位开展土壤物质分类，学生需要将土壤样本导入托盘中，并用镊子将其放在九宫格中进行分类，具体如图 4-7 所示。

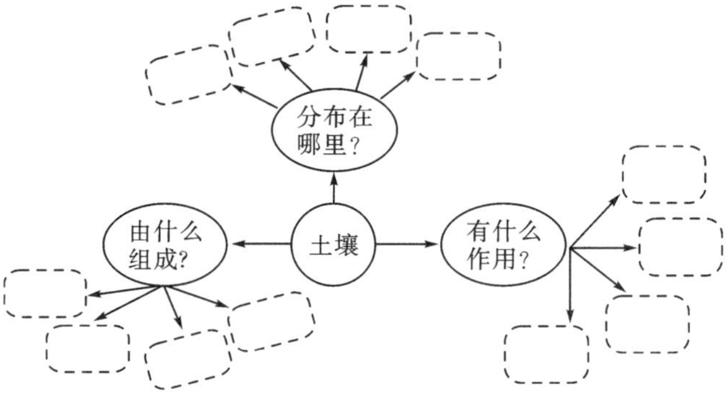

图 4-6　土壤思维导图

图 4-7　九宫格分类图

（2）网络查阅佐证分类结果

学生依据自己的科学常识和猜想对物质进行分类的过程中，可使用平板电脑中的浏览器工具对部分无法确定的物质进行查询，如图 4-8 所示。

图 4-8　学生查阅土壤组成

（3）教师引导，对土壤的分类进行修正

学生将土壤分类完成后，教师根据各小组分类结果进行总结，并进一步引导学生对分类进行修正。如部分学生将沙和小石子混淆，有的小组未将腐殖质从黏土中区分出，小组依据教师的引导对土壤进行进一步分类。

2. 土壤组成实验协作探究

学生对土壤是由多种物质组成这一观点有了清晰的认识，也为土壤的组成实验探究做出了猜想，每个小组依据分类情况做出了不同的假设，本教学活动旨在验证学生对土壤组成猜想的假设，活动时长为 1 个课时，包含两个协作探究实验。

（1）土壤分层实验探究

学生一边保持九宫格分类不变，一边开展土壤分层实验进行对比探究。在实验探究之前，教师要求学生仔细阅读科学探究量规，并提醒学生在试验中需要注意哪些问题。学生开始探究实验后，在烧杯中加入适量的水，取适量土壤放入水中，搅拌水中的土壤，使土壤随水流运动起来，静置一段时间，观察烧杯中物质所发生的变化，并记录实验现象。接着根据九宫格中物质的分类，判断烧杯中分层的物质分别属于哪一类。学生探究土壤分层如图 4-9 所示，实验记录单如图 4-10 所示。

图 4-9　学生进行探究实验

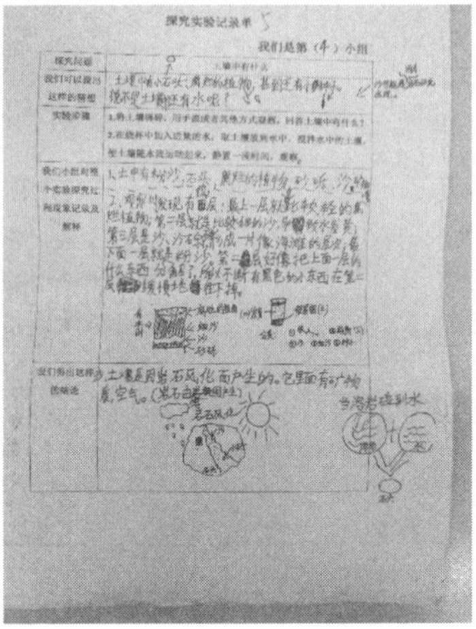

图 4-10　学生填写的实验记录单

（2）模拟风化实验

学生在土壤分层实验中了解到土壤由沙、小石子、黏土、腐殖质、水和空气等物质组成，在模拟风化实验中学生继续探究小石子和砂砾如何由岩石风化而来。探究过程如下：教师为学生准备三块硬度不同的石头，指导学生将这三块石头放入矿泉水瓶中使劲摇晃一定的时间后观察实验现象，学生发现部分石头会碎，变成沙子和小石子。

（3）网络查阅风化知识

教师鼓励学生利用网络资源验证自己的实验结果，指导学生利用搜索引擎进行关键字“土壤的成分”检索，并查看结果。教师接着询问：“同学们，土壤中的成分你们通过实验全部都观察到了吗?”学生根据自己的实验结果进行信息检索，大部分学生发现没有观察到土壤中的“矿物质”等，通过网络查阅进一步完成对土壤组成成分的补充，并填写到实验记录单上。

3. 汇报评价

学生经过土壤物质分类、土壤分层实验探究以及模拟风化实验等活动已经掌握了土壤的组成以及风化的概念和过程。本活动包括两个小组任务，教师要组织小组汇报实验结果及过程，并开展基于量规的多样化评价。

（1）小组汇报土壤组成及来源

该任务以小组的方式开展，学生汇报土壤组成及两个风化实验探究的过程及结果，并依据实验记录单和拍摄的视频及照片为实验结果提供支撑。

(2) 小组自我反思与评价、教师点评、同伴点评

学生在汇报前，要填写科学探究评价量规，对本小组的实验操作、观察记录以及结论与解释的科学性、规范性和准确性进行评估。每组学生汇报完成后，其他学生要对该小组的实验过程和记录提出质疑，并进行点评，教师也要对小组的汇报进行评价。

4.2　促进学生深度学习的第一轮研究设计

本研究在 EDR（教育设计研究）的研究范式下，开展了三轮的教学研究，每一轮均对智慧教室环境下基于 APT 教学的小学科学进行设计，在每轮研究中均开展“设计—实施—搜集数据—评价”等过程，在每一轮研究中均会通过评价提出改进意见，为下一轮设计循环提供借鉴和改进意见；并在每一轮研究中将智慧教室中基于 APT 的教学与传统科学教室中“讲授＋实验”的教学进行对比，进一步发展出智慧教室中基于 APT 的教学方法和技术应用以及教学策略和理论模型等。本研究的第一轮循环以“土壤中有什么”为例，设计智慧教室中基于 APT 的教学方法、策略，并通过对比验证其效果。

4.2.1　研究目的

本轮研究的目的是在 APT 教学模型的基础上发展出设计课堂教学评价、教学法和信息技术应用的策略，基于这些策略设计教学，在智慧教室环境中实施教学，并将智慧教室环境中基于 APT 的教学与传统科学教室中基于“讲授＋实验”的教学模式进行对比，分析哪种教学更有利于小学生科学课程中的深度学习，分别从深度学习的认知领域、能力领域和情感领域三个方面对学生的学习效果进行评价，为下一轮设计研究提供建议及支持。

4.2.2　研究对象

本次教学的对象是五年级的学生，与研究者合作的科学教师是一名经验丰富的骨干教师，笔者与该教师经过研讨选定了一个班级开展智慧教室中基于 APT 的教学，其他班级均开展传统科学教室中基于“讲授＋实验”的教学，选择另一个成绩相当的班级与开展智慧教室中基于 APT 教学的班级进行对比，选择的依据主要是上学期的期末考试成绩以及教师对两个班

级学习风格、课堂氛围等的了解，尽量选比较相似的两个班级，两个班级具体的情况如表 4-5 所示。

表 4-5　研究对象基本情况

教学实践方式	学生班级	人数	授课时间	教学内容
智慧教室中基于 APT 的教学	五年级（5）班	61	2014. 12. 08—2014. 12. 20	土壤中有什么
传统科学教室中的“讲授＋实验”教学	五年级（4）班	55	2014. 12. 08—2014. 12. 20	土壤中有什么

4. 2. 3　研究步骤

本轮研究由两个层次相当的班级进行对比，具体的过程如图 4-11 所示。

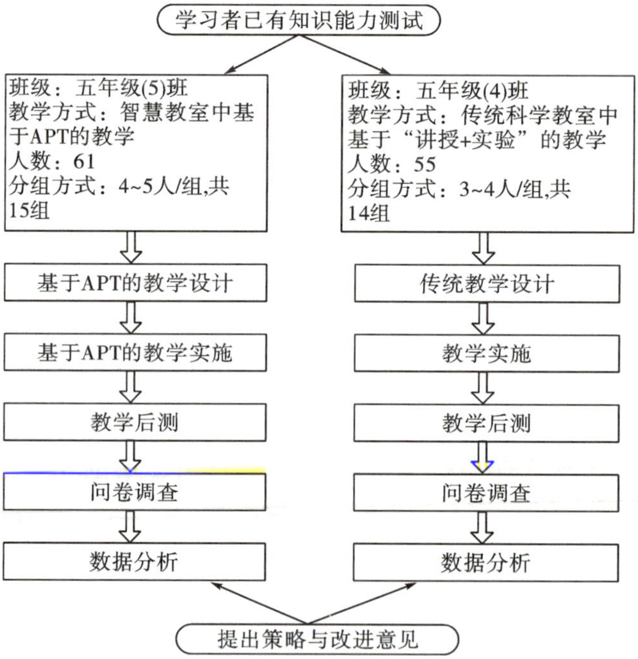

图 4-11　“土壤中有什么”教学研究步骤图

由图 4-11 可知，在实施教学之前，首先对两个班级的学生进行已有知识能力的测试，通过测试题检验两个班级学生的认知、能力及情感等领域的差异。若两个班级水平相当，则分别依据两个班级学生的风格、先验知识等进行教学设计，分别在智慧教室环境和传统科学教室中实施教学。教学完成后，分别对两个班级进行深度学习后测，包括认知状态、元认知能力、学习动机和认知负荷等。再进行数据搜集与分析，最后依据分析结果提出改进意见，为下一轮教学研究提供支持。传统科学教室环境下的教学活动组织方式如表 4-6 所示。

表 4-6　传统科学教室中基于“讲授+实验”的教学

目　标	教学活动
• 学生能说出风化的概念 • 学生知道外力的风化作用和生物的作用会使岩石最终变成土壤 • 学生能认识到土壤是混合物	学习活动 1：土壤物质分类 小组学习任务 1：土壤样本九宫格分类 小组学习任务 2：教师引导，对土壤分类进行修正
• 学生知道土壤包括岩石风化而成的大小不同颗粒（小石子、沙、黏土）、动物和植物的残留物，以及腐殖质、水和空气等 • 学生能够推测并根据模拟实验中的现象探索土壤的成分	学习活动 2：土壤组成实验协作探究 小组学习任务 1：土壤分层实验探究 小组学习任务 2：模拟风化实验 小组学习任务 3：教学总结与点评

4.3　深度学习数据搜集与分析方法

目前关于深度学习的研究中，普遍将深度学习作为一种过程和结果，本研究持学习结果说，将深度学习视作学生需要达到的学习层次与具备的高阶思维能力。对深度学习结果的评测应该是多个维度的，因此，本研究设计了深度学习评测的三维模型，包括认知领域、能力领域和情感领域。在设计研究的每一轮都将从这三个维度来搜集数据并对学生的深度学习结果进行评估。本轮设计研究中认知、能力和情感三个领域的数据搜集与分析方法如下所示。

4.3.1　学生认知领域学习状态评测

本研究对认知领域的评测主要是对学生的知识掌握程度和思维结构进行评测，基于布鲁姆的教学目标分类法来评测学生在知识掌握程度方面的情况，基于 SOLO 分类理论的学生可观察学习成果进行编码测量以了解学生的思维结构。

1. 基于布鲁姆教学目标分类法的学生知识掌握情况评测

学生知识掌握程度的检测与教师设置的教学目标息息相关，学生是否达到认知教学目标是评估知识掌握程度的重要标准。本研究在认知方面的教学目标主要包括：(1) 学生能用自己的话说出风化的概念，知道外力的风化作用和生物的作用会使岩石最终变成土壤；(2) 能认识到土壤是混合物，包含小石子、沙、黏土、动物和植物的残留物，以及腐殖质、水和空气等；(3) 掌握土壤中包含岩石风化而成的不同微粒，且微粒的大小不同；(4) 学生能够认识到土壤对人类的重要性，它为我们提供了丰富的资源；(5) 学生能够了解冷热变化、流水、植物对岩石的影响；(6) 学生能用口头语言和书面语言或者用流程图、图画表示岩石风化的过程；(7) 学生能根据土壤成分及作用的相关知识提出研究问题；(8) 学生尝试推测土壤的组成成分及作用并提出假设；(9) 学生能够根据假设设计土壤组成成分及作用的合理实验方案；(10) 学生能够根据研究问题、假设和实验方案对实验现象进行预测。根据本轮设计研究的教学目标，笔者邀请本次执教者与另一名具有10年以上小学科学教学经验的老师共同设计前、后测试题目，因此该题目具有较好的效度，将每一个题目与教学目标一一对应，如表4-7所示。

表4-7 教学目标与前、后测试题

序号	学习目标	布鲁姆分类等级						前测	后测
		识记	理解	应用	分析	评价	创造	题号	题号
(1)	学生能用自己的话说出风化的概念，知道外力的风化作用和生物的作用会使岩石最终变成土壤		√	√				1-1	1-3
(2)	能认识到土壤是混合物，包含小石子、沙、黏土、动物和植物的残留物，以及腐殖质、水和空气等	√	√	√				1-3、2-1	2-1、2-2
(3)	掌握土壤中包含岩石风化而成的不同微粒，且微粒的大小不同		√	√				1-4、2-2	2-3
(4)	学生能够认识到土壤对人类的重要性，它为我们提供了丰富的资源		√	√	√	√		3-1	1-1、3-1

续表

序号	学习目标	布鲁姆分类等级						前测	后测
		识记	理解	应用	分析	评价	创造	题号	题号
(5)	学生能够了解冷热变化、流水、植物对岩石的影响	√	√	√	√			1-2	1-4、1-2
(6)	学生能用口头语言和书面语言或者用流程图、图画表示岩石风化的过程		√	√	√	√	√	3-2	3-2
(7)	学生能根据土壤成分及作用的相关知识提出研究问题	√	√	√	√	√	√	4-1	4-1
(8)	学生尝试推测土壤的组成成分及作用并提出假设		√	√	√	√		4-2	4-2
(9)	学生能够根据假设设计土壤组成及作用的合理实验方案		√	√	√	√	√	4-3	4-3
(10)	学生能够根据研究问题、假设和实验方案对实验现象进行预测		√	√	√	√		4-4	4-4

由表4-7可知，本研究中关于土壤、风化的知识主要以识记、理解、应用和分析为主，但对于风化的过程则需达到创造的等级。在学生的探究方面，要求学生能够根据相关知识提出研究问题、假设、设计研究方案并对实验现象进行预测，需要达到比较高阶的目标如分析、评价和创造等。根据教学目标和相关教师的研讨，本研究开发了“土壤中有什么”前、后测试题初稿，再计算题目的难度、区分度进一步对题目进行评价。

试题的难度是指该题目的难易程度，难度越大，学生在该题目上的得分率越低，反之则越高。试题的客观题与主观题的难度系数公式不同，具体如下。

客观题难度系数公式：$P=K/N$，其中，K 表示答对该题目学生的人数，N 表示所有参与测试的人数。

主观题难度系数公式：$P=X/M$，其中，X 为所有学生在该题目上的平均分，M 为该题目的总分。

整个试卷的难度系数为所有题目难度系数的平均值。一般来说，难度系数大于0.7的题目为比较容易的题目；难度系数小于0.4的题目为较难的题目；难度系数处于0.4和0.7之间的题目为中等难度的题目。

区分度是指试题对于不同学生的分辨能力，是否能够区分出高分群体、低分群体。客观题、主观题的区分度计算公式分别如下所示。

客观题：$D=PH-PL$，其中，PH 为该题目针对高分组学生的难度值，PL 为该题目针对低分组学生的难度值。

主观题：$D=(XH-XL)/N(H-L)$，其中，XH 表示高分组学生在该题目上的总得分，XL 为低分组学生在该题目上的总得分，N 为参与测试的总人数，H 为所有学生在该题目上的最高得分，L 为最低得分。

一般来说，区分度的值在 0.4 以上表示题目的区分度非常好；区分度的值在 0.3 到 0.39 之间表示题目的区分度较好；区分度的值在 0.2 到 0.29 之间表示题目的区分度较差，需修改。如区分度的值小于或等于 0.19，则表示该题目应该被删除。本研究中的前、后测试题的难度与区分度系数如表 4-8 所示。

表 4-8 “土壤中有什么”前、后测题目难度和区分度表

前测试题序号	难度系数	区分度	后测试题序号	难度系数	区分度
1-1	0.88	0.40	1-1	0.84	0.38
1-2	0.88	0.40	1-2	0.86	0.49
1-3	0.86	0.37	1-3	0.85	0.34
1-4	0.88	0.42	1-4	0.86	0.36
选择题	0.88	0.40	选择题	0.85	0.39
2-1	0.38	0.34	2-1	0.47	0.36
2-2	0.50	0.38	2-2	0.59	0.39
			2-3	0.56	0.51
填空题	0.44	0.36	填空题	0.54	0.42
3-1	0.54	0.45	3-1	0.68	0.38
3-2	0.69	0.46	3-2	0.56	0.53
简答题	0.62	0.46	简答题	0.62	0.41
4-1	0.13	0.31	4-1	0.19	0.35
试题总难度	0.64	0.38	试题总难度	0.55	0.39

由表 4-8 可知，本研究中选择题目的难度系数均高于 0.8，被认定为简单题目；除前测中的题目 2-1 之外，其余填空题的难度系数在 0.4 到 0.7 之间，被认定为中等题目，其中题目 2-1 为较难的题目；简答题的难度系数均在 0.4 到 0.7 之间，为中等题目；探究题的难度系数分别为 0.13 和 0.19，被认定为非常难的题目。经过以上分析发现前、后测试题的难易程

度分布比较合理。从表 4-8 中可以发现，所有题目的区分度均高于 0.3，部分题目的区分度高于 0.4，能比较好地分辨出学生的学习能力。即本研究中所有前、后测试题的区分度平均值分别为 0.38 和 0.39，区分度比较好，能够较好地区分出学生的能力水平。

2. 基于 SOLO 分类理论的学生思维结构评测

SOLO 分类理论是对学生表现出来的可观察学习成果进行分析。本轮教学中，学生在探究“土壤中有什么”的实验过程中，需要填写探究实验记录单，实验记录单中详细记录了学生的实验猜想、实验过程中的现象及解释、实验结论，实验现象的记录、解释以及实验结论能够体现出学生在探究过程中的思维结构。

依据本研究中所采用的学生思维结构评价量规（如表 3-18 所示），笔者组织两名研究者对学生的实验记录单进行量化编码，经过培训及预编码的过程，两名研究者的编码信度卡帕（Kappa）系数为 0.785，表明量化编码具有较好的一致性。本研究借鉴伯内特等修改后的评价量规，将学生的思维结构等级划分为 8 类。

如某小组的实验记录单撰写如下：

实验探究过程现象记录及解释。

现象：1. 沙子沉下去，树的组织浮上来。

解释：树的组织中带有纤维，沙子重一些。

2. 顶部的水变透明了。

解释：因为沙子沉下去了，而树皮等则浮在上面，不在范围内。

3. 底部、中部的水变浑浊了，因为粉沙在那里漂。

结论：土中有纤维——来自树皮、树根、腐殖质等。

分析该小组的实验记录现象和结论发现，该小组能够依据研究问题提出多个观点，将观点与概念相关联，并将探究的过程迁移到新的实验中，将其编码为 7。如另一小组的记录单如下：

现象：最底层是小石头，中间是树皮，最上层是枯叶和细沙。

由于该小组仅能够提出与题目相关的要点，但并没有尝试进行解释，因此记录为 3。

另一编码为 7 的小组记录单编写如下：

猜想：土壤中有小石头、腐烂的植物，甚至还有小种子，说不定土壤中还有其他东西呢。沙可能是因为岩石风化而出现。

现象：1. 图中有粉沙、石头、腐烂的植物、砂砾、沙和矿物质。

2. 观察时发现有四层，最上一层就是比较轻的腐烂植物；第二层就是比较细的沙，导致水发黄；第三层是沙、砂砾、石头，形成一片像海滩的层次；最下边一层就是粉沙。第二层好像把上面一层的什么东西分解掉了，所以不断有黑色的小东西在第二层缓慢地往下掉。

结论：沙、土壤是因岩石风化而产生的。它里面有矿物质、空气（岩石由熔岩凝固产生）。

该小组在解释与结论部分配以图片进行解释。依据该小组的实验记录单，标记为 7。该小组的实验现象和结论解释图如图 4-12 所示。

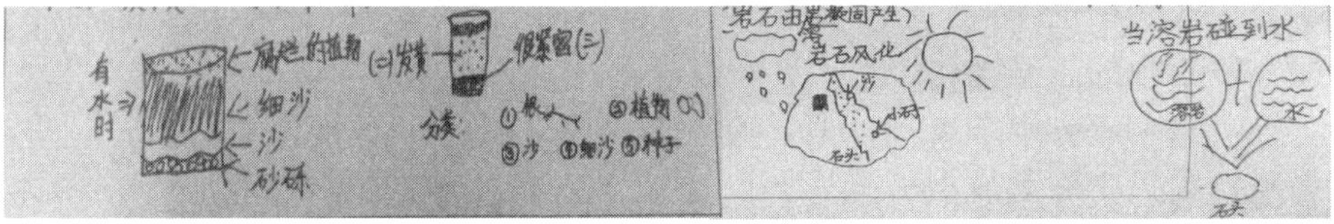

图 4-12 实验现象和结论解释图

4.3.2 学生能力领域学习状态评测

本轮教学中对学生能力领域的评测主要包括探究能力和元认知能力，具体评测的方式如下。

1. 探究能力

依据探究能力评价量规中提出的对学生探究过程的评价准则，本研究拟从学生的实验操作、观察记录与得出结论和解释三个方面对学生的探究能力进行评价。在教学过程中，研究者会实时跟踪每一个小组的探究，并填写专家观察量表。本研究依据学生自评表、实验记录单和专家观察量表对学生探究能力进行分析。

2. 元认知能力

元认知是由斯坦福大学的弗拉维尔（Flavell）于 20 世纪 70 年代提出的，元认知是对认知的认知，具体地说，是关于个人认知过程的知识和调节这些过程的能力：对思维和学习活动的知识和控制①。斯珀林提出元认知能力是指反思、理解和控制学习的能力②。对于元认知能力的评测，多位研

---

① FLAVELL J H. Metacognitive and cognitive monitoring: a new era of psychological inquiry [J]. American psychologist, 1979 (10): 906-911.

② SCHRAW G, DENNISON R S. Assessing metacognitive awareness [J]. Contemporary educational psychology, 1994 (4): 460-475.

究者设计了评价方式及量规。斯珀林等人针对不同学段的学生开发了相应的评价量规，针对中小学生，分别研发了3～5年级、6～9年级的元认知能力问卷，以及教师对学生元认知能力的判断问卷①。问卷共包含认知知识和认知调节两个维度，其中，认知知识包括陈述性知识、过程性知识和条件性知识；认知调节包括信息管理、自我监控评价、计划。本研究结合研究内容对该问卷进行本土化改编，如第二题“I can make myself learn when I need to.”被改编为“在本节课上，我能够在有需要的时候，主动地去学习土壤相关知识”，将问题与学科内容建立联系，更加有利于学生对题目的理解。在预测中计算该问卷的信度系数为0.753，表明该问卷具有比较好的信度，在认知知识和认知调节上的信度系数分别为0.803、0.775。元认知能力题目与认知维度分类的对应关系如表4-9所示。

表4-9　元认知能力题目与认知维度分类的对应关系

一级维度	二级维度	题号	数量	一级维度	二级维度	题号	数量
认知知识	陈述性知识	1、4、12	3	认知调节	信息管理	6、11	2
	过程性知识	3	1		自我监控	8、10	2
	条件性知识	2、5	2		评价	7	1
					计划	9	1

4.3.3　学生情感领域学习状态评测

学生的情感领域评测主要是对学生的学习动机与认知负荷的评测，并通过基于问卷的学生自我报告的方式评测学习动机。彼格斯研发了评价学生深度学习的问卷，主要包含浅层动机、深层动机、成就动机，以及浅层策略、深层策略、成就策略6个维度。彼格斯于2001年对该问卷进行了修改，进一步划分为深层动机、深层学习策略、浅层学习动机和浅层学习策略4个维度，共20个题目，本研究选择其中的深层动机和浅层动机中的题目，组成深度学习动机问卷②。在SPSS中计算得到克朗巴哈系数为0.824，表明该问卷具

① SPERLING R A, HOWARD B C, MILLER L A, et al. Measures of children's knowledge and regulation of cognition [J]. Contemporary educational psychology, 2002 (1): 51-79.

② BIGGS J, KEMBER D, LEUNG D Y P. The revised two-factor study process questionnaire: R-SPQ-2F [J]. British journal of educational psychology, 2001 (1): 133-149.

有较好的信度。问卷各个题目所属的维度如表 4-10 所示。

表 4-10 深度学习动机问卷题目及维度的对应

维度	题号	数量	信度	维度	题号	数量	信度
浅层动机	13、14、15、16、17	5	0.631	深层动机	18、19、20、21、22	5	0.711

认知负荷的评测则根据斯威勒提出的认知负荷理论①，包括心理负荷和心理努力两个维度，设计了两个题目。题目采用里克特 9 级量表的形式进行评分，其中“1”表示学生在学习活动中的心理负荷和心理努力程度较低，而“9”表示学生在学习活动中的心理负荷和心理努力程度较高。通过对预测问卷的信度计算，情感领域问卷的信度为 0.809，表明整个情感领域的问卷具有良好的信度。

4.3.4 数据分析方法

1. 认知领域数据分析方法

为了探究学生在智慧教室中基于 APT 教学环境下的教学与传统科学教室中“讲授+实验”的教学方式对学生认知的影响，本研究拟对学生在测试中的得分进行对比分析，对学生在实验记录单中的思维结构进行分析，分析的方法如下。

（1）基于布鲁姆的学生测试得分对比分析。运用独立样本 t 检验分析学生在两种环境下的前、后测学习成绩是否存在差异。

（2）学生深度学习与浅层学习对比分析。运用独立样本 t 检验分析学生在两种环境下的深度学习与浅层学习成绩是否存在差异。

（3）学生个体学习成绩变化分析。运用配对样本 t 检验分析学生在两种环境下的学习成绩变化。

（4）基于 SOLO 分类理论的学生记录单分析。运用基本描述分析对学生在实验记录单中的思维结构进行分析。

2. 能力领域数据分析方法

为了探究学生在智慧教室中基于 APT 教学环境下的教学与传统科学教室中“讲授+实验”的教学方式对学生能力领域的影响，本研究拟对学生元认知能力、探究能力进行对比分析，分析的方法如下。

---

① SWELLER J. Cognitive load during problem solving: effects on learning [J]. Cognitive science, 1988 (2): 257-285.

（1）学生探究能力对比分析。运用独立样本 t 检验探究两种学习环境下的学生协作学习能力的不同。

（2）学生元认知能力对比分析。运用独立样本 t 检验探究两种学习环境下的学生元认知能力的不同。

3. 情感领域数据分析方法

为了探究学生在智慧教室中基于 APT 教学环境下的教学与传统科学教室中“讲授＋实验”的教学方式对学生情感领域的影响，本研究拟对学生的学习动机和认知负荷进行对比分析，分析的方法如下。

（1）学生学习动机对比分析。运用独立样本 t 检验探究两种学习环境下前、后测中学生学习动机是否存在显著差异。

（2）学生学习动机与测试得分关系分析。运用协方差分析探究高、中、低学习动机的学生与测试得分的关系。

（3）学生学习动机与元认知能力关系分析。运用方差分析探究高、中、低学习动机的学生与元认知能力的关系。

（4）学生认知负荷分析。运用独立样本 t 检验探究两种学习环境下学生认知负荷的不同。

（5）学生认知负荷与测试成绩关系分析。在对研究数据进行可视化分析的基础上，探究心理负荷与心理努力对成绩的影响。

4.4　基于量规的自我评价式教学对学生深度学习影响的研究

本轮教学选择“土壤中有什么”课题开展智慧教室中基于 APT 的教学，前期进行了详细教学设计及研究设计等过程，本节将对搜集的数据进行分析，具体结果如下所示。

4.4.1　学生认知领域结果分析

本轮教学的认知领域教学目标包括学生掌握土壤的相关知识以及探究中的思维结构，因此，学生认知领域主要评估学生的前、后测成绩和实验探究记录单。

1. 基于布鲁姆的知识掌握程度分析

本轮研究在教学前后对学生的知识掌握进行前测和后测，通过搜集数据得到了多种类型过程性数据和总结性数据，此后将于 SPSS 中对数据进行分析及解释，具体如下。

（1）智慧教室中基于 APT 的教学能够显著提升学生的知识掌握程度

学生前、后测试回收率比较高，均高于 90%，将数据进行缺失值与异常值处理后，在 SPSS 18.0 中对学生的前、后测进行两独立样本 t 检验分析，结果如表 4-11 所示。

表 4-11　前、后测两独立样本 t 检验分析结果表

维度	组　别	*N*	*Mean*	*S. D.*	*t*	*d*
前测成绩	智慧教室中基于 APT 的教学	56	46.02	15.46	0.24	—
	传统科学教室中基于“讲授＋实验”的教学	58	46.70	15.24		
后测成绩	智慧教室中基于 APT 的教学	61	54.00	18.31	2.09**	0.39
	传统科学教室中基于“讲授＋实验”的教学	56	47.30	16.11		

注：* 表示 $p<0.05$，** 表示 $p<0.01$，*** 表示 $p<0.001$。

由表 4-11 可知，在前测成绩方面，智慧教室中基于 APT 教学环境下学生成绩平均值为 46.02，标准差为 15.46；传统科学教室中基于“讲授＋实验”的教学环境下学生成绩均值为 46.70，标准差为 15.24；且概率 p 值高于 0.05，表明两种环境下的学生的前测成绩并不存在显著差异，即两个班级学生在教学前掌握土壤相关知识的水平基本相当。从后测成绩分析可发现，两种环境下的成绩平均值、标准差分别为 54.00、47.30 和 18.31、16.11，独立样本 t 检验的 p 值小于 0.01，表明两者后测成绩存在显著差异，且智慧教室中基于 APT 教学环境下的教学效果更优。

本研究进一步对两种环境下每一位学生学习成绩的提升程度进行分析，在 SPSS 中对数据进行两配对样本 t 检验分析，结果如表 4-12 所示。

表 4-12　前、后测两配对样本 t 检验分析结果表

	学生前测学习成绩		学生后测学习成绩		*N*	*t*	*d*
	Mean	*S. D.*	*Mean*	*S. D.*			
智慧教室中基于 APT 的教学	46.04	15.46	53.34	17.77	43	2.89**	2.96
传统科学教室中基于“讲授＋实验”的教学	46.70	15.24	47.30	16.10	47	0.20	—

注：* 表示 $p<0.05$，** 表示 $p<0.01$，*** 表示 $p<0.001$。

如表 4-12 所示，在智慧教室中基于 APT 教学环境下学生的前、后测成绩两独立样本 t 检验 p 值小于 0.01，存在显著差异，且效应量 d 值为 2.96，即这种教学方法能够显著提升学生的认知成绩。而在传统科学教室中基于“讲授＋实验”的教学环境下，前、后测的成绩并不存在显著差异。以上分析表明，智慧教室中基于 APT 的教学能够更加显著地提升学生在认知方面的知识掌握程度。

（2）智慧教室中基于 APT 的教学对学生认知领域的深度学习更加有效

前、后测试题目与教学目标一一对应，依据布鲁姆教学目标分类法，可将识记、理解和应用划分为浅层学习，将分析、评价和创造划分为深度学习。在设计前、后测题目时，笔者尽量将题目分配均衡，覆盖浅层学习和深度学习的各个目标等级，选择题和填空题主要检测学生在浅层学习层面知识的掌握情况，而简答题和探究题则重在检测学生的深度学习情况。分别计算前、后测中浅层学习和深度学习的总分（各个题目相加后的得分），在 SPSS 中进行两种环境下深度学习和浅层学习的两独立样本 t 检验。通过分析可知，在前测中，两种环境下的浅层学习平均值分别为 28.28 和 26.09，且两者之间存在显著差异，即智慧教室中基于 APT 教学环境下远高于传统科学教室中基于“讲授＋实验”的教学；而深度学习的平均值则并不存在显著差异。后测中的深度学习和浅层学习两独立样本 t 检验结果如表 4-13 所示。

表 4-13 深度学习、浅层学习后测两独立样本 t 检验结果

维度	组 别	*N*	*Mean*	*S. D.*	*t*	*d*
深度后测	智慧教室中基于 APT 的教学	60	27.57	15.39	2.36*	0.44
	传统科学教室中基于“讲授＋实验”的教学	56	21.11	14.02		
浅层后测	智慧教室中基于 APT 的教学	61	26.56	6.20	0.31	—
	传统科学教室中基于“讲授＋实验”的教学	56	26.20	6.39		

注：* 表示 $p<0.05$，** 表示 $p<0.01$，*** 表示 $p<0.001$。

由表 4-13 可知，在后测的浅层学习中，两种环境下的学生成绩分别为 26.56 和 26.20，标准差分别为 6.20 和 6.39，两者之间并不存在显著差异。但两种环境下的学生深度学习成绩分别为 27.57、21.11，标准差分别为 15.39、14.02，对应的双尾概率 p 值小于 0.05，表明智慧教室中基于 APT 的教学方式对学生的深度学习更有效，效应量 d 值为 0.44，表明该检验具有比较好的效应。

2. 基于 SOLO 分类理论的学生思维结构分析

研究结论：智慧教室中基于 APT 教学环境下的学生思维结构优于传统科学教室中基于“讲授＋实验”的教学。

学生在学习过程中以小组为单位记录了实验假设、现象和结论，基于 SOLO 分类理论对各个小组的实验记录单进行编码，并对比两个班级学生的思维结构。由于样本量小于 30，因此在 SPSS 中进行两独立样本非参数检验中的曼-惠特尼 U 检验，分析两种环境下的秩统计量。结果如表 4-14 所示。

表 4-14　曼-惠特尼 U 检验分析结果

维度	组　别	N	*Mean Rank*	*Sum of Rank*	Z
思维结构	智慧教室中基于 APT 的教学	12	15.67	188	2.22*
	传统科学教室中基于“讲授＋实验”的教学	12	9.33	112	

注：* 表示 $p<0.05$，** 表示 $p<0.01$，*** 表示 $p<0.001$。

由表 4-14 可知，智慧教室中基于 APT 教学环境下的学生思维结构秩均值与秩和分别为 15.67、188，而传统科学教室中基于“讲授＋实验”教学环境下的秩均值与秩和分别为 9.33 和 112，通过曼-惠特尼 U 检验分析发现两者之间存在显著差异，由于智慧教室中基于 APT 教学为学生提供了比较详细的量规，使得学生在填写记录单的过程中有据可依。将两种环境下学生的思维结构进行数据可视化呈现，结果如图 4-13 所示。

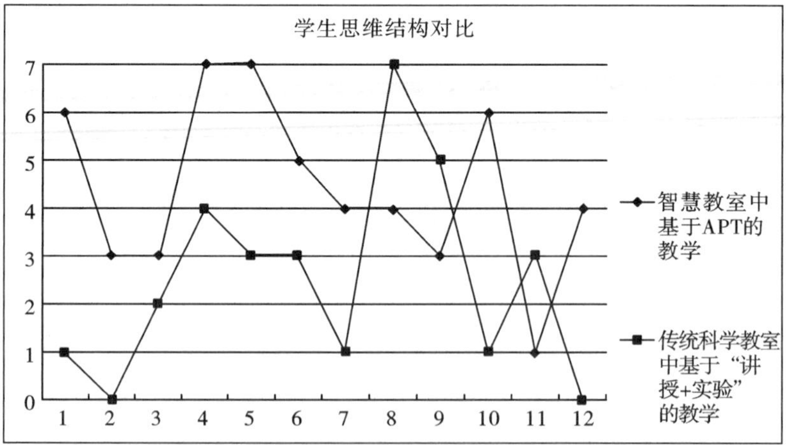

图 4-13　两种环境下的学生思维结构图

4.4.2　学生能力领域结果分析

本轮教学中重在关注学生的探究过程及学生的自评对其能力的影响，因此主要评测学生的探究能力和元认知能力。

1. 基于课堂观察的探究能力分析

研究结论：基于量规的教学评价方式有利于学生探究能力中的观察记录。

在课堂教学过程中，共有6名研究者（笔者除外）对小组的实验探究过程进行探究，每位研究者负责观察两个小组。由表4-2所示的观察量表可知，研究者主要对学生的实验操作、观察记录和得出结论三个维度进行观察，共包含8个指标。分别计算三个维度及探究能力的总分，在SPSS中通过曼-惠特尼U检验对两种环境下的探究能力、实验操作、观察记录和得出结论的情况进行比较分析，结果如表4-15所示。

表4-15　探究能力曼-惠特尼U检验结果

维度	组　别	*N*	*Mean Rank*	*Sum of Rank*	*Z*
探究能力	智慧教室中基于APT的教学	12	15.79	189.50	2.29*
	传统科学教室中基于"讲授＋实验"的教学	12	9.21	110.50	
实验操作	智慧教室中基于APT的教学	12	12.88	154.50	0.28
	传统科学教室中基于"讲授＋实验"的教学	12	12.13	145.50	
观察记录	智慧教室中基于APT的教学	12	16.29	195.50	2.67**
	传统科学教室中基于"讲授＋实验"的教学	12	8.71	104.50	
得出结论	智慧教室中基于APT的教学	12	14.96	179.50	1.78
	传统科学教室中基于"讲授＋实验"的教学	12	10.04	120.50	

注：* 表示 $p<0.05$，** 表示 $p<0.01$，*** 表示 $p<0.001$。

由表4-15可知，两种环境下的探究能力总分和观察记录存在显著差异，且智慧教室中基于APT教学的环境下秩均值与秩和均高于传统教学环境。在实验操作和得出结论两个维度上，智慧教室中基于APT教学的环境也高于传统教学环境，但并不存在显著差异。由于智慧教室中基于APT教学的环境下为学生提供了详细的探究实验评价量表，如对学生的实验操作的实验注意事项和步骤顺序进行提醒，在观察记录中对学生的观察方式和顺序等提出要求，在结论解释方面也为结论的提出和解释提供了详细支架，因此该班级学生的探究能力优于另一个班级。在传统教学班级里出现了实验器材使用错误、实验顺序不合理、现象记录比较简单以及结论解释比较片面等问题，在智慧教室班级里这些问题出现得相对较少，问题主要集中在对结论的解释不够全面和具体这方面。

2. 学生元认知能力分析

研究结论：两种环境下的学生元认知能力并不存在显著差异。

学生元认知能力的评测主要通过基于问卷的自我报告，在SPSS中对学生元认知能力的后测进行两独立样本t检验分析，结果如表4-16所示。

表4-16 元认知能力后测两独立样本t检验

维度	组　别	*N*	*Mean*	*S. D.*	*t*	*d*
后测元认知	智慧教室中基于APT的教学	56	4.15	0.70	0.59	—
	传统科学教室中基于“讲授+实验”的教学	49	4.04	1.04		

通过两独立样本t检验分析可知，学生的元认知能力前测两独立样本t检验结果并不存在显著差异，在后测两独立样本t检验中，两者也并不存在显著差异，但智慧教室中基于APT教学的环境下略高于传统教学环境下。笔者进一步对元认知能力包括的12个题目进行两独立样本t检验分析，发现在问题“在本节课上，我能够在有需要的时候，主动地去学习土壤相关知识”这一题目上，两种教学环境下结果存在显著差异，且智慧教室中基于APT教学的环境下的平均值为4.36，而另一种教学方式下为3.96。其原因可能是APT教学方式能够为学生提供多种支架，以任务或项目为驱动，教师作为教练和引导者，更有利于学生主动性的培养。

4.4.3 学生情感领域结果分析

本轮教学中的情感领域主要对学生的浅层学习和深度学习的动机，以及认知负荷进行评测，对搜集数据进行遴选整理后，在SPSS中分析比较两种环境下学生学习动机的差异。

1. 学习动机分析

学习动机的评测主要采用基于里克特5级量表形式的问卷，以学生自我报告的方式开展，在SPSS中对数据进行分析。

（1）学习动机不存在显著差异

在SPSS中对学习动机的前、后测进行两独立样本t检验分析，对比两种环境下是否存在差异，后测结果如表4-17所示。

表 4-17 学习动机后测两独立样本 t 检验

维度	组 别	*N*	*Mean*	*S. D.*	*t*	*d*
后测动机	智慧教室中基于 APT 的教学	55	4.12	0.52	0.59	0.01
	传统科学教室中基于“讲授＋实验”的教学	44	4.12	1.24		

通过分析可知，两个班级学生前测的学习动机并不存在显著差异，经过两种教学方式后，学习动机后测也并不存在显著差异，但平均值都高于 4，属于比较高的水平。笔者通过回顾整个教学设计和实施过程，分析其中原因主要有两点：第一，本次教学的时间比较短，只有 3 个课时，而学生的情感是需要长期培养的，短时间内无法产生立竿见影的效果；第二，本研究选取的学校处于市内比较顶尖的水平，学生的素质比较高，对科学课的兴趣比较大，本次智慧教室中基于 APT 教学的设计比较保守，大部分时间由教师掌控课堂，所以并未对学生的学习动机产生显著的影响。但是在基于 APT 教学方式下，学生动机的标准差比较小，即在这种环境下学生之间的差异更小，动机得分比较集中，说明部分学习动机较欠缺的学生的学习动机得到了提升。

（2）学习动机对学生的元认知能力产生了显著影响，且学习动机越高，元认知能力越高

学习动机是引发学生学习行为和能力变化的重要因素，为探究学习动机的高低对学生学习成绩和元认知能力的影响，研究将学习动机总分平均值划分为高、中、低三个组，将学习成绩和元认知能力前测得分平均值作为协变量，并在 SPSS 中通过协方差分析探究学习动机对学习成绩和元认知能力的影响，元认知能力协方差分析结果如表 4-18、表 4-19 所示。

表 4-18 学习动机与学生元认知协方差分析主体间效应检验

来源	教学方式	Typee Ⅲ 的平均和	df	*MS*	*F*	*P*
组间误差	智慧教室中基于 APT 的教学	0.178	1	0.18	0.45	0.51
		16.84	42	0.40		
	传统科学教室中基于“讲授＋实验”的教学	0.49	2	0.25	0.39	0.68
		31.41	49	0.64		

注：* 表示 $p<0.05$，** 表示 $p<0.01$，*** 表示 $p<0.001$。

通过协方差分析探究学习动机分组与学习成绩之间的关系发现，学习动机并未对学生的学习成绩产生显著影响。由表 4-13 可知，学习动机与元

认知能力前测的交互作用不显著，即自变量与协变量满足了斜率同质性假设的前提，进一步在SPSS中进行协方差分析，结果如表4-19所示。

表4-19 学习动机与学生元认知协方差分析表

来源	教学方式	Typee Ⅲ的平均和	df	*MS*	*F*	*P*	η_p^2
组间误差	智慧教室中基于APT的教学	6.02	2	3.01	7.55	0.002**	0.26
		17.55	44	0.40			
	传统科学教室中基于“讲授+实验”的教学	21.64	2	10.82	17.29	0.000***	0.40
		31.91	51	0.63			

注：* 表示 $p<0.05$，** 表示 $p<0.01$，*** 表示 $p<0.001$。

由表4-19可知，在两种教学环境下，学生的学习动机均对元认知能力产生了显著影响，且学习动机水平越高，则元认知能力水平也越高。

2. 认知负荷分析

研究结论：两种教学方式下学生的认知负荷并不存在显著差异。

认知负荷包含心理努力与心理负荷两个维度，心理努力是学生为完成任务所分配的精力、时间，与教学任务的设计和教学内容的组织方式有关；心理负荷与学习环境和学习任务的难度有关①。本研究采用Paas提出的问卷对学生认知负荷进行测量，共包含两个题目，待完成测量后，通过两独立样本t检验对两种不同环境下的心理努力和心理负荷进行比较，结果如表4-20所示。

表4-20 认知负荷两独立样本t检验分析结果

维度	组　别	*N*	*Mean*	*S. D.*	*t*	*d*
心理努力	智慧教室中基于APT的教学	50	7.06	1.96	1.15	—
	传统科学教室中基于“讲授+实验”的教学	42	6.55	2.30		
心理负荷	智慧教室中基于APT的教学	49	4.29	2.26	0.68	—
	传统科学教室中基于“讲授+实验”的教学	42	3.93	2.72		

由表4-20可知，虽然在APT教学方式下，学生的心理努力与心理负荷得分略高，但两种环境下的心理努力与心理负荷程度并未出现显著差异，

① PAAS F G W C, MERRIËNBOER J J G V. Instructional control of cognitive load in the training of complex cognitive tasks [J]. Educational psychology review, 1994 (4): 351-371.

即智慧教室中基于 APT 开展科学课程的教学并未增加学生的认知负荷。

4.4.4　学生深度学习整体状态分析

1. 在基于 APT 教学的环境下，学生处于高能力和中等、高认知区域

前文分别对学生在认知、能力和情感三个领域的表现进行分析，为进一步全面了解每位学生的学习状态，本研究绘制了基于认知、能力和情感三个领域得分的学生深度学习状态图，将学习动机及认知领域划分为低、中、高三个等级，并将每位学生的学习状态通过散点图的方式刻画表征，智慧教室中基于 APT 教学方式的学生深度学习状态如图 4-14 所示。

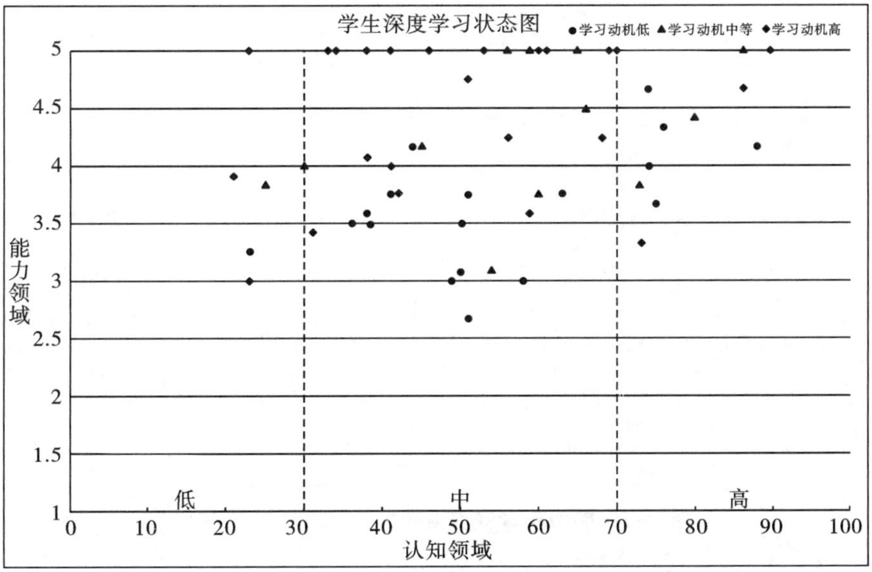

图 4-14　智慧教室中基于 APT 教学方式下学生深度学习状态图

由图 4-14 可知，在基于 APT 教学方式下，除一名低学习动机者外，其余学生的元认知能力均高于中间值 3，且大部分处于 3.5～5 的区域内，低动机者的元认知能力集中于 4 以下，而中等动机者和高动机者处于高元认知能力的区域。对于学习成绩来说，并未与学习动机形成固定的影响关系，但总体来说在这种环境下认知主要分布在认知领域的中等区和高分区。部分动机比较高的学生却落入了低分区，其原因可能是学习动机较高的学生对于探究操作以及信息化设备的应用更感兴趣，平板电脑和实验用具很容易吸引他们的注意力，导致他们对传统的纸笔测验持比较消极的态度。

2. 传统科学教学环境下，学生基本集中于高能力和中等认知的区域

笔者分别计算学生的元认知能力、学习动机的平均值，并以认知领域成绩、能力领域得分、动机分组来代表每位学生的深度学习情况，分别将两种环境下的学生深度学习情况绘制成散点图，用不同的色块代表不同学生的学习动机分组。将散点图划分为 6 个区域：①号区域代表高能力—低认知，②号区域代表高能力—中等认知，③号区域代表高能力—高认知，④号区域代表低能力—低认知，⑤号区域代表低能力—中等认知，⑥号区域代表低能力—高认知。具体情况如图 4-15 所示。

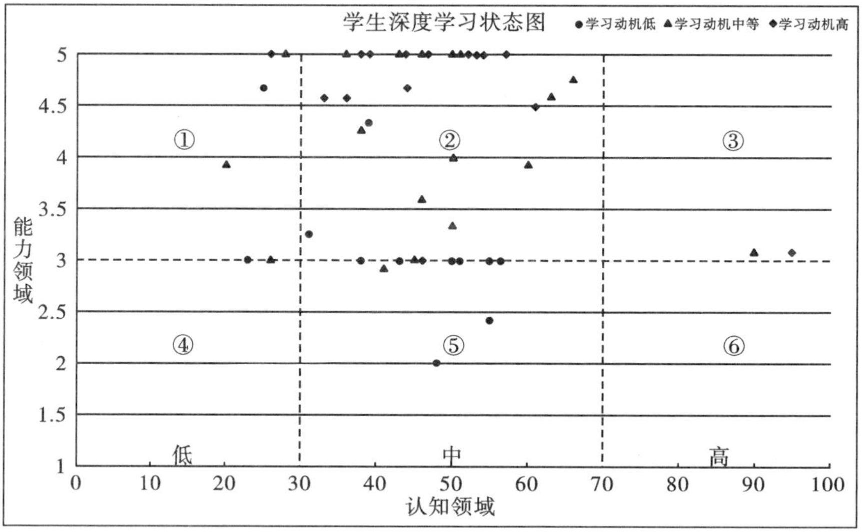

图 4-15　传统科学教学中的学生深度学习状态图

由图 4-15 可知，在传统的科学教学环境下，大部分学生都处于中等认知区域，仅有两 2 名学生处于高认知区域，但这 2 名学生的能力得分并不高。而大部分高动机的学生均处于高能力区，多数中等动机学生也处于高能力区，但数量相对高动机学生少，而多数低动机的学生的能力主要处于中间值 3 的周围，相对高动机和中等动机的学生来说较差。

4.5　教学设计与实践问题分析

本轮教学以“土壤中有什么”为例，在智慧教室环境下以 APT 模型为基础设计实施教学活动，并通过问卷调查、访谈、内容分析等研究方法对比这种教学模式与传统科学教学在认知领域、情感领域和能力领域的效果，

第一轮教学设计与实践主要存在以下问题。

1. 教学周期短，对学生部分能力与情感领域指标并未产生显著影响

本轮教学选择五年级上册“地球表面及其变化”单元中的“土壤中有什么”一节为主要内容，整合了第三节“岩石会改变模样吗”中的部分内容，组成一个比较短小的专题，共3个课时。但学生元认知能力与学习动机等情感领域的目标很难在短时间内得到提升，因此本研究中两个班级学生的部分能力领域和情感领域目标并不存在显著差异。

2. 评价设计单一，主要为学生自评，并未促进学生元认知能力的提升

通过数据分析，虽然两种环境下学生的元认知能力都比较高，均值分别达到了4.15和4.04（最大值为5），但并不存在显著差异。笔者回顾设计与教学实践过程，发现在评价设计中主要采用基于量规的学生自评，量规为学生的探究过程提供了支架，但本节课教师评价与同伴评价主要采用个别点评的方式，并不是所有的学生都参与，因此在智慧教室中基于APT教学的方式下学生的元认知能力并未得到显著提升。

3. 教学法设计不够开放，忽略了学生的自主学习过程

本次教学是以探究学习为核心，并综合运用PBL教学法、协作学习等方法，但在教学实践过程中，教师对学生的自主探究每一个步骤都做了详细的规定，并未给学生以充分的自主权。此外，教师在每一个实验前都用了较长时间来讲解知识，实验探究的假设与结论并不是完全由学生自主发现。

4. 技术没有最大化发挥作用，并未真正激发学生的学习动机

本轮教学中应用的软件主要包括照相机、录像机、QQ、Safari等，学生通过Safari来查询土壤组成成分中相关的拓展知识，在最后汇报与评价的活动中，学生将实验记录单拍摄上传到QQ群中，但技术在本节课中使用的时间比较少，学生的使用方式也受到了严格的控制，而且每组学生仅有一台平板电脑，使学生对技术产生了更强的好奇心，转移了学生在实验中的注意力，也并未真正激发学生的学习动机。

4.6　本章小结

本章内容选择“土壤中有什么”为主要教学内容，并将“岩石会改变模样吗”进行知识整合，形成一个教学小专题。本轮教学实践面对的是五年级学生，在对学生进行详细分析的基础上，详细设计评价、教学法和技

术应用。本次教学的评价是以基于量规的学生自评为主，并辅以课堂观察，为教师及学生提供学习的结果反馈；教学方法主要是以探究学习为核心，综合运用协作学习、PBL教学法；在技术应用方面，硬件设备主要有平板电脑、路由器、LED显示屏等，而应用软件包括照相机、录像机、QQ、Safari等。

通过前期的教学设计，开展了3个课时的小专题教学，本研究对开展APT教学的班级与采用以传统“讲授＋实验”为主开展科学教学的班级进行对比研究，探究该教学模式策略是否有助于提升学生在认知领域、能力领域和情感领域的能力，以促进学生的深度学习。通过数据分析发现，在认知领域，智慧教室中基于APT的教学能够显著提升学生的知识掌握程度；智慧教室中基于APT的教学对学生认知领域的深度学习更加有效；智慧教室中基于APT教学环境下的学生思维结构优于传统科学教室中基于“讲授＋实验”的教学。在能力领域主要有以下发现，基于量规的教学评价方式有利于学生探究能力中的观察记录，但两种教学环境下学生的元认知能力并不存在显著差异。在情感领域，两种教学环境下学生的学习动机不存在显著差异；学习动机对学生的元认知能力产生了显著影响，且学习动机越高，元认知能力越高；两种教学方式下学生的认知负荷并不存在显著差异。

通过以上设计与数据分析，在回顾设计、实施和数据分析的基础上，对本轮教学中的问题进行分析，为下一轮教学实践提供借鉴。

5　嵌入多元评价的移动学习促进小学生深度学习——第二轮APT教学设计研究

本研究设计了智慧教室中基于APT教学的设计研究，共包含三轮的设计、实践、数据分析和评估，在第一轮的“土壤中有什么”教学设计与实践中，笔者设计了以自我评价为主的评价方式和以探究学习为主的教学法，并以技术作为支撑。本轮教学将在第一轮教学设计、实践、数据搜集和分析以及评估的基础上进行第二轮教学实践，本轮教学选择“寻宝总动员”为课程内容，通过再次进行设计、实践、数据搜集和评估的方式检验智慧教室中基于APT教学的教学效果，并对其策略进行修正，以达到优化教学模型和策略的目的。

5.1　基于移动学习的教学再设计与实践

第一轮的教学实践课程“土壤中有什么”包含1节教学内容，并将“地球表面及其变化”单元中的其他知识与之进行整合，共3个课时，在智慧教室环境下开展教学，教学方式以小组协作实验探究为主。在第一轮教学后发现存在教学周期短、评价设计单一、教学法设计不够开放等问题。第二轮的教学实践以课程“寻宝总动员”为例，将在第一轮教学实践的基础上通过对教学内容、学生的再分析来设计教学活动，与传统的以知识讲授与实验探究为主的课堂教学比较，分析它们的优缺点，再次提出改进措施，并在第三轮课堂教学中进行实践。

5.1.1　APT教学设计原则的发展

通过第一轮的教学实践发现，评价方式的设计过于单一，如仅开展学生自评，并未真正促进学生元认知能力的提升；教学法设计不够开放，忽略了学生的自主学习过程；技术没有最大化发挥作用，并未真正激发学生的学习动机。基于以上问题，本章对APT的教学设计要素原则进行修正，提出了新的原则，具体如下。

原则1：A（评价：Assessment）——教学评价的多样性。

传统的课堂教学中由于时长的关系，主要采用教师评价的方式，或者较少课堂应用学生自评或同伴互评的教学方式，通常会选择其中一种教学评价方式。通过第一轮的教学实践发现，在以学生自评为主的单一教学评价并未真正地促进学生的元认知能力发展。另外，单一的评价方式无法全方位、准确地揭示学生的学习现状，如果能够综合运用教师评价、学生自评及同伴互评则能够更加准确客观地对学生进行评估，且以学生为评价主体的自评与同伴互评的方式能够促进学生的课堂投入度与学习积极性。因此，本研究提倡在教学中应该考虑评价的多样性，综合运用多种教学评价方式。

原则2：P（教学法：Pedagogy）——移动学习与学生探究的融合性。

教学环境是学生学习的场所，传统的中小学教学环境主要以固定的教室为主，部分学校为科学学科教学配置了专门的科学实验教室，全部的教学活动都在封闭教室内开展。但众所周知，很多科学课程与综合实践的教学活动更适宜在室外的场所开展，如在学习光的知识时，可以在室外观察并测量阳光下影子的变化，学生能够更加直观地看到实验现象，效果远优于在教室中开展模拟实验。因此，本研究提倡在科学教学中对教学环境加以拓展，由封闭的教室延伸到室外，让学生与大自然充分接触，以更直观的方式学习科学。

原则3：T（技术：Technology）——技术应用的丰富性。

本研究在第一轮教学中，由于学生接触智慧教室的时间比较短，且秉持着技术简单易用的原则，在教学中选用了QQ、微信来支持学生作品的展示分享；通过浏览器查询网络资源的方式支持学生的探究过程，为学生拓宽视野。技术的简单易用能够激发学生通过技术解决问题的动机，但技术的应用也应该具备一定的丰富性，在不同的教学活动或者环节下选择不同的技术手段。如通过学习管理平台支持学生的评价，通过iBooks来支持教学内容的呈现等。本研究建议教师在教学中根据相应的教学目标选择合适的技术手段，打破传统教学中仅仅使用PPT呈现教学内容的局限。

原则4：TA（技术支持的评价：Technological Assessment）——技术支持评价的全员参与性。

当前传统的教学评价的一个重要缺陷是无法全员参与，如教师评价也只能对部分学生进行评价，学生自评或同伴互评也仅仅能够聆听一部分学生的意见，这势必会影响部分学生参与评价的积极性。此外，反馈是评价的一个关键环节，目前的教学评价方式无法将评价的结果及时、全面地反馈给每一名学生，如学生在课堂上的小型纸质测试只能由老师在课后反馈。技术融入评价能够为反馈与全员参与提供条件，通过学习管理系统中的评价系统，或者问卷星、Plickers 等评价应用工具能够保证每一名学生都参与评价，并且多种学习管理系统都能够将评价结果及时反馈给教师与学生，以帮助教师在课堂上调整教学。因此本研究拟通过技术来支持课堂教学评价。

5.1.2　基于移动学习的教学实践修正

第一轮教学实践中，以“土壤中有什么”为例，对如何在智慧教室中开展基于 APT 模型的教学进行设计与实施，通过与传统科学教学的对比，分别从认知领域、能力领域和情感领域三个维度探究这两种教学环境的不同。在此基础上，笔者提出了在智慧教室中开展 APT 教学存在的问题、建议及上述教学设计原则，本轮教学将以单元专题教学“寻宝总动员”为例进行第二轮的设计实施，并依据第一轮中的问题对教学设计过程进行修正，主要做出的改进如表 5-1 所示。

表 5-1　第二轮教学改进表

改进项目	第一轮教学实践	第二轮教学实践
教学内容	以教科书教学内容计划为主	以校本课程教学内容为主
课时数	3	6
教学方式	以探究学习为主，辅以 PBL 教学法、协作学习	以 PBL 教学法、移动学习、探究学习和协作学习为主，并辅以教师讲解、演示法等
评价方式	以学生自评为主，辅以教师点评和个别同伴点评	以同伴评价、学生自评为主，辅以教师即时评价，并用技术来支持评价方式
技术应用	以 QQ、Safari 等软件为主，支持知识查阅和分享	运用指南针等学科教学软件，iTeach 学习管理系统，iBooks、白板等知识呈现软件，问卷星等软件支持教学评价
教学场所	智慧教室	智慧教室＋校园
课堂学习文化	教师主导学生的学习活动、移动终端的使用	教师引导学生开展课堂学习活动，移动终端的使用由学生主导

5.1.3 “寻宝总动员”教学前端分析

本轮教学选择“寻宝总动员”作为教学内容，在教学前要对学生、教学内容和教学目标进行再次分析，并在此基础上再次设计评价、教学法以及相应的软硬件技术，具体分析如下。

1. 学生分析

(1) 学生一般特征分析

本次教学活动所面对的学生为二年级的学生，我国教育部 2002 年颁布的《全日制义务教育科学（3～6 年级）课程标准（实验稿）》[①] 中，对小学 3～6 年级阶段的科学课程标准作出规定，并未涉及 1、2 年级小学生，因此当前我国大部分中小学的科学课程均从 3 年级起开始开设。科学课程的学习与其他课程相互渗透，影响学生其他课程的学习，为尽早培养学生的科学思维，笔者所在项目组的合作学校自 1 年级起就开设了科学课程，且在 1、2 年级采用学校的校本教材内容。2014 年我国教育部对小学科学课程标准进行了修订，该标准将开设科学课程的学段改为 1～6 年级，由此可见，科学课程应该面向包括 1、2 年级的低年级段在内的全体学生，延长学生科学学习的周期，充分考虑学生的认知特点、风格是科学课程设计的重要基础。

皮亚杰依据学生的认知特点，将认知发展划分为 4 个阶段：感觉运动阶段、前运算阶段、具体运算阶段和形式运算阶段。二年级的学生（7～8 岁）正处于具体运算阶段的初期，处于这个阶段的学生只能够从问题的一个相关方面开展思维活动，不能够对事物间相互联系的多个方面进行关联思考。

(2) 学生初始能力分析

本轮教学中的二年级学生，在经过一年的科学课程学习后，已经初步具备了科学探究的能力，在前期的教学中已有距离、单位的概念，能够运用基础工具测量距离。教师通过前期教学发现，学生对主动参与科学活动非常感兴趣，而且合理的活动设置也能够激发学生的探究兴趣。

通过以上对学生的分析可知，本研究在设计科学活动时应该尽量为学生提供平台，使每名学生都参与其中，且主要是以动手实践探究的互动方

---

① 中华人民共和国教育部. 全日制义务教育科学（3～6 年级）课程标准（实验稿）[M]. 北京：北京师范大学出版社，2002.

式来参与。

2．教学内容分析

“寻宝总动员”是研究人员与教师根据美国科学教材中“我们周围的秘密”这一单元进行改编的，这一单元的主要任务是通过确定方向、距离来确定物体的位置。确定方向的方法有根据太阳的位置、利用指南针定位以及依据自然界中其他特征进行辨别，如树木特征、蚂蚁洞穴、影子和星星等。新的科学课程标准中要求1～2年级学生在课程内容方面能够使用前后左右、东西南北等词语描述物体位置及方向，并知道测量距离的方法[①]。在合作、分享方面要求学生愿意倾听他人讲解、分享自己的观点，并能对问题作出简单假设、制订简单研究计划和讲述探究过程，以解决生活中的实际问题，能够对探究结果和过程进行反思评价等。基于新课程标准提出的要求，为弥补当前科学教学中对学生生存技能培养的不足，本研究设计了“寻宝总动员”的教学内容，主要知识点包括方向（东、西、南、北、东南、东北、西南和西北8个方向）及通过指南针定位的方式以及距离的测量方式，主要以任务驱动的方式开展，将知识的掌握和习得贯穿于学生完成任务的过程中。本次教学将持续3周的时间，共6个课时，每一课时均以任务和活动作为主线，将知识点融在任务中，通过知识点学习、制作迷宫图以及“校园寻宝”等活动使学生掌握定位方向与测量距离的方法。

3．教学目标分析

本研究在对学生、教学内容以及科学课程培养目标进行详细分析的基础上，设计第二轮教学活动的三维教学目标如下。

①知识与技能目标：学生能够知道方向在生活中的重要性（如能够帮助人们找到正确的位置）；学生能够根据指南针辨别东、南、西、北等8个基本方向；学生能够运用纸带来测量方向。

②过程与方法目标：学生通过对方向、距离的学习能够在“寻宝”过程中正确找到“宝藏”；学生能够根据平面图自己编写密码及路线；学生能够合理分配协作任务，保证协作学习活动的顺利开展；学生能够通过分析方向和距离的相关信息来找到“宝藏”，从而培养其信息处理的能力。

③情感态度与价值观目标：学生能够树立尊重事实、重视证据的科学态度；培养学生愿意与他人合作、乐于交流的学习态度；培养学生的团队

---

①　中华人民共和国教育部．全日制义务教育科学（1～6年级）课程标准（修订稿）[M]．北京：北京师范大学出版社，2014.

合作意识。

5.1.4 APT 教学再设计

通过对“寻宝总动员”所面对的学生、教学内容和教学目标的分析，以及在第一轮“土壤中有什么”所出现的问题和提出的改进策略，本研究将再次进行教学设计，分别对课堂教学评价、教学方法设计和信息技术的教学应用等进行设计。具体如下。

1. 多元课堂教学评价设计

教学评价是检测学生学习效果及对学习过程实施动态监控的重要手段，也是教师及时调整课堂教学活动和了解学生学习状况的依据。传统的教学评价多以总结性评价为主，但总结性评价无法全面了解学生的学习动态。在专题教学的过程中，教师要根据前一任务、活动的完成情况来对下一活动进行调整，因此本研究将设计多样化的评价方式，以同伴互评为主、学生自评及教师即时评价为辅，并将科学的量规作为评价依据。设计“寻宝总动员”活动的目的是在认知方面希望学生具备方向、距离的意识，掌握通过指南针辨别方向和利用纸带测量距离的方法，通过即时评价的方式测评学生的知识掌握情况，在能力方面希望学生具备协作能力和反思能力，采用同伴互评与自评的方式对学生协作探究“寻宝”的过程进行评价。同伴互评的方式使学生在评价他人的过程中也反思自身，被评价的同学也可以汲取同伴的意见，并作出回应，使学生在评价过程中深度思考、积极交流，具体如图 5-1 所示。

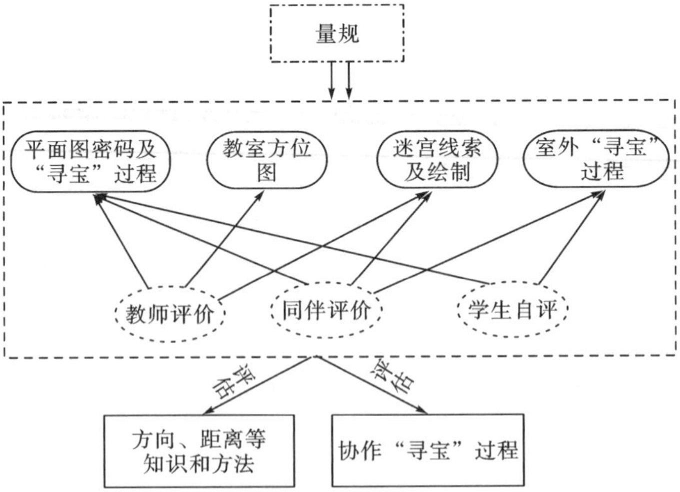

图 5-1 课堂教学评价设计

课堂教学评价的设计与教学目标是息息相关的，由表 5-2 可知，在本次教学实践中，主要目标是学生能够掌握方向判别和距离的测量方法，同时学生在“寻宝”过程中能够形成良好的协作互动关系，并且能够记录探究过程，通过寻找证据来支持结论。基于此，本研究设计了以同伴评价为主，并辅以教师即时评价和学生自评的多样化评价方式，培养学生的自我反思能力和批判性思维能力。教师通过即时评价来了解学生的知识掌握程度，同伴评价则对学生汇报的协作过程及结果进行打分及建议。在探究任务开始前，教师为学生提供了详细的评价量规，量规为学生的探究过程提供了支架，也给汇报评价的环节提供了依据，量规具体如表 5-2 所示。

表 5-2　第二轮教学实践评价量规

维度	指　标	等级		

协作探究过程	小组任务分工合理			
	成员能够合理接受别人的建议			
	成员能够各司其职，完成自己的任务			
	小组完成任务的过程是否顺利			
	对方向及距离的理解正确			
	能够正确使用“指南针”及纸带			
	能够记录相关证据来支持“寻宝”的过程			
汇报过程	汇报语言流利			
	协作过程的汇报有理有据			
	小组汇报仪态大方			
	小组成员能够互相补充支持			

注：其中表示 8～10 分；表示 5～7 分；表示 2～4 分。

学生在完成方向的学习后，教师通过即时测试的方式来了解学生对方向概念的掌握程度，要求学生运用准确的位置表述方式画出并提交教室方位图，教师可以即时看到每个同学提交的图片，并作出点评，如图 5-2 所示为学生绘制的方位图。

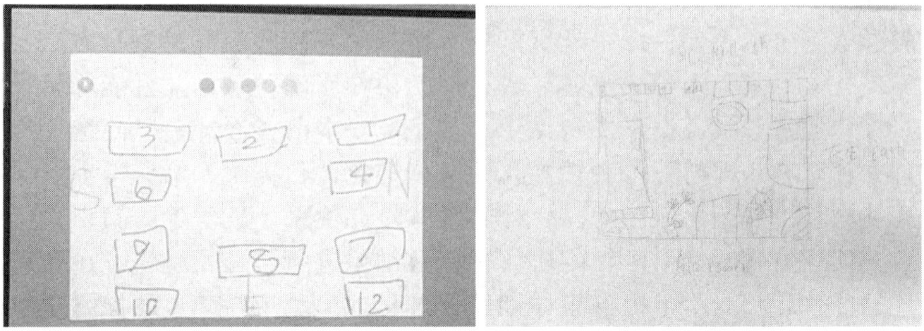

图 5-2　学生绘制的教室方位图

2. 移动学习教学方法设计

通过教学内容及目标分析可知，序列课程“寻宝总动员”关于距离、方向的知识性内容比较简单，学生在课程中的探究体验是本次教学所关注的重点。由前文可知，本研究在 APT 教学模型的基础上提出了基于协作探究的专题教学策略，教学方法也在此基础上进行了设计，主要是以移动学习和探究学习的教学法为主，如图 5-3 所示。

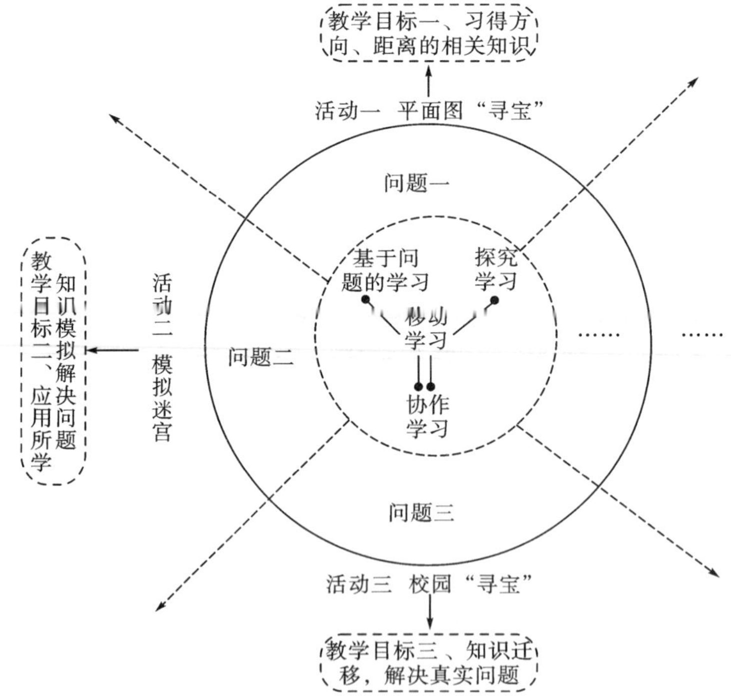

图 5-3　教学方法设计

由图 5-3 可知，在本次教学中采用以移动学习、探究学习和协作学习为主的教学方法，每次课程均以基于问题的学习为依托，教师提出拟解决的问题，学生开展协作探究。在设计教学方法时主要考虑本次课程的教学目标和学生的认知特点，前半部分的教学活动目的是帮助学生习得方向、距离的相关知识，知道方向、距离的应用场景，因此基于 PBL 教学和探究学习设计了平面图“寻宝”的活动。教师在此活动中主要是通过让学生编写密码线索并应用线索在简易平面图中“寻宝”的过程来了解学生关于方向的先验知识，在此基础上再为学生讲解方向概念。学生掌握方向、距离的知识后，设计了模拟迷宫的活动，目的是促使学生综合应用方向、距离知识模拟解决问题，这一活动与平面图“寻宝”的活动起到呼应的作用，检验学生对方向、距离知识的掌握程度，也为校园“寻宝”活动提供基础。前期的活动均在教室内开展，而校园“寻宝”的活动将学习场所拓展到教室外，基于 PBL 教学、移动学习、协作学习设计完整的“寻宝”活动，教师与研究者提前设计方向、距离的线索密码，学生用指南针辨别方向，用纸带测量距离。在校园“寻宝”的过程中，学生需要对协作寻找过程进行记录，并在后续教学中进行展示汇报与评价。

3. 信息技术的教学应用设计

专题课程“寻宝总动员”在交互体验型智慧教室中开展，其硬件设备主要包括平板电脑、LED 显示屏、路由器等，以及指南针、iTeach、iBooks、白板以及问卷星等软件支持，具体如图 5-4 所示。

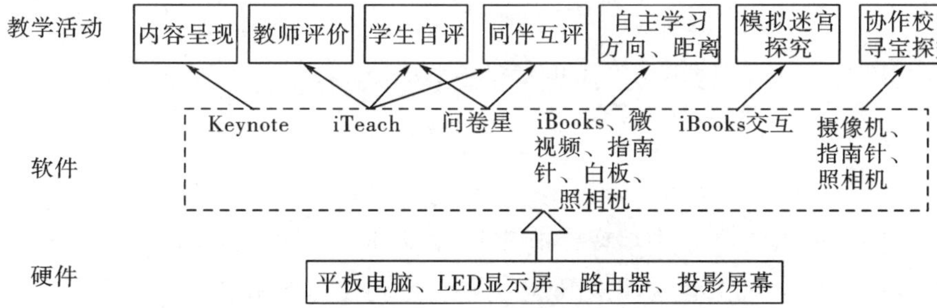

图 5-4　信息技术在教学中的设计应用

如图 5-4 所示，不同的信息技术可用来支持不同的教学活动与评价方式，智慧教室环境中主要的硬件设备有平板电脑、LED 显示屏、路由器和投影屏幕等。教师教学内容的呈现由平板电脑中的 Keynote 应用软件实现；iTeach 为教师即时评价、同伴互评、学生自评提供支持，在 iTeach 中，学生的作品可以实时提交，并开展即时评价。问卷星为学生的同伴互评、自评开展提供了支持，通过扫描二维码的方式进入问卷页面为同伴的作品打分并填写意见。iBooks 为学生提供了强大的交互功能，学生可以通过 iBooks 中的内容呈现来自主学习方向和距离的相关知识，运用指南针软件模拟学习，通过白板和照相机的功能绘制教室方位图，以检验学生对方向、距离等知识的掌握情况。iBooks 中的白板交互功能可以为学生在模拟迷宫中的探究提供支持。学生应用平板电脑中指南针应用软件和纸带在校园中“寻宝”，并通过摄像机、照相机记录探究和协作的过程，为成果汇报阶段提供证据支撑。

4. 复合要素设计

本轮教学中不仅要考虑 APT 教学模型中的核心要素评价、教学法和技术，也要对技术支持的评价和技术支持的教学化评价两个复合要素进行详细设计。第二轮教学中的复合要素设计如图 5-5 所示。

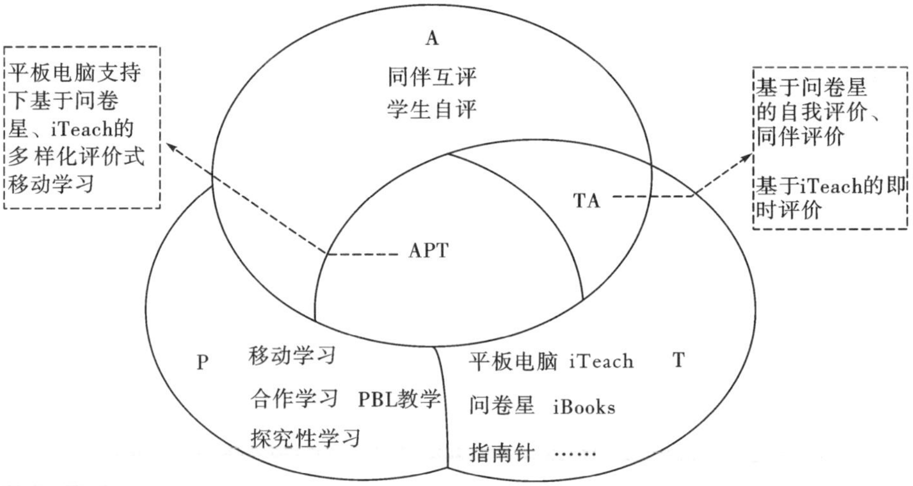

图 5-5 第二轮教学实践的复合要素设计

本研究中的评价方式主要用到了同伴互评、学生自评和即时评价，同伴互评主要基于问卷星软件来开展，学生为同伴打分并提出相关建议，教师可以实时监控学生评价动态，得到每一组学生的作品及汇报得分的均值图表，并将同伴互评中的得分和意见反馈给每一组学生。即时反馈则通过 iTeach 来开展，iTeach 是苹果公司开发的一款专用于 iOS 系统的简易教学管理软件，为课堂教学评价的开展提供支持，学生将答案及作品提交到 iTeach 中，教师端可以接收所有学生的答题情况，并以点星星和语言点评的方式给出评价。

复合要素 APT 是指将评价、教学法和技术三个要素有机融合，强调这三者的统一性和协调性。本次教学中，通过平板电脑和指南针应用软件支持的移动学习方式，突破空间的限制，将教室内与校园相连接，拓宽学习环境。在基于移动学习的校园“寻宝”活动后，在课堂内组织同伴互评和反馈对“寻宝”过程与结果进行评估，将 PBL 教学、移动学习、协作学习和同伴互评相融合，并以平板电脑等硬件及 iTeach、问卷星等软件来支持。在关于方向的概念及应用学习方面，主要采用自主学习、探究学习、协作学习和即时评价开展，并以 iBooks、白板等软硬件支持，实现技术、教学法和评价的融合，以期产生更大的学习效应。

5. 教学活动设计

通过对 A、P、T、TA 和 APT 等核心要素、复合要素的分析，本研究围绕“方向和距离进行定位”这一主题，设计了平面图“寻宝”、方向和距离知识习得、模拟迷宫和校园“寻宝”4 个活动，共 6 课时，具体内容如表 5-3 所示。

表 5-3　第二轮教学活动表

目　标	教学活动
•了解学生关于距离、方向的先验知识 •学生在体验“寻宝”的过程中能够了解如何运用平面地图 •多种评价方式培养学生的元认知能力与学习动机	学习活动 1：平面图“寻宝” 小组学习任务 1：确定“宝藏”，编写线索密码 小组学习任务 2：互换线索密码，寻找“宝藏” 小组学习任务 3：汇报“寻宝”过程，评价并总结
•学生能够说出 8 个基本方向和测量距离的方式 •学会运用指南针，并掌握指南针中方位的表示方式（如东偏南 25°）	学习活动 2：方向和距离知识习得 个人学习任务 1：自主学习 iBooks 中关于方向知识 个人学习任务 2：教师讲授指南针和测量的相关知识 个人学习任务 3：绘制并提交教室方位图
•学生能够运用方向和距离来描述目标位置 •多种评价方式培养学生的元认知能力与学习动机	学习活动 3：模拟迷宫 小组学习任务 1：小组编写并提交迷宫线索密码 小组学习任务 2：抽取其他小组密码并绘制迷宫图 小组学习任务 3：检验与汇报评价

续表

目　标	教学活动
•学生能够运用指南针在真实的环境中进行定位 •学生能够运用纸带测量并估计距离 •通过同伴互评培养学生的元认知能力	学习活动 4：校园“寻宝” 小组学习任务 1：基于平板电脑的校园“寻宝” 小组学习任务 2：基于问卷星的汇报与评价

5.1.5　教学活动实施

本次教学开展的场所为与笔者所在项目团队的实验学校，即某大学附属小学，团队与该小学建立了长期良好的合作关系。在教学设计阶段，笔者与教师进行了多次研讨，针对学生的分析、教学内容的选择、教学目标与活动设计等，以及教学活动的实施中可能遇到的问题开展了深入的交流，并设计了相应的课堂教学应急方案，最终确定了“寻宝总动员”序列课。在教学活动的实施阶段，笔者作为助教全程参与了教学。本次教学活动具体实施的过程主要分为 4 个阶段，共 6 个课时，具体如下所示。

1. 平面图“寻宝”

平面图“寻宝”图活动的目的是了解学生对于方向、距离等物体位置确定方式的已有经验和知识，同时也让学生学会使用平面地图，并初步体验寻找“宝藏”的过程，为后续活动做准备，该活动持续时间为 1 个课时，主要包括三个小组任务。

（1）确定“宝藏”，编写线索密码

本次教学是以学生的自主、协作探究为主，教师则是教练和引导者，学生 4 人为一组，共分为 13 组，小组成员分配与学生在常规科学教室中保持一致，因此小组成员间比较有默契，能够快速分工并进入协作探究的过程。课程开始前，教师简单介绍了序列课的任务与要求，提出本课时活动的任务，并详细介绍活动要求，为学生学习任务的顺利完成提供支架。在第一个活动中，教师出示如图 5-5 所示的校园平面图，并放置若干“宝藏”以供学生寻找，将该平面图发送到学生的平板电脑中。接着教师要求学生确定小组所要寻找的“宝藏”，从固定位置（“我”的位置）处出发，编写能够到达所要寻找“宝藏”处的路线密码，如图 5-6 所示。通过分析学生编写密码我们发现，在此次活动中学生主要用到“前、后、左、右”等方向词语以及参照物（如“在青年园后方”、“在绿色电动车附近”等）来描述物体位置。学生对于东、西、南、北、东南、东北、西南和西北 8 个方向比较陌生，且不善于用距离来描述路线。

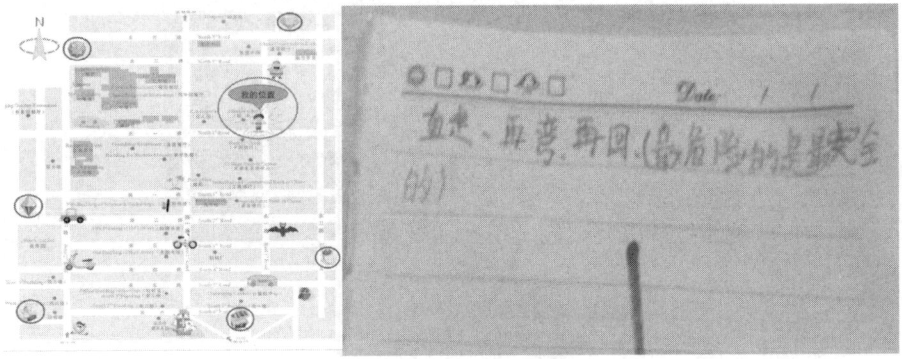

图 5-6　“宝藏”平面地图（左）及学生编写的“宝藏”密码（右）

（2）互换线索密码，寻找“宝藏”

在编写线索的环节，每个小组在固定时间内可编写多条线索，编写完成后提交给老师，老师对每一份密码进行编号。由于二年级的学生对于运用平板电脑中白板写字不熟练，所以教学中采用学生在纸上写密码的方式。每个小组选择其他小组的线索进行“寻宝”，在平面图中标记路线，通过拍照并在 iTeach 中上传的方式提交，如图 5-7、图 5-8 所示。

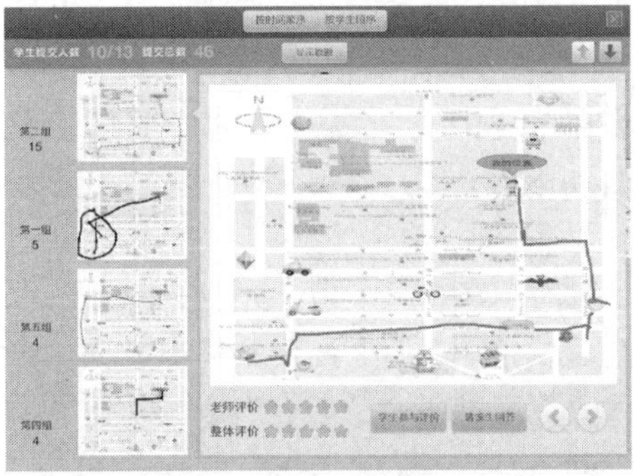

图 5-7　绘制线路图

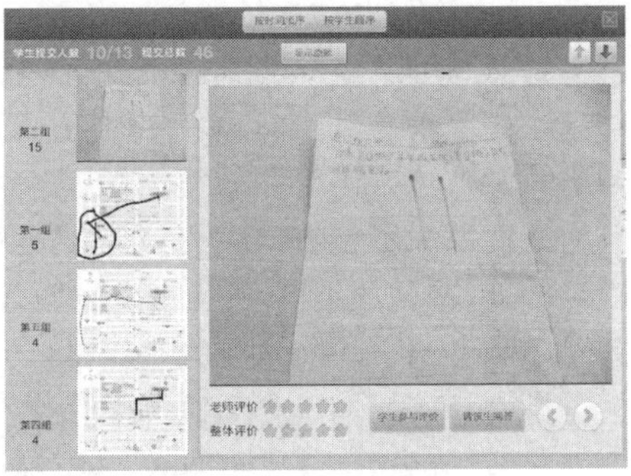

图 5-8　提交密码图

（3）汇报“寻宝”过程，评价并总结

学生将小组“寻宝”的路线和所选密码提交到 iTeach 上后，教师组织汇报与评价，教师与其他小组成员通过在 iTeach 中点星星的方式对学生的路线寻找正确与否以及密码的编写打分，汇报过程如图 5-9 所示。

图 5-9 学生做汇报

2. 基于 PBL 教学的方向知识习得

第 1 课时的学习活动主要目的是了解学生的先验知识，在基于 PBL 教学的方向知识习得的活动中，学生需要掌握 8 个基本的方向以及指南针的用法，该活动时间为 1 课时，包含 3 个个人学习任务。

(1) 方向及指南针的自主学习

学生在平板电脑中通过浏览器自主查询学习关于方向的知识，了解基本的东、南、西、北、东南、东北、西南和西北 8 个方向。

(2) 教师讲解方向及指南针知识

学生自主学习完毕后，教师进一步总结方向的知识，并讲解指南针的用法，如图 5-10 所示。

(3) 教室方位图绘制与知识总结

学生掌握方向与指南针的用法后，教师布置任务并提出要求，学生利用指南针及 8 个方向绘制教室方位图，该活动的目的旨在帮助学生进一步学会应用指南针来定位方向。通过观察学生作品发现，学生主要以教室中的物品(如投影屏幕、LED 电视及窗户位置等) 和小组的位置作为参照物来绘制方位图，如图 5-11 所示。通过本次活动，学生已经基本掌握了 8 个基本方向，学会了指南针的使用，为后续的学生探究活动奠定基础。

图 5-10 教师讲解指南针的用法

图 5-11 学生展示绘制好的教室方位图

3. 模拟迷宫

模拟迷宫活动与第 1 课时的平面图“寻宝”活动相呼应，在本次课程中，要求学生使用规范的方向术语并结合距离来描述密码，活动时长为 1 个课时，包含 3 个小组任务。

（1）小组编写并提交迷宫线索密码

模拟迷宫是检验学生对方向与距离综合运用的活动，教师在软件 Hype 中制作迷宫底图，并将其导入电子书中，学生在电子书中编写密码并制作迷宫图。该迷宫有一个固定起点，学生可以任意设置终点，并依据密码设置一条线路。在本次活动中学生编写的密码能够准确运用方向术语进行描述，如某个小组编写的密码为“E7—N3—W4—N6—E3—S3—N3—E2—S9—E3—N2—NE3—NW1—N2—E3”。与学生第 1 次编写的密码相比，本次编写的密码更加规范，大部分学生对方向、距离的应用比较合理，为校园“寻宝”活动奠定坚实基础。

（2）抽取其他小组密码并绘制迷宫图

各小组将编写的密码提交后，可任意抽取其他小组的密码，并在 iBooks 中进行迷宫图的绘制，如图 5-12 所示。

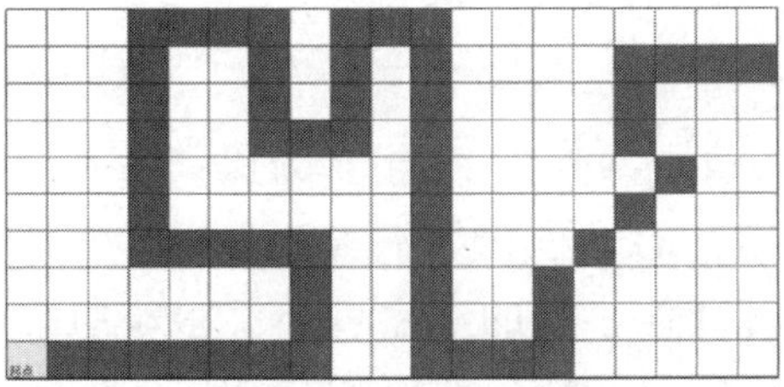

图 5-12　迷宫图的绘制

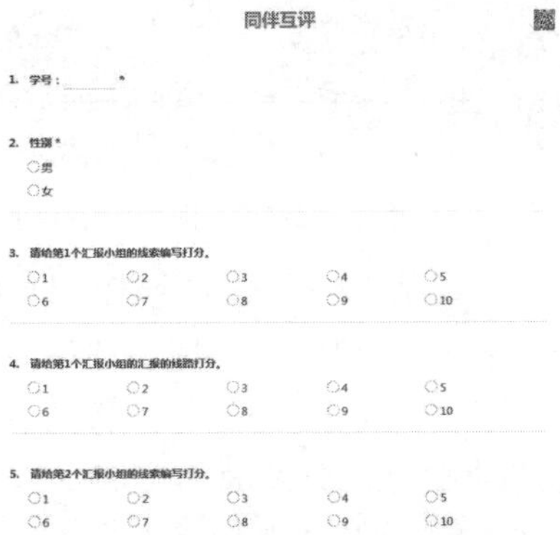

图 5-13　利用问卷星开展同伴互评

（3）检验与汇报评价

学生将绘制好的迷宫路线图与所抽取的密码提交到 iTeach 中，教师组织学生开展同伴评价，小组可在问卷星中对其他小组的路线与密码进行打分。观察密码的科学性、规范性以及依据密码绘制的路线是否正确，如图 5-13 所示。

4. 校园“寻宝”

前期三个活动的目的是使学生掌握方向、距离的知识以及指南针的使用方法。本活动的目的是为学生提供真实的问题解决环境，并应用前期已有的知识寻找“宝藏”。本次活动包含 3 个小组学习任务，共 3 个课时。

(1) 基于平板电脑的校园“寻宝”

该任务的目标是让学生在真实环境中应用指南针定位，并进一步巩固方向、距离方面的知识。教师提前将拼图卡片藏于校园内的各个角落，在起点处做标记，并编写线索密码。学生根据教师提供的密码在校园内寻找拼图卡片，如图 5-14、图 5-15 所示，在寻找的过程中小组成员要记录整个“寻宝”过程，为汇报与评价的过程提供证据支撑。

图 5-14 室外“寻宝”指南针的使用

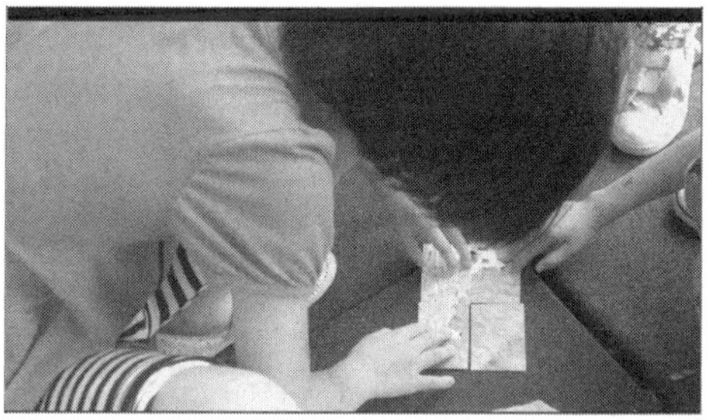

图 5-15 完成拼图并拍照记录

(2) 基于问卷星的汇报与评价

本次教学中的小组活动以 4 人为一组，共分为 13 组。为保证每一组学生能够充分表达自己，将协作“寻宝”的过程详细汇报，本次评价活动的时长为 2 个课时。另外，在汇报时其他小组的学生可向汇报小组提出切实有效的建议。评价的方式是学生通过扫描二维码的方式进入问卷星，对其他小组进行评价。本次评价是以小组为单位展开，基于表 5-1 中的量规，分别对各个小组的协作过程、结果以及学生的汇报展示过程进行打分，如图 5-16、图 5-17 所示。学生在对其他小组打完分后，教师在问卷星后台可实时看到每一组学生的评价情况，并根据该评价数据询问小组打分原因与建议，使小组之间产生交流，碰撞出新的火花。

图 5-16　学生扫描二维码进行同伴互评

同伴互评

1. 学号

2. 请为第1组打分 *

小组任务分工合理

成员能够合理接受别人的建议

成员能够各司其职，完成自己的任务

小组完成任务的过程是否顺利

对方向及距离的理解正确

能够正确使用指南针及彩带

能够记录相关证据来支持寻宝的过程

汇报语言流利

协作过程的汇报有理有据

小组汇报仪态大方

小组成员能够互相补充支持

3. 请为第2组打分 *

小组任务分工合理

成员能够合理接受别人的建议

图 5-17　同伴互评问卷

5.2　促进学生深度学习的第二轮研究设计

传统的科学教学主要是以知识讲授与实验探究为主，知识点之间未形成体系，教师重视学生对知识点的掌握，忽略了学生探究过程和对结果的汇报与评价。本研究采用 EDR（基于设计的研究）研究方法，在智慧教室环境下基于 APT 教学模型对小学科学教学进行再设计，以单元专题教学策略为指导，基于协作探究开展教学活动。本轮教学开展教学活动的场所是某大学的附属小学二年级的其中一个班级，该校二年级共有 6 个班。因此，本研究对开展 APT 教学的班级与传统科学教学的班级进行对比，探究该教学模式策略是否有助于提升学生在认知领域、能力领域和情感领域的能力，促进学生的深度学习。

5.2.1　研究目的

本轮研究设计的主要目的是对上一轮教学中提出的问题及建议进行改进，并再次基于智慧教室中的教学实践与数据分析，探究在此环境下基于 APT 教学模型与策略的教学设计和过程中存在的问题，为第三轮的教学实践提供建议。此外，通过分析 APT 模型下的教学实践对学生认知、能力和情感三个领域的影响，探究 APT 教学如何促进学生的深度学习。将学生在智慧教室中基于 APT 的教学与传统科学教室中的教学进行对比，分析这两种教学对学生深度学习的不同影响。

5.2.2 研究对象

本轮教学实践所面对的学生为某大学附属小学二年级的学生，在该校二年级的6个班中的一个班里开展智慧教室中基于APT模型的教学，而另5个班里则进行常规的科学教室中的教学。本研究将在智慧教室中开展APT教学的班级与在常规科学教室中教学的班级进行对比，该常规科学教学班级的选择主要依据学生上学期的科学期末考试成绩，以及与授课教师进行探讨，保证APT教学班级与常规科学班级两个班的科学基础基本处于同一水平，此外这两个班由同一科学老师进行授课。在智慧教室中开展教学的班级已经多次在该环境中上课，学生对平板电脑以及其他软硬件技术操作并不陌生，技术不会在很大程度上影响学生的学习过程及结果。具体的研究对象如表5-4所示。

表5-4 研究对象

教学实践方式	学生班级	人数	授课时间	教学内容
智慧教室中基于APT的教学	二年级（5）班	50	2015.06.09—2015.06.26	寻宝总动员
传统科学教室的“讲授＋实验”教学	二年级（3）班	50	2015.06.09—2015.06.26	寻宝总动员

5.2.3 研究步骤

设计研究的基本环节包括设计、发展、搜集数据与评价，并在每一轮教学研究循环。在二年级（5）班中采用智慧教室中基于APT的教学，即基于协作探究的专题教学，而二年级（3）班则采用传统科学教室中“讲授＋实验”的教学。在教学开始前对两个班级学生的已有知识、技能进行测试，测试后开展教学活动。教学活动完成后再进行教学后测、问卷调查，并搜集学生活动完成过程中的过程性数据（如拍摄视频的数据、完成任务的数据以及形成性评价的数据等)，且观察课堂教学视频。数据搜集完成后，对数据进行分析并提出智慧教室中促进学生深度学习的APT教学改进建议，为下一轮教学做准备。

传统的科学教室中主要是以“讲授＋实验”的方式进行教学，教师先行讲授教材相关知识，学生再进行探究活动。本次传统的“讲授＋实验”的教学包含4个课时，具体的活动如表5-5所示。

表 5-5　传统“讲授+实验”教学活动表

<table>
<tr><th>目　标</th><th>教学活动</th></tr>
<tr><td>• 了解关于距离、方向的先验知识
• 了解平面地图的运用</td><td>学习活动 1：确定物体位置（1 课时）
小组学习任务 1：根据平面图中参照物，确定物体位置
小组学习任务 2：确定教室中物品（门、窗户、黑板等）的位置，并填写表格<table><tr><th></th><th>门</th><th>窗户</th><th>黑板</th><th>……</th></tr><tr><td>参照物</td><td></td><td></td><td></td><td></td></tr><tr><td>方向</td><td></td><td></td><td></td><td></td></tr><tr><td>估算距离（米）</td><td></td><td></td><td></td><td></td></tr></table></td></tr>
<tr><td>• 学生能够说出 8 个基本方向和测量距离的方式
• 学会运用指南针，并掌握指南针中方位的表示方式（如东偏南 25°）</td><td>学习活动 2：指南针应用和方向的习得（1 课时）
个人学习任务 1：教师讲授 8 个方向的知识
个人学习任务 2：在教室内练习用“指南针”来辨别方向</td></tr>
<tr><td>• 学生能够运用方向和距离来描述目标位置
• 利用多种评价方式培养学生的元认知能力与学习动机</td><td>学习活动 3：模拟“寻宝”（2 课时）
小组学习任务 1：根据老师给定的密码，在纸质平面图上绘制线路图
小组学习任务 2：检验与汇报评价</td></tr>
</table>

5.3　深度学习数据搜集与分析方法

本研究第 3 章对深度学习的评测进行设计，构建了包含三个维度的深度学习评测体系，分别是认知领域、能力领域和情感领域。在本轮设计研究中，笔者分别从这三个领域搜集数据，为深度学习的评测提供支持，每一个领域数据的搜集都采用不同的方式，本节将详细介绍三个领域的数据搜集方式。

5.3.1　学生认知领域学习状态评测

前文中提到认知是指学生在获得与应用知识的过程，因此认知领域的评测即是对学生获得的知识和思维结构进行评估。本研究对于学生获得知识的评估主要通过布鲁姆教育目标分类来确定学生在每个层次上的学习效果，而对于学生的思维结果则通过彼格斯提出的SOLO分类理论来分析，具体如下。

1. 基于布鲁姆教学目标分类法的学生知识掌握情况评测

对学生知识的评测主要通过测试题来进行，在教学设计阶段对课程的教学目标进行了详细分析。序列课程“寻宝总动员”在认知领域的目标主要包括5个：(1) 能够知道方向在生活中的重要性；(2) 能够根据指南针辨别东、南、西、北等8个基本方向；(3) 掌握指南针使用过程中方位的表示方式（如东偏南25°）；(4) 能够运用纸带来测量距离；(5) 能够运用方向和距离来描述目标位置。研究依据布鲁姆教学目标分类法对每个目标所需达到的等级进行分类，如学生对8个基本方向能够识记、理解、应用和分析。待确定每个目标的布鲁姆等级后，再编制测试题分别测量每个目标。本轮教学前后均对学生的认知领域知识进行评测，教学测试题目的编制与教师协商后决定。本次教学的教师具有5年以上的科学课程教学经验，研究者与教师共同决定前、后测试题，并邀请两位高级教师对测试题的内容效度进行分析，认为该测试题目的效度良好。前测题主要是由多选题组成，考查学生对物体定位方式的了解，共3分。后测由多选题与填空题组成，主要检验学生对定位方式的了解以及对方向、距离的掌握，共13分。测试题目具体如表5-6所示。

表5-6　测试题目分类等级表

序号	学习目标	布鲁姆分类等级						测试题号
		识记	理解	应用	分析	评价	创造	
(1)	学生能够知道方向在生活中的重要性		√					2
(2)	学生能够根据指南针辨别东、南、西、北等8个基本方向	√	√	√	√			1
(3)	掌握指南针中方位的表示方式（如东偏南25°）		√	√				1
(4)	学生能够运用纸带来测量距离		√	√				1
(5)	学生能够运用方向和距离来描述目标位置			√	√	√	√	2

2. 基于SOLO分类理论的学生思维结构评测

本轮中对学生的思维结构评测主要通过“寻宝”过程中的录制视频来体现，运用SOLO分类理论对学生录制视频进行编码。学生录制的视频体现了小组在“寻宝”过程中解决问题的思路，以及学生在运用工具、方法完成任务时的思维结构。如：“某一小组在‘寻宝’过程中运用指南针确定方向时，学生会将平板电脑抱在手中，这会导致方向测量不准确，偏离正确方向。学生在解决问题当中提出了多种解决方法，并最终在整合多种解决方法后确定要将平板电脑放置在地面，并将纸带与平板电脑相连接，保持纸带平直，方向与指南针一致。”在该视频中体现了学生能够根据问题提出多个解决方法，并能够将这些方法相整合关联，依据表 3-18 中学生思维结构的 SOLO 分类理论，本组学生的“寻宝”过程则标记为“4”。

依据学生思维结构的 SOLO 分类层级，本研究组织 2 名研究人员对各个小组学生的录制视频进行编码，在编码前，笔者首先对 2 名研究人员进行了多次培训，通过在 SPSS 中计算 2 名研究人员的编码信度卡帕系数为 0.698，表明 2 名研究人员的编码结果比较可靠。在编码过程中，当编码者之间遇到编码不一致的情况时，则通过双方协商交流，最终达成一致。

5.3.2　学生能力领域学习状态评测

学生能力领域评测主要通过问卷进行评测，前文中提到对学生能力领域的评测可从协作能力、探究能力、元认知能力等多个角度开展，并依据每一轮教学的目标设置分别评测不同的能力。在本轮教学中，协作能力是能力领域的重点培养目标之一，因此本研究将对学生在“寻宝”过程中所体现出来的协作能力进行评测。由于二年级的学生处于具体运算阶段的初期，具备简单的逻辑推理能力，对自己的评价还不能做到非常客观，难以做决定。因此，评测问卷采用 4 级量表的形式，尽量减少因学生难以做决定而产生的影响，“非常愿意”记 4 分，“非常不愿意”记 1 分。本研究借鉴 Hwang① 等学者提出的协作学习的问卷编制了协作学习问卷初稿，并邀请两位专家（一位教育技术学博士生导师以及一位教育技术学博士）对其内容效度进行分析，表明该问卷的内容效度良好。在正式施测前笔者及所在团队先进行一个班级内的小范围初测，共回收 43 份问卷。通过项目分析对问卷的项目进行分析，具体结果如表 5-7 所示。

---

① HWANG G J, SHI Y R, CHU H C. A concept map approach to developing collaborative mindtools for context-aware ubiquitous learning [J]. British journal of educational technology, 2011 (5): 778-789.

表 5-7　协作学习问卷项目分析结果

题项	CR 值	r	题项	CR 值	r
1	4.005***	0.614***	6	5.631**	0.647***
2	4.841***	0.574***	7	3.897**	0.473***
3	2.530*	0.504***	8	2.529*	0.379*
4	4.195***	0.523***	9	7.744***	0.688***
5	3.576**	0.512***			

注：* 表示 $p<0.05$，** 表示 $p<0.01$，*** 表示 $p<0.001$。

通过项目分析发现，仅第 8 题的相关系数 r 略小于 0.4，但其 CR 值存在显著差异，因此我们并未将此题目删除，项目分析确定学生协作学习问卷为 9 个问题，然后在 SPSS 中计算该问卷的信度克朗巴哈系数为 0.737，高于 0.700，表明该问卷信度良好，可用于正式评测。

5.3.3　学生情感领域学习状态评测

本研究中学生情感领域的评测主要包括学习动机和认知负荷，学习动机是维持学生学习行为的动力倾向。由于本轮教学的对象为二年级学生，而彼格斯开发的问卷对于二年级学生的认知进行评测比较难，因此本研究选用了 Gwo-Jen Hwang① 等人提出的学习动机问卷，包含 7 个问题，多位研究者都曾利用该问卷对学生的学习动机进行调研，表明该问卷的效度已得到了有效的检验。该问卷操作比较简单，学生也容易理解，采用里克特 4 级量表的形式编制问卷，在测试中由教师朗读题目以辅助学生理解。通过预测后在 SPSS 中计算克朗巴哈系数为 0.811，表明该问卷具有良好的的信度。

认知负荷则采用同第一轮教学实践中所采用的问卷，即斯威勒提出的认知负荷理论②，包括心理负荷和心理努力两个维度，共两个题目。通过对预测问卷的信度计算，情感领域问卷的信度为 0.819，表明整个情感领域的

---

① HWANG G J，CHANG H F. A formative assessment-based mobile learning approach to improving the learning attitudes and achievements of students [J]. Computers & education，2011 (4)：1023-1031.

② SWELLER J. Cognitive load during problem solving：effects on learning [J]. Cognitive science，1988 (2)：257-285.

问卷具有良好的信度。

5.4 基于移动学习的 APT 教学对学生深度学习影响的研究

本节内容将分析学生在认知领域、能力领域和情感领域的深度学习结果，本轮教学实践以“寻宝总动员”为例，运用多种数据分析方法探究在智慧教室环境下基于 APT 的教学能否有效促进学生在三个领域内的深度学习结果，具体分析如下。

5.4.1 学生认知领域结果分析

认知领域是对学生通过学习“寻宝总动员”序列课程后所掌握知识的结果，本研究主要通过测试与拍摄视频编码分析的方式探究学生在认知领域的知识掌握情况与思维结构，并进一步分析智慧教室中基于 APT 的教学是否能够有效促进学生认知领域的学习。

1. 基于布鲁姆教学目标分类的学生知识掌握情况分析

在序列课程开始前、后对学生进行测试，评估学生通过学习活动后知识的掌握情况。本研究拟探究学生在两种不同的学习环境（智慧教室中基于 APT 的教学 VS 传统科学教室中基于“讲授+实验”的教学）下学生知识掌握程度的差异，以及每一组学生在前、后测中的差异。

（1）智慧教室中基于 APT 的教学能够提升学生的学习成绩

本研究通过两独立样本 t 检验探究不同学习环境下学生的测试成绩差异，分析结果如表 5-8 所示。

表 5-8 不同学习环境下学生成绩的独立样本 t 检验结果

维度	组 别	*N*	*Mean*	*S. D.*	*t*	*d*
前测成绩	智慧教室中基于 APT 的教学	46	1.24	0.67	1.82	—
	传统科学教室中基于“讲授+实验”的教学	47	1.00	0.59		
后测成绩	智慧教室中基于 APT 的教学	43	9.19	3.77	3.27**	0.69
	传统科学教室中基于“讲授+实验”的教学	47	6.34	4.48		

注：* 表示 $p<0.05$，** 表示 $p<0.01$，*** 表示 $p<0.001$。

由表 5-8 可知，学生在智慧教室中基于 APT 教学的环境下前测成绩虽然略高于传统科学教室中基于“讲授+实验”的教学，但并不存在显著差异，说明两组学生在教学前的对于方向、距离知识的掌握水平基本处于同一水平。但从学生的后测成绩分析发现，智慧教室中基于 APT 的教学环境下的平均分高于传统科学教室中基于“讲授+实验”的教学，标准差较小，表明其离散程度较小，而 p 值在 0.01 的水平上呈现显著差异，表明相较于传统教学来讲，智慧教室中基于 APT 的教学能够更加显著提升学生的学习成绩。而且后测的独立 t 检验分析结果的效应量 Cohen d 值分别为 0.69，均高于 0.2，根据 Cohen① 于 1988 年提出的效应量标准可知，d 值在 0.2 到 0.8 之间可视为该结果具有中等效应量，即具有相当的实用价值。

(2) 智慧教室中基于 APT 的教学对学生实现深度目标学习的成绩更有效

本研究在后测中分别设计了用于测试学生对浅层目标和深层目标学习达成情况的题目，通过多选题来测试学生浅层目标达成情况，主要测试学生对知识的识记、理解和简单应用等浅层目标；而深层目标达成情况的评测则主要通过主观题（依据方向、距离编写路线），测试学生对方向、距离知识的综合应用、分析、评价和创造。通过两独立样本 t 检验对比分析学生在两种学习环境下的深度学习和浅层学习成绩，具体如表 5-9 所示。

表 5-9　不同学习环境下学生深度 VS 浅层学习成绩独立样本 t 检验结果

维度	组　别	N	$Mean$	$S.D.$	t	d
深度学习	智慧教室中基于 APT 的教学	43	7.44	3.62	3.12**	0.66
	传统科学教室中基于“讲授+实验”的教学	47	4.87	4.15		
浅层学习	智慧教室中基于 APT 的教学	43	1.74	0.69	1.61	—
	传统科学教室中基于“讲授+实验”的教学	47	1.47	0.91		

注：* 表示 $p<0.05$，** 表示 $p<0.01$，*** 表示 $p<0.001$。

由表 5-9 可知，智慧教室中基于 APT 的教学环境下学生的深度学习成绩远高于学生在传统科学教室中基于“讲授+实验”的教学环境的深度学习成绩，且通过两独立样本 t 检验结果发现二者之间存在显著差异，即学生在智慧教室中基于 APT 的教学环境下对知识的应用、分析、评价和创造等深度学习更有效。通过两独立样本 t 检验对不同学习环境下的浅层学习成绩分析发现，虽然智慧教室中基于 APT 的教学环境下的学生浅层学习成绩略高于传统学习环境，但并不存在显著差异，即学生在两种

① COHEN J. Statistical power analysis for the behavioral sciences [M]. 2nd ed. New Jersey: Lawrence Erlbaum Associates, 1988: 58.

学习环境下对知识的识记、理解并不存在差距。且独立样本 t 检验的 d 值高于 0.2，表明该结果具有中等效应量。通过以上分析可知，由于智慧教室环境下具备更多的技术优势，为学生的学习以及协作探究提供了更加多样化的技术支持，而且 APT 教学更强调学习任务的整合性以及评价、教学和技术的有效融合，对学生的深度学习目标达成更有效。

（3）两种学习环境下学生个体学习成绩均呈现显著增长趋势

本研究分别在两种学习环境下的教学前后都对学生进行了基于布鲁姆教学目标的测试，本研究通过两配对样本 t 检验分析对比学生在两种教学前后的学习成绩变化，探究两种教学对学生学习成绩的影响，结果如表 5-10 所示。

表 5-10 学生个体学习成绩两配对样本 t 检验结果

	学生前测学习成绩		学生后测学习成绩		N	t	d
	Mean	*S. D.*	*Mean*	*S. D.*			
智慧教室中基于 APT 的教学	1.19	0.55	9.19	3.77	43	13.46***	2.96
传统科学教室中基于“讲授＋实验”的教学	1.09	0.58	6.34	4.49	47	8.24***	1.64

注：* 表示 $p<0.05$，** 表示 $p<0.01$，*** 表示 $p<0.001$。

由表 5-10 可知，在两种学习环境下学生个体认知领域成绩均有显著提高，但在智慧教室中基于 APT 的教学下学生的提高幅度高于传统教学环境下的学生成绩，且效应量 d 均高于 0.8，说明具有较高效应。

2. 基于 SOLO 分类理论的学生思维结构分析

本次智慧教室中基于 APT 的教学环境下学生在“寻宝”的过程中，录制了完整的校园协作“寻宝”视频，该视频能够体现小组学生在“寻宝”过程中解决问题所使用的方法与策略，通过分析该视频并编码能够确定学生在“寻宝”过程中思维结构的等级，编码结果的基本描述分析及单样本 t 检验分析如表 5-11 所示。

表 5-11 学生思维结构编码分析结果

	N	极大值	极小值	*Mean*	*S. D.*	t
智慧教室中基于 APT 的教学	13	6	3	4.46	0.77	2.14

由表 5-11 可知，在智慧教室中基于 APT 的教学环境下，通过对学生

录制协作寻宝过程视频编码分析发现，13组学生视频编码的平均值为4.46，极小值为3，极大值为6，标准差为0.77。4名研究者在活动实施的过程中，全程跟踪学生的小组活动，每名研究者带领3～4个小组，并观察学生学习活动中遇到的问题及解决问题的方法，以及每名学生在活动中的表现。如在某个获得编码结果为3的小组中，其4名学生分别用A、B、C、D来替代，在该小组的协作探究过程中A学生负责指南针的使用，并主导使用纸带测量的过程，而其他3名学生则处于被主导的地位，并且其中2名学生并没有深入参与该活动，在很多时间里都处于嬉戏打闹的状态。当该组学生在遇到问题（如在方向定位不准确，以及纸带测量中出现方向偏差）时，有2名学生并未参与问题的解决，另2名学生虽然提出了与问题相关的多个要点，小组成员也尝试进行解决方法的整合，但并未整合成完整的解决方案，最终该小组的测量结果与指定密码有偏差，并未通过测量找到“宝藏”，因此本研究将该组的思维结果编码为3，即多点结构中的中等级别。编码为6的小组具有全员参与的特点，当小组遇到纸带测量出现方向偏差的问题时，4名小组成员均提出了形成解决方案的有效要点，学生通过将形成的要点进行整合，并在实施过程中进行操作解释等。

通过将13个小组的SOLO编码进行单样本t检验，与值4进行均值比较，p值为0.053，我们发现两者之间不存在显著差异。这表明在智慧教室中基于APT教学的环境下，学生的思维结构处于较高的层次，基本都能达到多点结构，学生在“寻宝”过程中能够提出多个有关解决方案的要点，但大部分学生并不能够将相关解决方案的要点进行整合并形成完整的解决方案，即学生在“寻宝”过程中并未达到关联结构与抽象结果的层级。

5.4.2 学生能力领域结果分析

能力领域评测是对学生通过“寻宝总动员”活动后所获得的能力，在本次教学中主要目的是培养二年级学生的协作学习能力，因此本研究在活动后对学生的协作学习能力进行基于自我报告的评估，并在SPSS 18.0中对学生的协作能力进行分析。

研究结论：智慧教室中基于APT的教学对学生协作能力提升更有效。

待两种学习环境中教学内容完成后，本研究在后测中分别对学生的协作学习能力进行调研，该协作学习能力问卷共包含9个问题，并采用里克特 4 级量表的形式让学生自我评估。通过计算每名学生在 9 个问题上得分的平均值，并在 SPSS 中对两种学习环境进行两独立样本 t 检验分析，结果如表 5-12 所示。

表 5-12　两种学习环境下的协作学习能力两独立样本 t 检验结果

	组别	*N*	*Mean*	*S. D.*	*t*	*d*
我在听取完同学的意见后愿意给他们回馈并与他们交流	智慧教室中基于 APT 的教学	43	3.63	0.54	3.00***	0.63
	传统科学教室中基于“讲授＋实验”的教学	47	3.19	0.82		
我可以依据同学的想法，提出综合大家意见的观点	智慧教室中基于 APT 的教学	43	3.47	0.67	2.64**	0.56
	传统科学教室中基于“讲授＋实验”的教学	47	2.98	1.05		
我可以接受其他同学对我提出的意见或看法，并有建设性地采纳大家提供的建议	智慧教室中基于 APT 的教学	43	3.58	0.63	1.89	—
	传统科学教室中基于“讲授＋实验”的教学	47	3.29	0.78		
我经常帮助其他同学改进他们的想法	智慧教室中基于 APT 的教学	43	3.51	0.70	2.56**	0.55
	传统科学教室中基于“讲授＋实验”的教学	47	3.04	0.99		
我可以公开地向其他同学说明我的想法	智慧教室中基于 APT 的教学	43	2.25	1.07	0.18	—
	传统科学教室中基于“讲授＋实验”的教学	47	2.21	1.1		

续表

	组别	N	$Mean$	$S.D.$	t	d
当我不懂同学的想法时，我会请他们再说明得更清楚一些	智慧教室中基于APT的教学	43	2.42	0.91	0.45	—
	传统科学教室中基于“讲授＋实验”的教学	47	2.52	1.02		
我可以组织同学（例如进行任务分工）在指定的时间内共同完成我们被交付的任务	智慧教室中基于APT的教学	43	3.51	0.59	2.53*	0.48
	传统科学教室中基于“讲授＋实验”的教学	47	3.11	0.88		
我们小组完成任务的过程非常顺利	智慧教室中基于APT的教学	43	3.45	0.73	3.80***	0.81
	传统科学教室中基于“讲授＋实验”的教学	47	2.72	1.05		
我认为我们小组的协作程度非常高	智慧教室中基于APT的教学	43	3.36	0.69	4.10***	0.87
	传统科学教室中基于“讲授＋实验”的教学	47	2.62	0.99		
协作能力平均值	智慧教室中基于APT的教学	43	3.25	0.39	2.53**	0.85
	传统科学教室中基于“讲授＋实验”的教学	47	2.86	0.52		

注：* 表示 $p<0.05$，** 表示 $p<0.01$，*** 表示 $p<0.001$。

由表5-12可知，通过两独立样本t检验发现，智慧教室中基于APT教学环境下的学生协作能力的平均值显著高于传统科学教室中基于“讲授＋实验”的教学环境，表明智慧教室中基于APT的教学更加有利于学生协作学习能力的培养。进一步分析两种环境下 9 个协作学习问题的差异，我们发现在“我可以接受其他同学对我提出的意见或看法，并有建设性地采纳大家提供的建议”、“我可以公开地向其他同学说明我的想法”和“当我不懂同学的想法时，我会请他们再说明得更清楚一些”三个问题上并不存在显著差异。在问题“当我不懂同学的想法时，我会请他们再说明得更清楚一些”上，传统班级的得分略高于智慧教室环境下的教学，笔者通过回看课堂录像视频分析，造成这种现象的原因可能是部分学生在智慧教室中基于 APT 教学的环境下，由于室外探究的方式并非常态化的教学模式，学生在探究的过程中，很容易被校园内的其他事物吸引，而且学生很多时候专注于指南针及纸带的使用，致使与同伴之间的交流与协作出现偏差，即使没有听懂同伴的意见，学生也可能会按照自己的意愿进行探究。

将两种环境下的学生协作学习能力平均值在 Excel 中进行可视化操作，结果如图 5-18 所示。

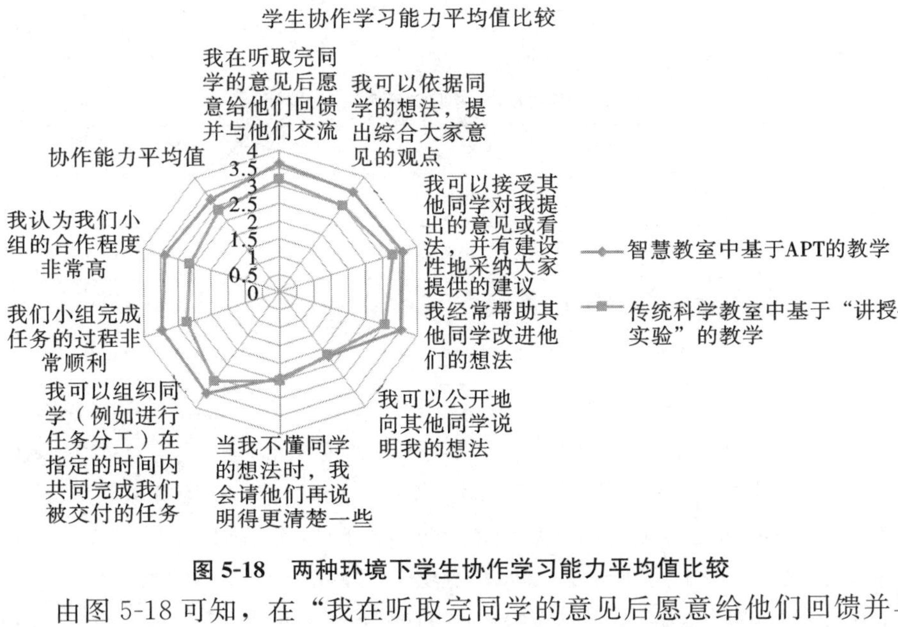

图 5-18　两种环境下学生协作学习能力平均值比较

由图 5-18 可知，在“我在听取完同学的意见后愿意给他们回馈并与他们交流”、“我可以依据同学的想法，提出综合大家意见的观点”、“我可以组织同学（例如进行任务分工）在指定的时间内共同完成我们被交付的任务”、“我经常帮助其他同学改进他们的想法”、“我们小组完成任务的过程非常顺利”、“我认为我们小组的协作程度非常高”6 个问题及“协作能力平均值”上均存在显著差异，并且智慧教室环境下基于 APT 教学的得分显著高于传统班级，表明智慧教室中基于 APT 的教学更加注重学生的实践以及知识的迁移应用，大部分学生能够专注于使用指南针和纸带进行探究，学生之间能够更加有效地协作，有助于学生协作能力的培养。

5.4.3 学生情感领域结果分析

情感领域是对学生的学习动机和认知负荷进行评测，采用里克特 4 级量表的形式。学习动机部分共包含 7 个题目，认知负荷主要包含 2 个题目，测试完成后在 SPSS 中对数据进行整理分析，结果如下。

1. 学生学习动机分析

（1）两种学习环境下学生的学习动机不存在显著差异

在本轮教学中，学习动机问卷由 7 个问题组成，分别在前、后测中对两个班级学生的学习动机进行测量，计算 7 个题目的平均值作为学生学习动机值。通过两独立样本 t 检验分析两种学习环境下的前测学习动机与后测学习动机，结果如表 5-13 所示。

表 5-13　学习动机两独立样本 t 检验结果

维度	组　别	*N*	*Mean*	*S. D.*	*t*
前测动机	智慧教室中基于 APT 的教学	46	3.62	0.34	0.17
	传统科学教室中基于“讲授+实验”的教学	47	3.61	0.51	
后测动机	智慧教室中基于 APT 的教学	43	3.63	0.35	1.68
	传统科学教室中基于“讲授+实验”的教学	47	3.43	0.70	

注：* 表示 $p<0.05$，** 表示 $p<0.01$，*** 表示 $p<0.001$。

由表 5-13 可知，在两种学习环境下学生的前测动机不存在显著差异，智慧教室中基于 APT 教学环境下的班级学生前测动机略高于传统的环境下的班级。在后测动机方面，两者之间的差异依旧不显著，智慧教室中的班级平均值为 3.63，而传统班级为 3.43，两者之间的差距大于前测部分。通过分析 7 个题目之间的差异，发现仅在后测“你想要在科学课上学习和观察到更多知识吗”这个问题上就存在显著差异（$p=0.049<0.050$）。在 Excel 中将后测的学生动机进行可视化，结果如图 5-19 所示。

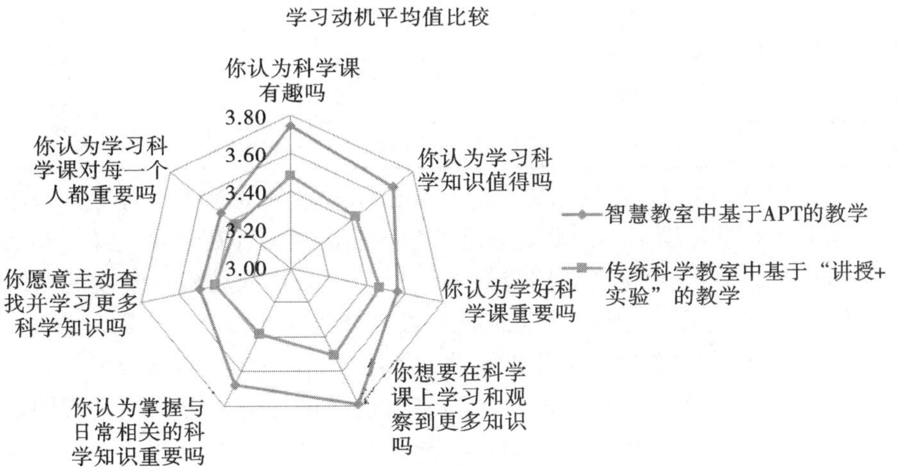

图 5-19　后测学习动机比较

由图 5-19 可知，虽然学生在后测方面的学习动机大多数问题都不存在显著差异，但从图中可知，智慧教室中基于 APT 教学环境下学生的学习动机还是略高于传统科学教室中基于“讲授＋实验”的教学方式，由此表明，智慧教室中基于 APT 的教学在一定程度上能够提升学生的学习动力。

（2）学习动机对学生的学习成绩产生显著影响

学习动机能够激发与维持学生的学习行为，笔者依据学生在后测中的学习动机划分为低分组、中等组和高分组，将得分的前 27％划分为高分组（若分界处学生成绩相同，则归为高分组），将得分的后 27％的学生划分为低分组，其余为中等组。依据学生分组来分析智慧教室环境中基于 APT 教学的学生动机对学习成绩的影响，通过协方差分析控制学生的前测成绩来分析学习动机对学生后测成绩的影响，协方差分析的主体间效应检验如表 5-14 所示。

表 5-14　动机与学生成绩协方差分析主体间效应检验

来源	Typee Ⅲ的平均和	df	*MS*	*F*	P
组间	16.349	2	8.17	0.65	0.53
误差	465.332	37	12.58		

由表 5-14 可知，学习动机与前测的交互作用不显著，即自变量与协变量满足了斜率同质性假设的前提，可以进行协方差分析，研究进一步在 SPSS 中进行协方差分析，结果如表 5-15 所示。

表 5-15　动机与学生成绩协方差分析表

来源	Typee Ⅲ的平均和	df	*MS*	*F*	P	η_p^2
组间误差	90.768	2	45.38	3.68	0.035	0.16
	481.681	39	12.35			

由表 5-15 可知，在排除协变量学生前测成绩的情况下，智慧教室中基于 APT 的教学环境下不同动机分组的学生后测成绩存在显著差异，且通过对不同动机分组下学生的后测成绩均值对比可知，低动机组学生的后测成绩平均值为 7.73，中等组学生的成绩最高，为 11.29，高动机组为 7.75，即动机水平处于中等的学生的成绩最高，该结果的效应量为 0.159，处于中等水平。而传统教学环境下的学生动机与成绩的协方差分析结果表明，不同动机水平之间的学生成绩并不存在显著差异，但动机最高的组的学生成绩略高于其他两个组。

（3）两种环境下的学习动机对学生协作学习能力产生显著影响

待学生完成学习任务后，研究者对学生的协作学习能力进行调研，学生通过自我报告的方式评估协作学习能力，通过单因素方差分析探究两种学习环境下不同动机学生的协作能力，结果如表 5-16 所示。

表 5-16　动机与学生协作能力方差分析表

	来源	Typee Ⅲ的平均和	df	*MS*	*F*	P	η_p^2
智慧教室中基于 APT 的教学	组间误差	2.548	2	1.274	13.687	0.000	0.406
		3.723	40	0.093			
传统科学教室中基于“讲授＋实验”的教学	组间误差	3.014	2	1.507	6.992	0.002	0.241
		9.483	44	0.216			

由表 5-16 可知，两种环境下不同动机学生的协作学习能力均存在显著差异，且动机较高小组的学生协作学习能力最高，而低动机组学生的协作学习能力最低，中等组的学生协作学习能力处于中等水平。通过以上分析可知，学生的学习动机水平与其协作学习能力存在正相关关系，在教学中激发学生的学习动机能够有效提升学生的协作学习能力。两种环境下的单因素方差分析效应值分别为 0.406 和 0.241，表明该结果具有比较好的推广价值。

2. 学生认知负荷分析

(1) 两种环境下的学生心理努力程度不存在显著差异，而心理负荷程度存在显著差异

本研究采用 Paas 提出的问卷对学生认知负荷测量，共包含两个题目，待完成测量后，通过两独立样本 t 检验对两种不同环境下的心理努力和心理负荷进行比较，结果如表 5-17 所示。

表 5-17 认知负荷两独立样本 t 检验结果

维度	组 别	*N*	*Mean*	*S. D.*	*t*	*d*
心理努力	智慧教室中基于 APT 的教学	43	7.23	1.83	2.79**	0.59
	传统科学教室中基于“讲授＋实验”的教学	47	6.13	1.88		
心理负荷	智慧教室中基于 APT 的教学	43	3.30	1.99	0.06	—
	传统科学教室中基于“讲授＋实验”的教学	47	3.33	2.05		

注：* 表示 $p<0.05$，** 表示 $p<0.01$，*** 表示 $p<0.001$。

由表 5-17 可知，在心理努力方面，智慧教室中基于 APT 的教学环境与传统科学教室中基于“讲授＋实验”的教学环境下存在显著差异，效应量为 0.59。且智慧教室中基于 APT 的教学环境下学生心理努力平均值为 7.23，而传统环境下的学生心理努力平均值为 6.13，由此可见，智慧教室环境下学生心理努力较大。而在心理负荷方面，两者并不存在显著的差异，表明智慧教室环境不会对学生造成负担。

(2) 适当增加学生心理努力程度有助于认知成绩的提升

笔者在对学生认知负荷基本分析的基础上，进一步将学生后测划分为高分组、中等组和低分组三组，并通过可视化的方式将学生分别绘制心理努力与学生后测成绩以及心理负荷与学生后测成绩图，如图 5-20、图 5-21 所示。

由图 5-20 可知，在智慧教室环境下，学生的成绩越高，则其心理努力程度也越高，即学生在任务上付出的努力程度越大；而在传统的科学教学环境下，低分组学生的心理努力程度最高，即心理努力程度会反向影响学生的认知成绩。由图 5-21 可知，两种环境下的心理负荷程度都比较低，且不存在显著差异。

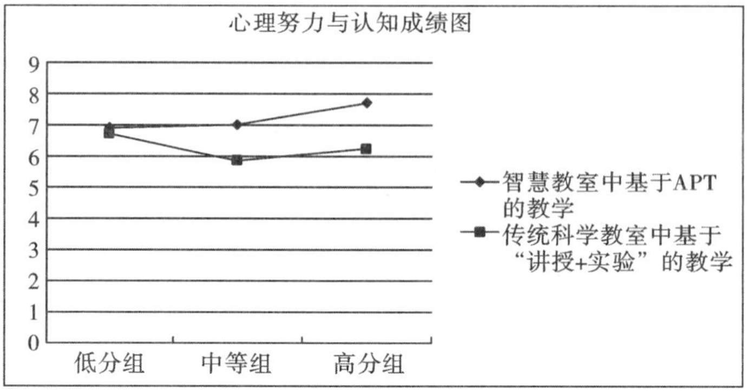

图 5-20　心理努力与认知成绩图

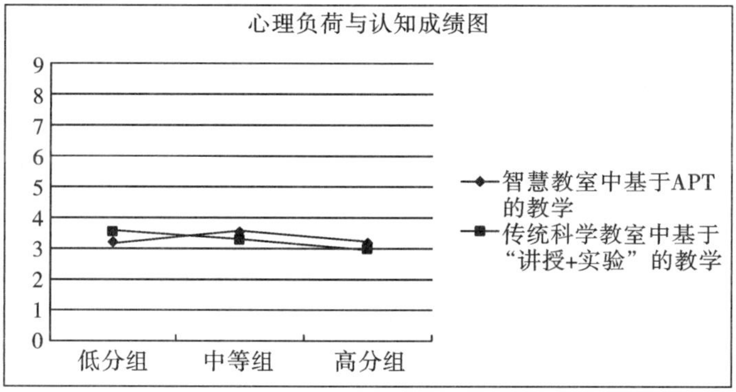

图 5-21　心理负荷与认知成绩图

5.4.4　学生深度学习整体状态分析

1. 传统科学教学环境下学生的学习动机对能力领域产生了更加显著的影响

本研究分别对学生的认知领域、能力领域以及情感领域的深度学习结果进行分析，通过分析发现，学生的情感领域的学习动机会对认知领域和能力领域的学习结果产生影响，因此，本研究进一步绘制了学生的深度学习状态图，将每名学生的学习动机、认知领域和能力领域的结果进行刻画描述，传统科学教室中的结果如图 5-22 所示。

由图 5-23 可知，在传统的科学教学环境中，部分学习动机较高的学生的认知领域成绩却落入了低认知区，部分学习动机较高的学生的认知领域成绩在高认知区，较少高动机的学生的认知领域成绩处于中等区。大部分中等动机水平的学生的认知领域成绩处于中等区，大部分学习动机较低的

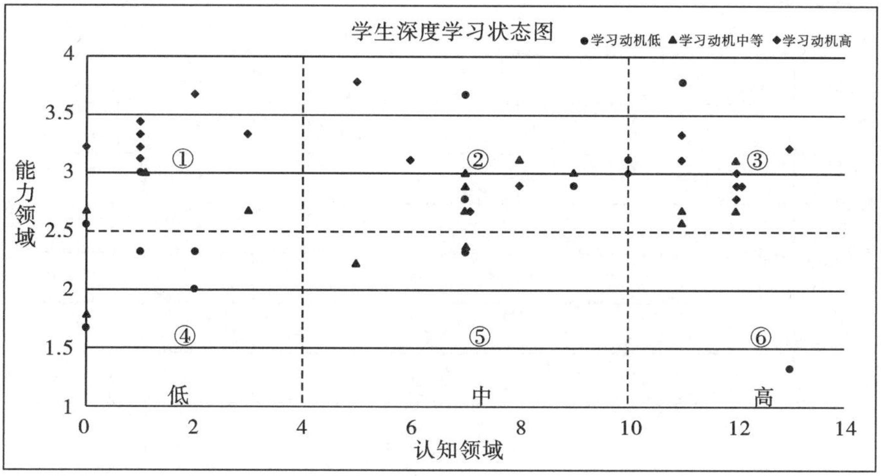

图 5-22　传统科学教学中的学生深度学习状态图

学生认知领域水平在低认知区，但有 1 名学生的动机水平较低，其认知领域成绩却位于高水平区。学习动机较高的学生的协作学习能力都相对较强，能力领域得分均达到了 2.5 分以上。学习动机处于中等和较低水平学生的能力领域得分相对较低，少数得分在 2 分以下。通过以上分析可知，在传统科学教学环境中，部分高动机的学生认知成绩较差，而协作学习能力均较强，即在这种环境下应该更加注重对学生学习动机的控制。

2. 智慧教室中基于 APT 教学环境下学生的学习动机对认知领域和能力领域均产生了显著的影响

本研究将学生的学习动机划分为了高动机、中等动机和低动机学生 3 组，并将认知领域的成绩划分为高认知区、中等认知区和低认知区，并将智慧教室中基于 APT 教学的学生 3 个领域的深度学习结果进行描述并绘制散点图，结果如图 5-23 所示。

由图 5-23 可知，在智慧教室中基于 APT 教学的环境下，大部分学生集中于高认知区，尤其部分低动机的学生处于高认知区，大部分的中等学习动机的学生都处在高认知区，但仍有 1 名高动机的学生处于低认知区和中等认知区，仅有少数低动机和中等动机的学生处于低认知区，大部分低动机的学生处于中等认知区。在智慧教室环境下高动机的学生协作学习能力更强，且所有学生的能力领域成绩均高于 2.5，高于传统科学教学中的学生协作学习能力。通过以上分析可知，高动机和中等动机的学生基本处于高认知区，而大部分低动机的学生处于中等认知区，且所有学生的能力领

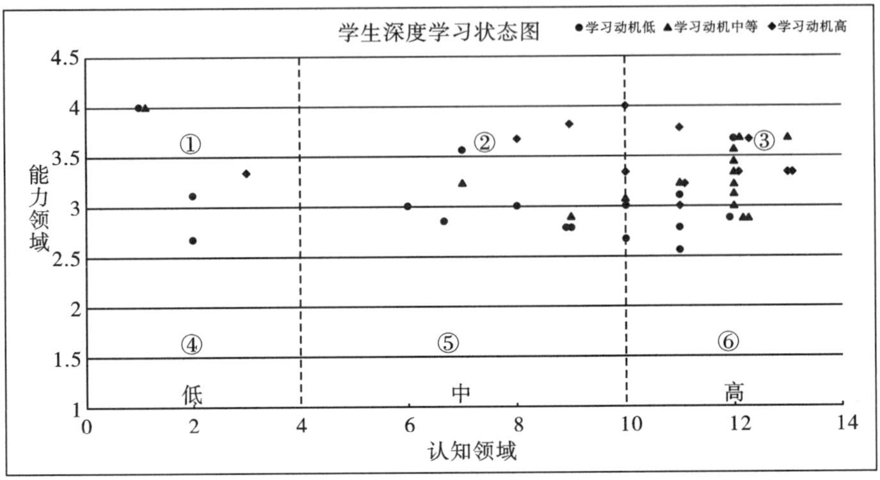

图5-23 智慧教室环境中基于APT教学的学生深度学习状态图

域得分均比较高，即智慧教室环境中基于APT教学能够显著提升学生的深度学习。

5.4.5 基于APT教学的两轮深度学习效果比较分析

本章内容在第一轮APT教学实践的基础上，进一步对APT的教学设计原则进行发展并再次开展教学实践，通过数据搜集与分析发现，前两轮教学实践后学生的深度学习效果呈现出了一定的提升趋势，具体如下。

1. 学生的知识掌握程度方面，浅层学习成绩均不存在显著差异，深层学习成绩的差异越来越显著

第一轮教学中，采用传统科学环境下的班级浅层学习成绩前测低于APT教学的班级，但在后测中两者水平基本相当（平均值分别为26.56、26.20），并不存在显著差异。第二轮教学中两个班级的学习成绩也并不存在差异。本研究结果意味着，智慧教室中基于APT的教学方式并不一定提升学生的浅层学习成绩，即在未来的科学教学中，对于需要学生识记、理解和简单运用的知识，采用传统的科学教学方式效果更佳。但在学生的深度学习方面，在第一轮教学中，两个班级在0.05的水平上存在显著差异，第二轮教学在0.01的水平上存在显著差异，差异水平越来越显著。这表明两种教学方式对于深度学习成绩产生的差异越来越大，即智慧教室中基于APT的教学环境下更有利于学生的综合、评价及创造方面成绩的提升。

2. 学生思维结构呈现小幅度提升

在每一轮教学的过程中，学生均产出了过程性的作品，如第一轮教学

中的探究实验记录单，第二轮教学中的小组拍摄视频。依据彼格斯提出的SOLO分类理论，本研究进一步将基于SOLO的评价量规分为0～7这8个等级，根据这8个等级对学生的过程性作品进行编码。通过对编码进行描述性统计分析发现，第一轮教学到第二轮教学的平均值分别为4.42和4.46以上数据表明，虽然前两轮教学中学生的思维结构并不存在显著差异，但平均值水平却出现了小幅度的提升。

3. 智慧教室中基于APT的教学能够促进学生在能力领域的发展

在第一轮教学中，分析智慧教室中基于APT教学与传统科学教学对学生探究能力的影响发现，两个班级在观察记录与探究能力的总分上存在差异，且智慧教室中基于APT的教学对学生探究能力的影响显著优于另一种教学。该结果具有合理性，在设计本轮基于APT的教学时，笔者与教师在进行深入讨论的基础上，设计了详细的科学探究评价量规，如表4-1所示。该量规对学生探究中的实验操作、观察记录和结论解释进行了详细的引导，在实验操作的部分提醒学生哪些是需要注意的事项，在观察记录的部分提出了实验记录的标准，在结论与解释部分为学生提供了结论描述的表达方式与解释的要点。这种详细的实验探究量规为学生提供了合理的学习支架，学生在学习过程中一旦遇到困难，可以从量规中找到部分解决方案；此外，量规也为学生的自查提供了依据。由此可见，在科学教学中为学生提供详细、科学的探究或评价量规能够促进学生的学习，在科学教学中可以起到重要的脚手架功能。

在第二轮教学中，面对的研究对象为二年级学生，教学内容为“寻宝总动员”，二年级学生处于认知发展的初步阶段，大部分学生仍以自我为中心，团队合作能力较差，因此，本轮教学的目的主要是培养学生的协作学习能力。分析发现，两种环境下学生的协作学习能力存在显著差异，采用智慧教室中基于APT教学的班级的协作学习能力显著高于另一个班级。通过回顾第二轮教学的设计与实施过程，分析造成能力差异的原因主要是在APT教学环境下，学生的活动主要以实践、协作为主，并且本次教学的另一优势是拓展了教学环境，将传统的科学教学环境搬到户外，学生在校园内的真实环境中将方向、距离等知识进行实践。学生在真实环境中的协作学习更有效，学生的协作学习能力提升得更快。而以教师“讲授＋实验”为主的传统科学教室中，学生虽然也在协作，但虚拟的环境、问题，甚至是脱离学生生活实践的情境，都不利于学生协作学习能力的养成。而在本轮的APT教学中，学生对于任务完成的顺利程度与协作过程都具有比较高的认可度。综合以上分析可知，智慧教室中基于 APT 的教学能够促进学生在能力领域的发展。

4. 两种环境下学生的学习动机差异小幅增加，认知负荷基本不存在显著差异

在第一轮教学中，学习动机前、后测均不存在显著差异；在第二轮教学中，虽然两独立样本 t 检验的结果仍然不显著，但两者之间的差距已明显扩大。通过协方差分析的结果可知，学生的学习动机对能力领域产生了显著的影响，但对于学习成绩，仅在第二轮产生了显著影响。由此表明，学生在刚开始接触智慧教室环境时，会由于感觉新鲜而影响其学习效果和动机水平，但随着接触时间的增长，学生逐渐适应了新的环境，由感觉新鲜带来的影响会逐步减少。

对于学生的认知负荷，研究结果表明，第一轮设计研究中，两种环境下的学生认知负荷并不存在显著差异；但第二轮的心理努力方面则出现了显著差异，可能是由于相较于传统的科学教学设计，学习任务及环境等发生了比较大的改变，学生是第一次参与室外协作探究活动，因此对学生的心理努力产生了影响。

5. ③号区域的学生深度学习状态散点增加

通过对学生在前两轮的深度学习状态散点图（图 4-13、图 4-14、图 5-22、图 5-23）进行分析发现，相较于第一轮教学实践而言，第二轮教学实践中，采用智慧教室中基于 APT 教学的学生深度学习状态更加集中于③号区域，即高认知、高能力的区域，这表明在第二轮实践中所作的教学修正是有效的，能够促进学生的深度学习发展。此外，与传统科学教学相比，智慧教室中基于 APT 的教学下，学生的深度学习状态更集中于②、③号区域，即智慧教室中基于 APT 的教学能够促进学生深度学习状态的发展。

5.5 教学设计与问题分析

本研究在智慧教室中开展基于 APT 的教学，第二轮循环以“寻宝总动员”为例，通过前期教学设计及数据整理分析发现本次教学实践中存在一些不足，具体如下。

1. 自选课程教学内容的资源及教学活动设计以探究为主，但内容的知识性较弱

本轮教学实践中主要是基于美国教材中“我们周围的秘密”这一单元

进行改编的，这一单元的主要知识是依据方向和距离来确定位置，通过多个虚拟及真实环境中定位“寻宝”活动促使学生掌握方向和距离的应用方式。学习任务以协作探究为主，活动主要围绕应用定位方向和测量距离来展开，课程重在学生在活动中的体验参与和感受，知识性相对较弱。

2. 评价方式多样，多个平台的使用给学生增加了负担

本次教学中设计了多样化的评价方式，以同伴互评为主，辅以学生的自我反思和教师点评，在同伴互评的阶段使用了问卷星及 iTeach 教学管理系统，教师点评也使用 iTeach 平台。在教学中，问卷星与 iTeach 平台的切换，增加了学生的心理负荷。由于学生为二年级的学生，在操作问卷星进行打分及填写意见的过程中，会存在一些技术问题。此外，在同伴互评阶段由于时间限制，学生并未充分填写自己的意见。

3. 教学以相对独立的活动方式组织，学生在部分活动中没有深度参与

本次教学活动主要包含 4 个任务，共包含 6 个课时，除最后一个任务校园“寻宝”3 个课时之外，其余 3 个活动均为 1 个课时。在前 3 个学习任务中，均包含对学生作品及路线的同伴互评活动，但由于只有 1 个课时，在评价的过程中，无法让每个小组的学生汇报其探究过程，只能由教师选择其中的几组进行汇报。本次教学中前 3 个活动虽然有关联，但其组织相对独立，因此，学生在完成一个活动进入下一个活动时需要再次适应。

4. 与传统科学教学相比，基于移动学习的协作探究活动并未提升学生的学习动机

本研究预期的目标是相较于传统科学教室中基于“讲授＋实验”的教学环境，智慧教室中基于 APT 教学环境下的科学探究能够更加有效地促进学生学习动机的提升，但从数据分析的结果发现，这种新型的环境与教学方式并未有效激发学生的学习动机。其中的主要原因是学生对于科学课程的热情本来比较高，基于移动学习的协作探究教学和传统的“讲授＋实验”的教学方式均能够激发学生的学习动机。

5. 学生在科学学习中有较高动机，但也在一定程度上其注意力发生了转移

通过回顾教学设计过程及课堂录制视频，学生注意力转移的原因主要是该学校并未在智慧教室中形成常态化教学，学生对新的教学环境非常感兴趣，从而注意力发生了转移。此外，本次科学教学中的校园“寻宝”活动走出了教室，学生对这种移动学习的方式感到比较新奇，这在一定程度上转移了学生的注意力，使得少数高动机的学生处于低认知领域水平。

6. 应用程序的固定的使用方式限制了学生的思维方式

本次教学中使用了多个应用软件，但所有的使用方式都是由教师提前设计和固定好的，因此学生在本次教学中不能自主选用相应的工具来支持其探究过程，这在一定程度上会限制学生的思维。

5.6 本章小结

本章内容在第一轮教学实践的基础上对评价、教学法、技术以及研究进行修正，并再次以“寻宝总动员”为例，设计智慧教室中基于 APT 的教学。本轮教学实践面对的学生为二年级的学生，在对学生、教学内容和教学目标进行详细分析的基础上，以基于协作探究的专题教学作为基本的教学策略，在此基础上设计了以同伴互评为主，并辅以学生自我评价反思和教师点评的多样化评价方式；在教学方式方面主要以移动学习、协作学习和探究式学习为主；技术应用了 iTeach、问卷星、指南针、白板、iBooks 和照相机等多个应用程序。本轮教学实践包含平面图“寻宝”、方向和距离知识习得、模拟迷宫和校园“寻宝”4 个活动，共 6 个课时。

为了检验智慧教室中基于 APT 教学的效果，本研究对开展 APT 教学的班级与采用以传统“讲授＋实验”为主开展科学教学的班级进行对比研究，探究该教学模式策略是否有助于提升学生的认知领域、能力领域和情感领域的学习能力，促进学生的深度学习。通过数据分析发现，在认知领域方面，智慧教室中基于 APT 的教学能够提升学生的学习成绩，且对学生实现深度目标学习的成绩更有效；此外，两种学习环境下学生学习成绩均呈现显著增长趋势，但智慧教室中基于 APT 教学的环境更有利于学生认知领域能力的提升。在能力领域方面，智慧教室中基于 APT 教学环境下的学生协作能力的平均值显著高于传统科学教室中基于“讲授＋实验”的教学环境，这表明智慧教室中基于 APT 的教学更加有利于学生协作学习能力的培养；智慧教室中基于 APT 的教学更加注重学生的实践以及知识的迁移应用，大部分学生能够专注于使用指南针和纸带进行探究，学生之间能更加有效地协作，有助于学生协作能力的培养。在情感领域方面，两种学习环境下学生的学习动机并不存在显著差异，但学习动机对学生的学习成绩和协作学习能力会产生显著影响；而对于学生的认知负荷来说，两种环境下的学生心理努力程度不存在显著差异，而心理负荷程度存在显著差异，适当增加学生心理努力程度有助于认知成绩的提升。本研究依据数据分析的结果，进一步绘制每名学生的深度学习状态散点图，通过绘制发现，传统科学教学环境下学生的学习动机对能力领域产生了更加显著的影响；智慧教室中基于 APT 教学环境下学生的学习动机对认知领域和能力领域均产生了显著的影响。

6　PBL 教学促进小学生深度学习——第三轮 APT 教学设计研究

在第一轮和第二轮的教学中分别以“土壤中有什么”和“寻宝总动员”为例，探究在以课堂交互为主的教室中如何实施基于 APT 的教学。第三轮教学在“寻宝总动员”的基础上，继续对教学设计进行修正并实施，通过数据搜集分析、探究学生的学习效果。

6.1　基于 PBL 的教学再设计与实践

第二轮以校本内容“寻宝总动员”为例的教学设计与实施，采用以 PBL 为主的教学法，通过移动学习拓展学习空间，连接正式与非正式学习环境；基于协作学习培养学生的协作学习能力。但第二轮智慧教室中基于 APT 的教学也出现了一些弊端，如应用程序的固定使用方式限制了学生的思维，应用程序数量较多也在一定程度上转移了学生的注意力等，因此，本次设计研究继续开展了第三轮的教学，以作进一步改进。

6.1.1　APT 教学设计原则的深化

前两轮教学在 APT 教学模型的基础上，对教学法、技术与评价的融合及教学方式等要素提出了要求，通过教学实践发现，在第二轮教学实践后，应用软件的使用方式、教学活动的设计等方面还存在一些问题，因此本章继续对 APT 教学设计的原则进行深化，以提升学生的深度学习效果。

原则 1：A（评价：Assessment）——学生评价以客观打分与主观评价反馈相结合。

传统教学评价的目的是为教师提供甄别的依据，也能让学生了解自身的学习状况。以学生为评价主体的同伴互评或自评中，如果学生的评价反馈仅仅是客观打分，可能会存在打分比较随意、没有深入思考等问题，其信度较差。大量的研究表明，学生在同伴互评中对于客观的等级划分及分数的接受程度远低于建议、态度表达级反思等主观内容。本研究在评价设计中期待学生能够在提供客观的分数与等级的基础上说明理由、表达自己的态度与看法并提供建议，以提升学生评价的客观性与准确性。此外，主观反馈也能够激发学生之间的交流与回应，使评价在教学中的作用最大化。

原则 2：P（教学法：Pedagogical Assessment）——教学方式以 PBL 教学为主。

前期的教学活动设计比较分散，每节课上教师都会设置 1 个或多个活动，且每个活动之间是割裂的，这会导致学生在以探究为主的活动中无法深入，经常会出现学生尚处在探究的关键时刻，却被教师的讲授打断；或者一节课已结束，而学生的探究活动尚未完成，但下节课又开始新的探究活动，不仅学生无法体验完整的科学探究过程，也会在一定程度上打击学生探究的自信与积极性。PBL 教学倡导教学以真实情境中的问题解决为主，基于一个长期或短期的项目或任务，学生通过解决非良构的问题达到知识的分析、评价、创造等高阶目标。深度学习强调学生能够将所学知识迁移到新的情境中，并解决实际的问题与挑战，而 PBL 教学正是将知识世界与真实世界建立联系，突破内容的边界，将知识点进行整合的一种教学方式。学生在 PBL 教学的过程中是主动的知识意义建构者，并不是被动的接受者，这也为深度学习的培养提供了良好的条件。

原则 3：T（技术：Technology）——信息技术使用的开放性。

提供丰富的移动终端等硬件设备及应用软件是智慧教室的优势，如何将信息技术工具与教学进行深度融合一直是教育技术领域的热点问题。笔者在前期合作学校的智慧教室观察发现，教师在进入智慧教室的初始阶段，最担心学生会在课堂上下载游戏以及使用其他教学外的应用软件，因此多数教师会要求锁定学生的屏幕，或者对学生的屏幕进行全方位的监控，而技术的使用则完全遵从教师的要求，在这种情况下，技术往往无法最大化发挥其优势，学生学习的积极性也会降低。为了进一步提升学生的学习兴趣与动机，本研究提倡在教学中可适当给学生以自主权，学生可根据问题或任务，以及自身的需求来选择信息技术的使用方式。如在完成探究实验时，学生可以使用虚拟实验应用软件，也可以使用实验道具进行模拟并录制视频，或者运用网络数据库进行查询。在此过程中，教师需要为学生设置比较合适的任务量，以防难度太低对学生没有挑战性，而将注意力转移到其他与学习无关的应用软件上。

原则4：TA（技术支持的评价：Technological Assessment）——技术实现评价结果的反馈。

反馈是评价的重要组成部分，及时的评价反馈为教师提供了校正教学的指导，也为学生学习过程的计划、监控与组织提供了依据。脱离了技术支持的教学评价无法为学生与教师提供全面的反馈，如教师的点评只能关注到部分学生，而学生参与的评价也很难反馈给同伴或老师。本研究在评价方面提供以技术支持的另一重要工作是技术的加入使评价结果的全面、即时反馈成为可能。在基于Padlet的评价中，网络环境能够支持Padlet内容的实时更新，师生可以随时查看评价的反馈。智慧教室中的多种学习管理系统可以为每一名学生建立电子档案袋，课堂中的评价结果能够即时发送到学生的档案中，为家长和教师了解和跟踪观察学生提供了量化的依据，也可使学生能够更加客观地评价自己。由此可见，通过技术支持评价来实现学生评价结果的反馈是设计教学评价需要考虑的关键要素。

6.1.2 基于PBL的教学实践再修正

第三轮教学循环在第二轮的基础上，依据以上教学设计原则，对课堂教学评价、教学法和信息技术的应用方式进行修正，修正的具体内容如表6-1所示。

表6-1 第三轮教学修正

改进项目	第二轮教学实践	第三轮教学实践
教学内容	以校本课程教学内容为主	以修订的教材内容为主
课时数	6	6
教学方式	以PBL教学、移动学习、探究学习和协作学习为主，并辅以教师讲解、演示法等	以PBL教学、协作学习、自主学习和探究学习为主
评价方式	以同伴评价、学生自评为主，辅以教师即时评价，并用技术来支持评价方式	以同伴评价为主，辅以学生自评、教师即时评价，并用技术来支持评价方式
技术应用	运用指南针等学科教学软件，iTeach学习管理系统，iBooks、白板等知识呈现软件，问卷星等软件支持教学评价	iTeach、iBooks、Keynote、Safari、星空漫步、发现地球、iMovie以及问卷星等

续表

改进项目	第二轮教学实践	第三轮教学实践
教学场所	智慧教室+校园	智慧教室
课堂学习文化	教师引导学生开展课堂学习活动，移动终端的使用由学生主导	教师提出任务，由学生主导学习活动，移动终端的使用由学生主导

6.1.3 “地球的运动”教学前端再分析

第三轮教学选择五年级下册的“地球的运动”，本小节将对学生、教学内容及教学目标进行分析，为后续的活动设计实施提供借鉴。

1. 学生分析

“地球的运动”为五年级下册的内容，所面对的学习对象为五年级下学期的学生，处于本阶段的学生已具备了皮亚杰认知发展理论中的具体运算阶段特征，如思维是可逆的，能够从发展变化的事物中找到本质，进行分类组合等，但在逻辑推理方面的能力还需要加强，结论往往需要具体事物和证据的支持，因此本研究将为学生提供多种模拟实验工具，以支持学生的探究过程。

除分析学生的一般特征之外，笔者与教师提前进行沟通分析该班级学生的自身特征。通过访谈得知，学生已经有接近 5 年的科学课程学习经验，已具备一定的科学探究能力，能够独立自主完成一些科学实验。此外，对本研究中用到的科学素材也比较熟悉，能够规范准确运用科学实验教具。该班级的学生在性格方面比较活泼好动、思维敏捷，对科学课的兴趣非常浓厚。学生已经了解了一些关于地球与宇宙科学的常识内容，但并未形成比较系统科学的认识，对于一些简单的宇宙现象并不能准确地解释其原因。该班级多次在智慧教室中开展教学，且学生均来自城市，多数父母都具备比较高的学历，学生在家庭里接触平板电脑的机会比较多，因此对智慧教室环境下的设备及应用非常熟悉。

以上对学生的分析表明，课堂教学中应充分发挥学生兴趣浓厚的特点，给学生以充足的任务，同时也要提供充分自主的学习环境；在技术的应用方面应比较开放，不需限制学生的使用方式。

2. 教学内容分析

本次教学内容“地球的运动”选自教育科学出版社五年级下册《科学》，地球与宇宙科学是小学科学阶段最重要的学习内容之一，小学教材的设计采用螺旋上升的方式。地球与宇宙科学相关内容从四年级上册开始涉及，四年级上册主要关于天气，包括温度、气温、风向、风速、降水量等知识点；四年级下册主要关于岩石和矿物；五年级上册继续学习关于地球表面及其变化，包括地形、岩石、风化、土地侵蚀等知识。由此可见，学生在前期已经掌握了部分关于地球与宇宙科学的相关知识，本次教学是对本模块内容的进一步深化；且在六年级下册的第三单元也是关于宇宙的内容，包括月球、月相变化、日食和月食、太阳系以及星空等内容。本次教学是承上启下的单元，由地球相关知识向宇宙知识转变，因此本次教学可采用比较开放的教学方式，鼓励学生结合已有的知识技能自主探究相关研究主题，为后续学习打下基础。

本单元共包含 8 小节内容，分别是“昼夜交替显现象”、“人类认识地球及其运动的历史”、“证明地球在自转”、“谁先迎来黎明”、“北极星‘不动’的秘密”、“地球在公转吗”、“为什么一年有四季”、“极昼和极夜的解释”等。学生需要通过模拟实验、模型建构等方式初步认识地球的运动规律，并通过自主查阅了解极昼、极夜等自然现象。

3. 教学目标分析

新版的小学科学（1～6 年级）课程标准中对地球与宇宙科学模块中每个学段的教学目标提出了要求，要求学生在 5～6 年级能够解释昼夜交替，地球自转、公转及太阳东升西落的成因，能够描述地球自转、公转周期和方向等规律，能够阐述一年四季的变化对动物和人类的影响。在科学探究方面则要求学生能从食物的变化及相互关系中提出问题、假设，能制订研究方案，通过实验、观察的方式获取变化关系，能运用分析、推理和概括的方式得出探究结论，采用图表、研究报告等方式呈现探究过程和结论，并能对他人报告进行评价质疑，反思自己小组的探究报告；在态度方面则要求学生能够对地球和宇宙的内部结构、变化关系感兴趣，能以证据为前提，大胆质疑，从多个方面进行探究。依据标准中提出的要求和前文对学生及教学内容的分析，本轮教学的三维目标如下。

（1）知识与技能

学生能够认识到地球的自转与公转的周期、方向等。

学生能够解释黎明、昼夜交替、自转、公转及太阳东升西落的成因。

能够阐述一年四季的变化以及季节变化对动物和人类的影响。

能够知道四季的成因，并能解释极昼、极夜现象。

能够认识到人类与地球环境的相互作用产生的一些现象。

（2）过程与方法

能通过对身边自然事物的观察，发现和提出问题。

知道科学探究涉及的主要活动，理解科学探究的基本特征。

能根据假设及问题制订简单的科学探究活动计划。

会查阅、整理从书刊及其他途径获得的科学活动计划。

能用多样化的方式表征探究结果，进行交流，并参与评议。

（3）情感态度与价值观

培养学生尊重事实、重视证据的科学态度，提升学生科学学习动机。

培养学生愿意与他人合作、乐于交流的学习态度。

培养学生大胆质疑、自我反思的能力。

培养学生自我监控、管理实验及探究过程的能力。

使学生懂得在探究活动中，需要对观察到的事实和探究所获得的证据进行遴选，在不同的参照物中可能有不同的作用。

6.1.4　APT 教学再设计

通过对学生及“地球的运动”教学内容、教学目标的分析，以及在第二轮教学设计与研究中所提出的问题以及改进策略，本轮教学将进一步对课堂教学评价、教学法及技术应用进行设计、实施。

1. 基于同伴互评的多样化课堂教学评价设计

传统的教学评价多以教师评价为主，第一轮教学中，为促进学生的评价参与度，设计基于量规的学生自评，教师可依据学生自评结果进一步了解学生的探究情况，但第一轮教学由于学生参与评价的方式比较单一，在学生的元认知能力方面并未有显著的提升作用。第二轮教学中本研究引入同伴互评，学生可依据量规对同伴的表现进行评价，主要以打分为主，评价内容方面则不再局限于学生进行实验探究，还包括学生的小组协作过程以及汇报过程。通过第二轮教学的实施发现同伴互评能够提升学生的参与度，但若用以评价的平台数量太多，也会对学生造成负担。总结前两轮评价设计的优势与弊端，本轮教学进一步对课堂教学评价进行修正，设计以同伴互评、自我评价为核心的评价方式，并以量规作为引导，最大限度地提升学生的参与度，培养学生大胆质疑的能力，提升其元认知能力。具体内容如图 6-1 所示。

由图 6-1 可知，为进一步促进学生的元认知能力，提升学习动机，本轮教学中设计了以同伴互评、自我评价为主的教学评价方式，并将量规作

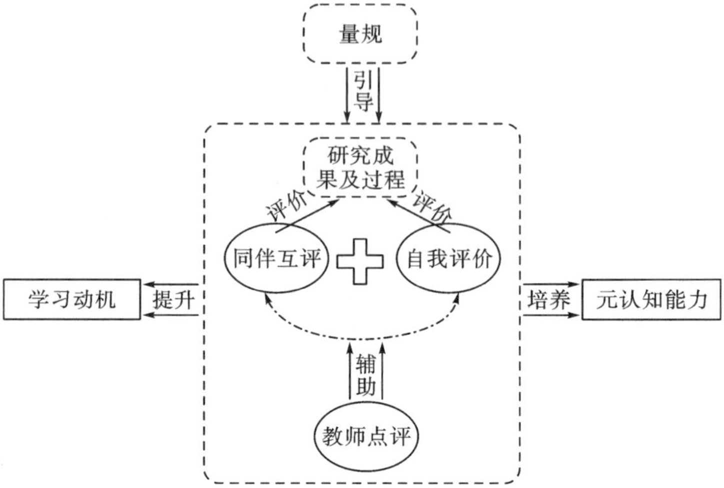

图 6-1　第三轮课堂教学评价

为支架，学生依据量规进行互评、自评，教师依据量规进行点评。在本轮教学中不仅要求学生对同伴的探究、协作和汇报等过程进行打分，还需要提出书面建议。量规如表 6-2 所示。

表 6-2　“地球的运动”评价量规

评价维度	评价指标	评价维度	评价指标
研究内容	1. 研究内容紧扣研究主题	协作过程	6. 小组分工明确、团结合作
	2. 研究方法多样		7. 小组成员能够各司其职
	3. 原理阐述清晰、准确	汇报过程	8. 汇报语言流利
	4. 模拟实验科学		9. 小组汇报仪态大方
	5. 引用的内容注明了出处		10. 小组成员可相互补充

说明：非常符合（做到了，并且非常好）3 分；符合（做到了，但做得一般）2 分；有点符合（做了一部分）1 分；不符合（没做到）0 分。

2. PBL 教学方法设计

前两轮教学活动以探究学习、协作学习为主，但教师的引导与讲授所占比例也较多，知识内容主要由教师讲解，在探究活动中教师提供了较多提示，且活动的设计比较分散，每次专题教学都包含多个由教师设定的学习任务，由于活动数量多导致学生在每个活动上的学习深度无法得到保证。本轮教学主要采用 PBL 教学法，学生在整个专题教学中只完成 1 个任务，即根据兴趣自主选择相关的 1 个或多个探究主题，并设计研究方案、完成探究、将研究成果可视化并展示汇报。教师在此过程中并不讲解知识，主要职责是在课程开始时提出教学要求，在教学过程中为学生提供帮助，在学生选定研究主题与制定研究方案后，提供移动的引导，以防部分小组的主题及研究方案设计完全偏离主题及研究方向。本次教学法如图 6-2 所示。

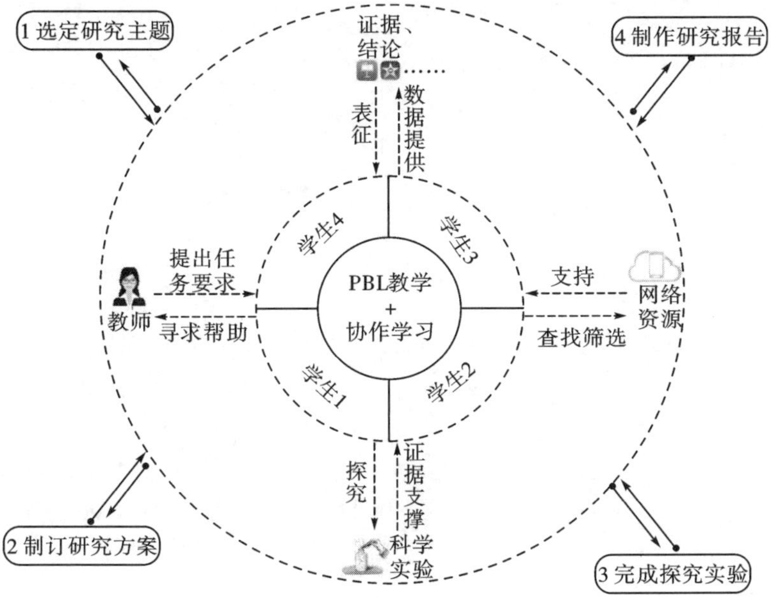

图 6-2 第三轮教学方法图

由图 6-2 可知，本轮教学法是以 PBL（基于项目的教学法）和协作学习为主，教师首先提出任务及要求“自选研究主题探究地球的运动”，要求学生首先完成研究记录单，学生针对“地球的运动”相关内容（如昼夜交替，地球自转、公转……），自主选定研究主题，并评估主题的可行性；学生确定研究方案后，教师对各个小组的研究主题及方案进行引导，保证研究的可实施性与规范性。学生依据教师的引导修订研究方案并完成实验探究，探究过程完全由学生自主实践，可选择任意的合理研究方法、科学用具和应用软件。学生在实验过程中可通过模拟实验、查阅网络资源及运用地球、宇宙相关虚拟现实应用软件等多种方式对研究选题进行探究，在成果表征的阶段，学生可通过制作 Keynote、视频等方式对探究的结果进行外显。本轮教学旨在为学生提供一个开放、自主的探究环境，以自拟问题作为驱动，以学生自主协作探究为手段，营造以学生为主体的学习环境。

3. 信息技术的教学应用设计

本轮教学中技术的应用比较开放，主要由学生依据自身的兴趣、需求和研究方案进行选取，用到的软件主要包括 iTeach、iBooks、Keynote、Safari、星空漫步（Star Walk）、发现地球（Kids World Atlas Game-Discover the Planet Earth Geography）、iMovie 以及问卷星等，具体如图 6-3所示。

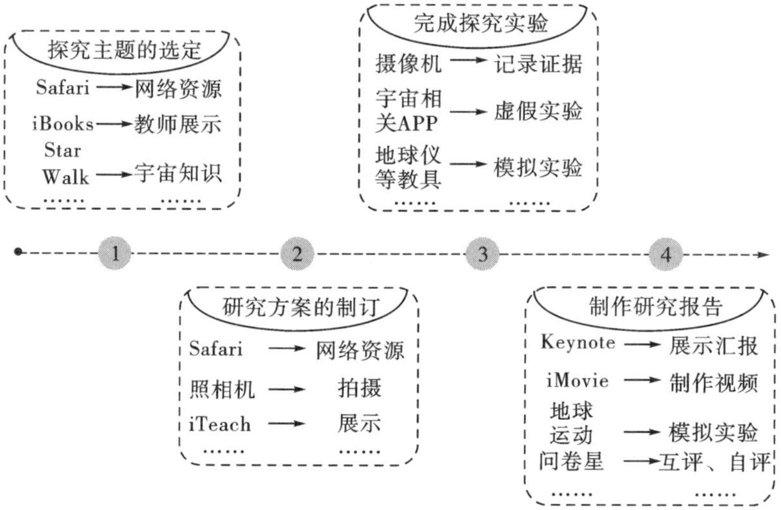

图 6-3 第三轮信息技术应用

由图 6-3 可知，在探究主题的选定中主要通过 iBooks 支持教师展示任务要求等，Safari、星空漫步等学科教育软件支持学生查询网络资源，为学生主题的选订提供资源。在研究方案制订时，学生运用 Safari 查询资源，iTeach 展示学生的研究方案。在完成探究实验的阶段，学生运用摄像机记录探究的过程及证据，以培养学生的证据思维，通过多个应用程序及科学教具来模拟实验。在研究报告制作的阶段，通过 Keynote 制作汇报文稿，运用 iMovie 制作视频，通过问卷星进行互评及自评。

4. 复合要素设计

本轮教学中的复合要素技术支持的评价，主要通过问卷星来支持学生的同伴互评与自评，待学生完成评价后，学生可在问卷星后台实时看到学生打分的均值图表，并查看每一名学生的书面建议。复合要素技术支持的信息化评价则将评价、教学法和技术三者融为一体，本轮教学中主要通过

Safari、星空漫步、Keynote、iMovie 等软件支持学生的 PBL 学习，通过 QQ 等软件支持学生的协作学习，通过问卷星支持教学互评及自评，通过同伴互评、自评方式对学生的 PBL 项目成果进行评价。PBL 教学方式、同伴评价和自评等评价手段以及多样化的教学应用程序为学生提供了开放、自主的学习环境，营造了民主的学习文化，真正彰显了学生的主体地位，提升了学生的学习动机。具体如图 6-4 所示。

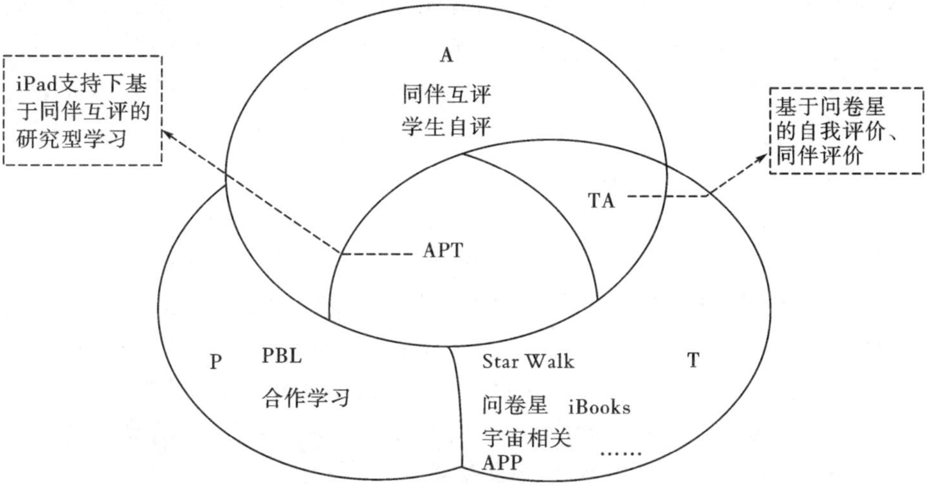

图 6-4　第三轮复合要素设计

5. 教学活动设计

通过对课堂教学评价、教学方法、信息技术应用以及复合要素的设计，本轮教学围绕“地球的运动”一单元，设计了一系列的教学活动，共 6 个课时，具体如图 6-5 所示。

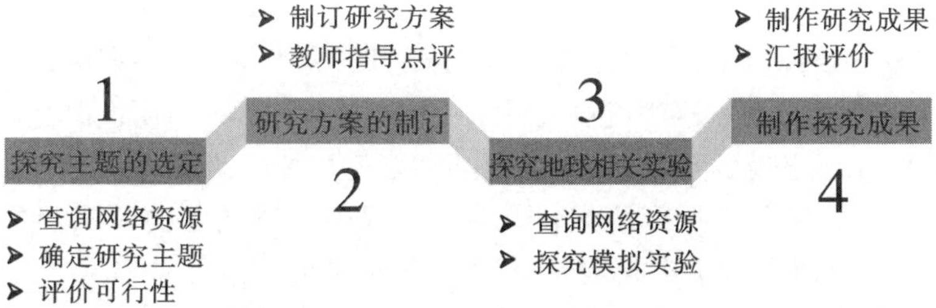

图 6-5　第三轮教学活动图

6.1.5 教学活动实施

第三轮教学活动以“地球的运动”一单元为例，开展基于协作探究的专题教学活动，通过前期的课堂教学评价、教学方法、信息技术应用和复合要素的分析，设计了以PBL为核心的教学活动，其实施过程如下。

1. 探究主题的选定

本次教学的主要特点是为学生提供开放、自主的学习环境，学生可以自主选择与本单元相关的主题进行研究，因此选择一个可行的研究选题是科学探究的基础。本次活动时长为1个课时，教师在教学开始时布置本次专题教学的任务，要求学生完成不少于一个研究主题的探究。在本次活动中，学生首先了解教材内容及研究范围，并根据自身兴趣及已有相关知识技能选择1～2个研究主题。在选择研究主题时主要有以下原则：“所选研究问题不能只是查阅资料就可以得出‘是否’的问题；所选研究问题是自己可以研究出来，难度适中的问题；所选研究问题可以结合模拟实验；所选研究问题有清楚的界定，主题清晰。”学生通过查阅资料研究其可行性，最终确定本组的研究选题，学生选题活动结束后，各个小组的研究选题汇总如下。

1. 为什么一年有四季？2. 地球为什么会自转？3. 哪个地区最先迎来黎明？4. 为什么会有昼夜交替？5. 极昼和极夜现象是怎么出现的？6. 北极星为什么“不动”？7. 地球为什么是圆的？8. 如何证明地球在自转？9. 地球是否同时在围绕太阳公转？10. 为什么一年有365天？11. 地球和太阳在怎样运动时才会导致昼夜交替现象？12. 我国的北京和乌鲁木齐哪个先迎来黎明？13. 地球为什么会围着太阳转？

2. 研究方案的制订

每个小组的学生在选定主题后，需要制订研究方案，填写研究记录单，内容主要包括研究题目、小组成员及分工、小组选题原因、对所选研究问题的理解与推测、研究方案设计和研究成果预期等学生填写记录单，如图6-6所示。

学生根据教师提供的记录单脚手架，阐述研究选题的原因，并提出假设和预测，对研究方案进行设计，预设研究成果，该记录单为学生后续的探究过程提供支架，明确每个小组成员的任务，以防出现小组协作混乱的情况。学生完成记录单后，教师可根据学生记录单中出现的共性问题进行点评，如部分小组的预期成果并不明确，在此基础上让学生进一步对记录单进行修改。

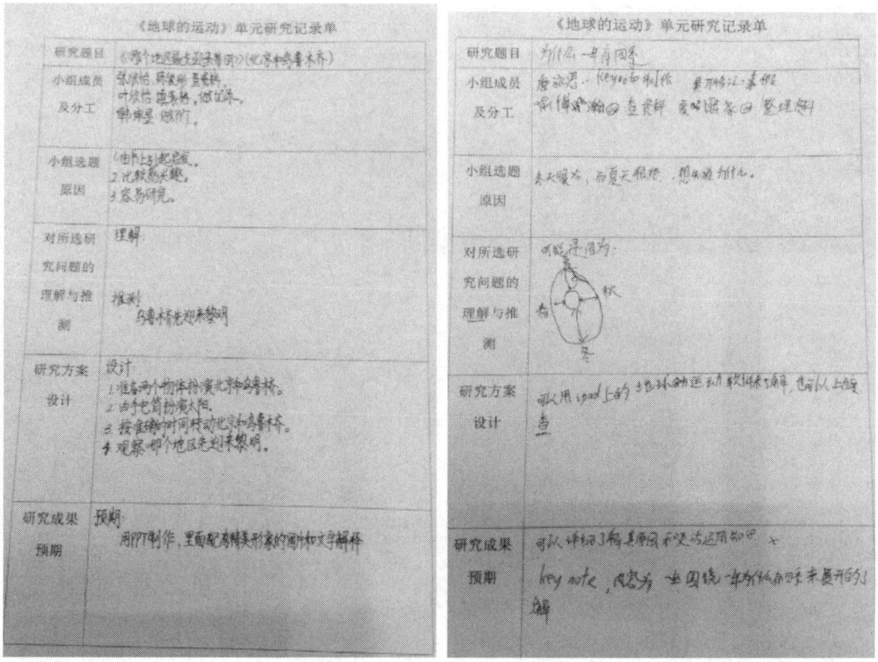

图 6-6　研究方案记录单

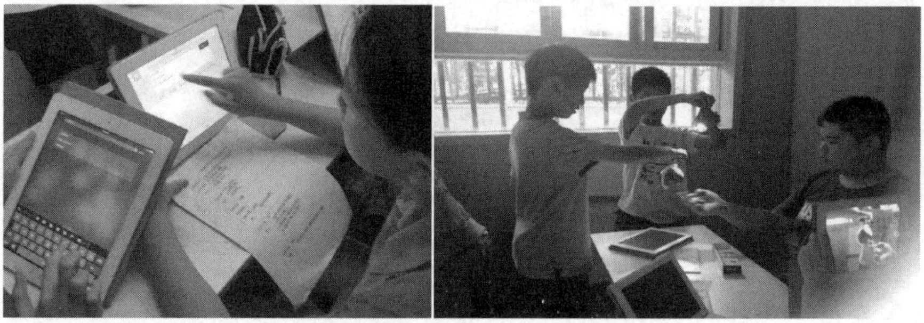

图 6-7　学生完成实验记录单及拍摄模拟实验

3. 探究地球相关实验

学生根据研究记录单，采取小组协作的方式进行实验探究，探究的方式主要包括模拟实验、资料查询等。具体如图 6-7 所示。

学生利用手电筒、地球仪等模拟工具完成相关的探究实验，学生完成实验探究后，需要依据研究主题对成果进行可视化，在实施过程中，部分小组采用视频的方式，多数小组通过 Keynote 演示文稿及 iMovie 视频拍摄的方式对探究过程及结果进行表征，如图 6-8、图 6-9 所示。

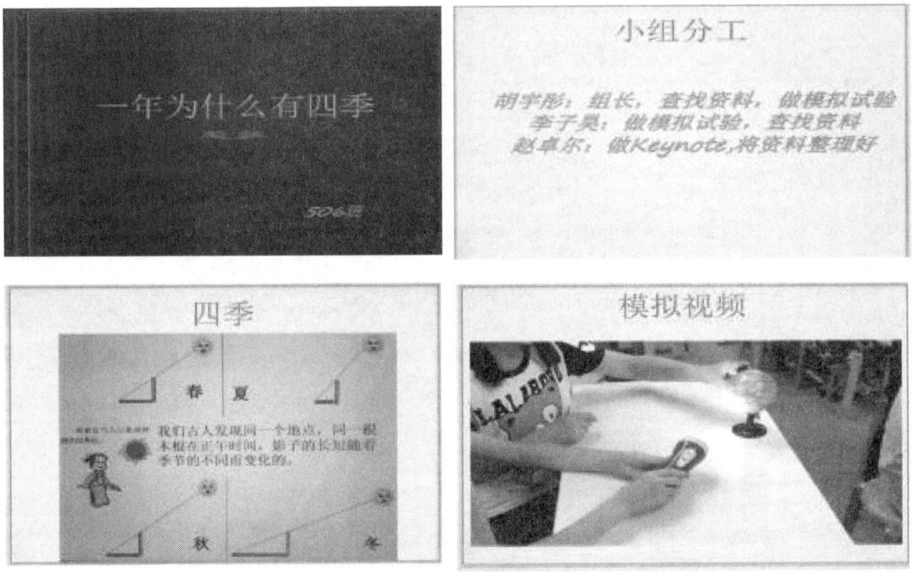

图 6-8 “一年为什么有四季”演示文稿

如图 6-8 所示，该组学生采用 Keynote 的方式展示研究报告，该报告中包括小组的分工、四季的成因及模拟实验视频。学生在制作 Keynote 演示文稿的过程中以协作的方式进行资源的搜集、筛选与整合工作。

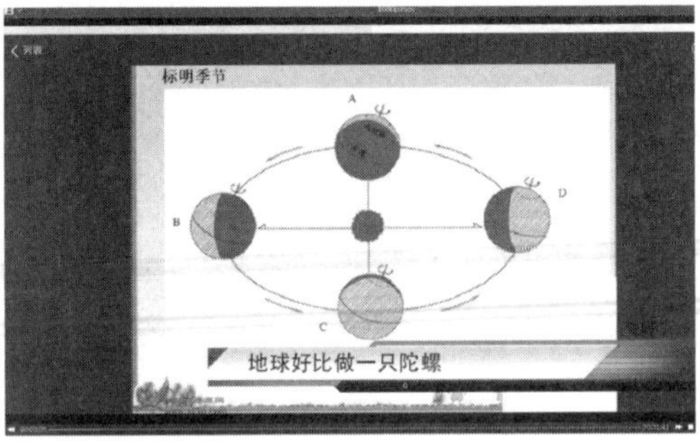

图 6-9 学生制作“昼夜交替”iMovie 视频

图 6-10 学生汇报

4. 探究成果评价

学生制作完展示成果后，教师组织班级分享与汇报，并开展同伴互评与学生自评，如图 6-10 所示。通过小组汇报让学生进一步对自己小组的研究主题进行梳理，能用自己擅长的方式表征探究结果。通过同伴互评的方式使学生之间产生交流，学术参与评议，要求既能大胆建议，又能尊重事实。本研究采用问卷星进行小组间同伴互评与自评，如图 6-11 所示。

图 6-11　“地球的运动”评价量表

学生通过图 6-11 所示的量表对自己小组及其他小组的探究过程及结果进行评价，教师对其评价格式进行规定，即“分数＋建议”的方式。如某一学生对第 1 组作品的评价为：“9 分。小组研究选题比较有趣，也很有意义，小组分工合理，用模拟实验解释了昼夜交替的原因，完成了大部分老师的要求。”

6.2　促进学生深度学习的第三轮研究设计

本轮教学中创设了以学生为主的学习环境，基于 APT 教学模型设计智慧教室中的协作探究专题教学方式，将“地球的运动”一单元中的 8 节内容进行整合，将知识点打乱重新进行梳理。依据学生兴趣与需求建立探究的主题集合，学生可自主选择其中的一个或多个选题进行深度研究，打破了传统教学中更加关注学生学习的广度而非学生学习的深度的思维局限。本轮教学中完全以学生的协作探究为主体，共 6 个课时，在教学方式上以 PBL 教学为主，在评价上采用同伴互评与自评的方式，信息技术的应用以学生的需求为主，学生可以自主选择多种技术手段或多样化的应用软件来解决所面临的问题。本轮教学将对比传统的以“讲授＋实验”为主的与智慧教室中基于 APT 教学的方式，分析两种环境下的优劣。

6.2.1 研究目的

本轮教学的目的是加强前两轮教学中的优势，改进所面临的问题，通过再次教学设计、实施搜集数据，对教学进行再次评估，探究三轮教学中学生在认知领域、能力领域和情感领域的变化。

6.2.2 研究对象

本轮教学中的研究对象是两个五年级的班级，这两个班级的科学课程从一年级起一直是由同一教师所教授，且这两个班级在上学期期末考试中的成绩不存在显著的差异。两个班级分别采用智慧教室中基于 APT 的教学与传统科学教室的“讲授＋实验”教学，具体如表 6-3 所示。

表 6-3　第三轮研究对象表

教学实践方式	学生班级	人数	授课时间	教学内容
智慧教室中基于 APT 的教学	五年级（5）班	50	2016.05.23—2016.06.16	地球的运动
传统科学教室中的“讲授＋实验”教学	五年级（6）班	50	2016.05.23—2016.06.16	地球的运动

6.2.3 研究步骤

本轮教学研究在前期教学设计的基础上，进一步通过搜集数据、分析数据的过程比较智慧教室中基于 APT 的教学及传统科学教室的“讲授＋实验”教学方式对学生深度学习的影响。首先在教学实施前，要对学生已有的知识、元认知能力和学习动机进行评测，主要目的是确保两个班级在同一水平线上。在教学实施过程中，两个班级分别采用两种不同的教学方式，但由同一教师授课。在教学实施后，分别再次测量两个班级学生的成绩、元认知能力和学习动机，评估两种学习方式下学生的深度学习是否有所变化以及引起变化的原因，最后根据数据评估结果进一步发展策略，以期形成一套智慧教室环境中基于 APT 教学模型的教学策略体系。

传统科学教室中的教授主要是以教师讲解与学生探究为主，知识点的组织方式是每一节内容为 1 个课时，共 8 个课时，主要的教学方式为教师讲解相关知识点和模拟实验，具体活动如表 6-4 所示。

表 6-4　“地球的运动”传统教学活动

目标	教学活动
• 学生知道昼夜交替的原理 • 能够模拟昼夜交替实验	学习活动 1：昼夜交替显现象 学习任务 1：教师讲授昼夜交替假说 学习任务 2：学生模拟昼夜交替实验
• 学生了解日心说和地心说 • 能够对比这两种假说	学习活动 2：人类认识地球及其运动的历史 学习任务 1：自主学习地心说和日心说 学习任务 2：交流体会
• 能够用傅科摆模拟地球自转 • 学生了解傅科摆	学习活动 3：证明地球在自转 学习任务 1：讲解地球自转知识 学习任务 2：了解傅科摆
• 知道地球的运动与黎明的关系 • 能够模拟黎明实验	学习活动 4：谁先迎来黎明 学习任务 1：学生观察地球仪 学习任务 2：模拟实验 学习任务 3：教师讲解地球方向
• 知道北极星为什么不动	学习活动 5：北极星“不动”的秘密 学习任务 1：教师讲解北极星知识 学习任务 2：模拟北极星不动的实验
• 知道什么是地球的公转 • 能够模拟地球公转的实验	学习活动 6：地球在公转吗 学习任务 1：教师讲解地球公转知识 学习任务 2：模拟地球公转实验
• 知道一年四季的成因 • 能够模拟一年四季实验	学习活动 7：一年有四季 学习任务 1：教师讲解四季知识 学习任务 2：地球仪模拟四季实验
• 了解什么叫极昼极夜 • 能够解释极昼极夜的成因	学习活动 8：极昼和极夜的解释 学习任务 1：教师讲解极昼极夜知识 学习任务 2：模拟极昼极夜实验

6.3　深度学习的数据搜集与分析方法

本轮教学中将继续对学生的深度学习进行评测，从认知领域、能力领域和情感领域收集相关数据进行分析。在认识领域主要包括教学前后的学生知识掌握程度评测以及思维结构分析；能力领域主要是学生的元认知能力评测，评测方式同第一轮教学；情感领域对学生的学习动机与认知负荷进行评测，所使用的的问卷同第一轮教学中的评测方式一样。因此，本轮教学中将着重介绍认知领域的评测工具，能力领域和情感领域将不再赘述。

6.3.1 基于布鲁姆教学目标分类法的学生知识掌握程度评测

“地球的运动”的教学目标主要包括知识与技能、过程与方法以及情感态度与价值观三个维度，对学生知识掌握程度的评测将主要对学生的知识与技能目标达成情况开展。笔者与执教教师依据教学目标及内容设计了前、后测试题目，并邀请另外两位经验丰富的小学科学教师对题目进行审阅，以保证测试具有较好的效度。教学目标与测试题目的关系如表 6-5 所示。

表 6-5 “地球的运动”目标与测试关系表

序号	学习目标	分类等级						前测	后测
		识记	理解	应用	分析	评价	创造	题号	题号
Ⅰ	学生能够认识到地球的自转与公转的周期、方向等	√	√	√	√	√	√	1-1、1-2、4-4	1-1、1-2、1-3、2-2
Ⅱ	学生能够解释黎明、昼夜交替、自转、公转及太阳东升西落的成因	√	√	√	√	√	√	4-1	3-1、3-4
Ⅲ	能够阐述一年四季的变化，以及对动物和人类的影响		√	√	√		√	4-2	3-2
Ⅳ	知道四季的成因和极昼极夜的解释		√	√	√	√	√	2-1、2-2、4-3	3-3
Ⅴ	学生能够了解北极星的位置及其“不动”的原因	√	√	√	√			3-1	2-1
Ⅵ	能够认识到人类与地球环境的相互作用产生的一些现象		√	√	√			5-1	4-1

由表 6-5 可知，本次教学中对于学生的知识掌握程度要求较高，尤其在地球的自转与公转、黎明、昼夜交替、自转、公转、太阳东升西落和四季的变化等方面需要达到创造的目的，因此在题目的设计中也比较重在考查学生的高阶目标。待确定题目初稿后，笔者对前、后测试题进行了预测，对测试的难度与区分度进行了计算，如表 6-6 所示。

表 6-6 “地球的运动”前、后测试题难度和区分度

前测试题序号	难度系数	区分度	后测试题序号	难度系数	区分度系数
1-1	0.49	0.30	1-1	0.50	0.41
1-2	0.60	0.41	1-2	0.45	0.31
单选题	0.55	0.36	1-3	0.41	0.40
2-1	0.36	0.27	单选题	0.45	0.37
2-1	0.57	0.32	2-1	0.30	0.38
多选题	0.47	0.30	2-2	0.43	0.30
3-1（判断题）	0.85	0.38	判断题	0.37	0.34
4-1	0.60	0.33	3-1	0.55	0.30
4-2	0.42	0.31	3-2	0.47	0.32
4-3	0.16	0.45	3-3	0.31	0.40
4-4	0.27	0.44	3-4	0.13	0.48
简答题	0.36	0.38	简答题	0.37	0.38
5-1（论述题）	0.52	0.31	4-1	0.50	0.40
试题总难度	0.55	0.35	试题总难度	0.43	0.37

通过表 6-6 可知，除前测中的题目 2-1 的区分度系数低于 0.3 以外，其他题目的难度系数与区分度系数均比较良好，笔者进一步对 2-1 题目进行修改，使其区分度系数比较良好。通过 SPSS 中对前、后测的难度系数进行曼惠特尼-U 检验，发现前、后测的难度并不存在显著差异。

6.3.2 基于 SOLO 分类的学生思维结构评测

本轮教学中学生的思维结构将通过学生的作品体现，学生在通过 Keynote、iMovie 等方式表征探究过程与结果时，将实验的预测、探究过程以及所得出的结论均在作品中进行呈现。但部分小组在呈现小组探究结果时，并未依据实验结果进行结论获取及解释，而仅仅是通过搜索网络资源的方式了解某种地球运动的原因，则标记为较低的思维结构。如某一小组在研究“为什么一年有四季”这一选题时，通过拍照的方式对四个季节的地球与太阳的位置关系进行呈现，但在结论部分则主要通过百度来查询，

如图 6-12 所示。

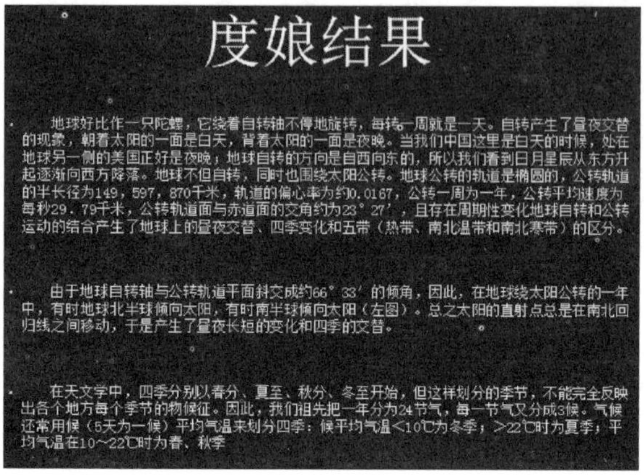

图 6-12　低水平学生作品图

虽然该结论解释非常详细，但并不是从本组的模拟实验中得出，而是从百度中直接查询，则本组的思维结构标记为“3”。笔者组织同前两轮教学中相同的两位独立的研究人员对学生的作品进行编码，编码的信度卡帕系数为 0.757，表明该编码具有比较好的信度。

6.4　基于 PBL 的 APT 教学对学生深度学习影响分析

前文内容对智慧教室中如何实施基于 APT 的教学，以“地球的运动”为例进行了第三轮的设计，通过教学实施及数据分析，再次对教学效果进行评价，本节内容将分析数据，以期客观准确地评估教学效果。

6.4.1　学生认知领域结果分析

1. 基于布鲁姆教学目标分类的学生知识掌握情况分析

学生的知识掌握情况的评估主要依据教学前后开展的测试，本研究根据布鲁姆的教学目标分类法，分别编制前、后测试题，并在 SPSS 中通过两独立样本 t 检验和两配对样本 t 检验对学生的认知领域得分进行均值比较。

(1) 智慧教室中基于 APT 的教学方式更有利于学生取得较高的测试成绩

依据“地球的运动”教学目标，分别在传统科学教室中基于“讲授+实验”教学环境与智慧教室中基于 APT 的教学环境下，通过测试的方式评测学生在教学实施前、后知识掌握程度，并在 SPSS 中通过两独立样本 t 检验对比分析两种环境下的差异，结果如表 6-7 所示。

表 6-7 不同学习环境下学生成绩独立样本 t 检验结果

维度	组别	*N*	*Mean*	*S. D.*	*t*	*d*
前测成绩	传统科学教室中基于“讲授＋实验”的教学	47	43.62	16.69	2.81**	0.60
	智慧教室中基于 APT 的教学	42	34.40	13.86		
后测成绩	传统科学教室中基于“讲授＋实验”的教学	44	56.20	19.37	2.78**	0.58
	智慧教室中基于 APT 的教学	50	67.94	21.29		

注：* 表示 $p < 0.05$，** 表示 $p < 0.01$，*** 表示 $p < 0.001$。

由表 6-7 可知，在前测成绩中，两个班级回收的试卷分别为 47 份和 42 份，两种环境下的前测成绩平均值分别为 43.62 和 34.40，标准差分别为 16.69 和 13.86，且两者之间存在显著差异，采用传统的科学教学的班级学生的成绩显著优于另一班级。两个班级分别实施不同的教学方式后，再次分别对两个班级实施后测，回收的测试卷分别为 44 份和 50 份，两个班级的平均值分别为 56.20 和 67.94，标准差分别为 19.37 和 21.29，且两者在 0.01 的水平上存在显著差异，智慧教室中实施基于 APT 教学方式的班级的成绩显著高于传统教学方式的班级成绩，分析表明，智慧教室中基于 APT 的教学方式更有利于学生学习成绩的提升。为进一步评估两种环境下学生知识掌握的提升程度，笔者进一步通过两配对样本 t 检验分别对比两种环境下的前、后测成绩，结果如表 6-8 所示。

表 6-8 学生成绩两配对样本 t 检验结果

组别	学生前测成绩		学生后测成绩		*N*	*t*	*d*
	Mean	*S. D.*	*Mean*	*S. D.*			
传统科学教室中基于“讲授＋实验”的教学	43.77	16.40	56.20	19.37	44	5.40***	0.69
智慧教室中基于 APT 的教学	34.40	13.86	66.71	22.40	42	10.75***	1.73

注：* 表示 $p < 0.05$，** 表示 $p < 0.01$，*** 表示 $p < 0.001$。

由表 6-8 可知，在传统科学教学的环境下，学生的前、后测成绩之间在 0.001 的水平上存在显著差异，且效应量为 0.69，有较大的效应。在智慧教室中基于APT教学方式下，教学实施前、后学生的测试成绩也是在0.001的水平上存在显著差异，且效应量为1.73，具有相当的效应及较好的使用价值。通过以上分析可知，虽然两种环境下，学生的学习成绩都有所提升，但智慧教室中基于APT教学环境下学生的学习成绩提升程度更大。

(2) 相对于浅层学习，智慧教室中基于APT的教学方式更有利于学生深度学习成绩的提升

依据布鲁姆教学目标等级与深度学习、浅层学习的关系，学生对知识的识记、理解和应用属于浅层学习的等级，而分析、评价和创造属于测量深度学习的范围。本次教学的后测试题中，属于浅层学习的题目包括1-1、1-2、1-3、2-1和2-2，属于深度学习的题目包括3-1、3-2、3-3、3-4、4-1，分数分别为25和75，前测试题中，浅层题目包括1-1、1-2、2-1、2-2、3-1，深层题目包括4-1、4-2、4-3、4-4和5-1，分数分别为25和7。通过两独立样本t检验对比两种环境下的前测、后测中浅层和深度测试题的差异，结果如表6-9所示。

表6-9 两种环境下学生浅层、深度学习前测两独立样本t检验结果

维度	组　别	*N*	*Mean*	*S. D.*	*t*	*d*
浅层学习	传统科学教室中基于“讲授＋实验”的教学	47	14.21	6.58	1.95	—
	智慧教室中基于APT的教学	42	11.67	5.65		
深度学习	传统科学教室中基于“讲授＋实验”的教学	47	29.40	12.17	2.66**	0.57
	智慧教室中基于APT的教学	42	22.74	11.36		

由表6-9可知，在前测的浅层学习中，两个班级的平均值和标准差分别是14.21、11.67和6.58、5.65，虽然传统环境下略高于APT教学环境下的成绩，但两者之间并不存在显著差异；在深度学习方面，采用传统科学教学的班级显著高于智慧教室中基于APT的教学的班级，效应量*d*值为0.57，表明具有中等的效应。为分析两个班级在采取不同的教学方式后浅层学习与深度学习的变化，研究对两个班级中教学实施后的测试中浅层学习、深度学习的差异进行分析，两独立样本t检验的结果如表

6-10 所示。

表 6-10　两种环境下学生浅层、深度学习后测两独立样本 t 检验结果

维度	组　别	*N*	*Mean*	*S. D.*	*t*	*d*
浅层学习	传统科学教室中基于“讲授＋实验”的教学	45	17.00	6.86	1.15	—
	智慧教室中基于 APT 的教学	50	18.96	9.34		
深度学习	传统科学教室中基于“讲授＋实验”的教学	41	35.17	11.52	4.28***	1.09
	智慧教室中基于 APT 的教学	47	45.06	10.17		

由后测中浅层、深度学习成绩的两独立样本 t 检验分析结果可知，两种环境下的浅层学习仍然不存在显著差异，但深度学习的成绩在 0.001 的水平上存在显著差异，且平均值和标准差分别为 35.17、45.06 和 11.52、10.17，表明智慧教室中基于 APT 的教学环境更有利于学生的深度知识的获得。为进一步确定两种环境下学生的浅层学习、深度学习方面的提升程度，研究在 SPSS 中进行了两配对样本 t 检验，结果如表 6-11 所示。

表 6-11　学生浅层学习、深度学习两配对样本 t 检验结果

维度	组　别	学生前测成绩		学生后测成绩		*N*	*t*	*d*
		Mean	*S. D.*	*Mean*	*S. D.*			
浅层学习	传统科学教室中基于“讲授＋实验”的教学	14.24	6.26	17.00	6.86	45	2.36*	0.25
	智慧教室中基于 APT 的教学	11.67	5.65	19.48	9.91	42	4.18***	0.97
深度学习	传统科学教室中基于“讲授＋实验”的教学	30.46	11.42	35.17	11.52	41	2.84**	0.41
	智慧教室中基于 APT 的教学	23.85	10.51	44.54	10.70	39	9.29***	1.95

由两配对样本 t 检验的分析结果可知，采用智慧教室中基于 APT 教学的班级浅层学习和深度学习的提升程度均在 0.001 的水平上显著，且 d 值均大于 0.8，具备较高的效应量。在传统的科学教学环境中，浅层学习在 0.05 的水平上呈现显著差异，深度学习在 0.01 的水平上表现出显著差异，具备中的效应量。分析表明相对于浅层学习，智慧教室中基于 APT 的教学

方式更有利于学生深度学习成绩的提升。

2. 基于 SOLO 分类理论的学生思维结构分析

本轮教学中以专题教学为主，学生通过协作探究的方式开展学习，在探究的过程中，学生通过 iMovie 视频、Keynote 演示文稿的方式将知识外化，学生的作品中包括小组的活动过程及成果，体现了学生的思维结构，本研究基于 SOLO 分类理论对学生的作品进行分析，运用表3-18中的类目表，对学生的作品编码。本次教学的过程共分为 12 组，但部分小组完成了 2 个选题，即有 2 份作品，因此本次教学中作品的数量为 15。通过描述性分析对作品的编码计算平均值等，结果如表 6-12 所示。

表 6-12 学生思维结构编码分析结果

	N	极大值	极小值	*Mean*	*S. D.*
智慧教室中基于 APT 的教学	15	7	1	4.8	1.97

由表 6-12 可知，学生的作品中体现出来的思维结构编码的最小值为 1，最大值为 7，平均值为 4.8，基本处于低水平关联结构。笔者进一步绘制学生作品的线图，分析 15 份作品的编码，结果如图 6-13 所示。

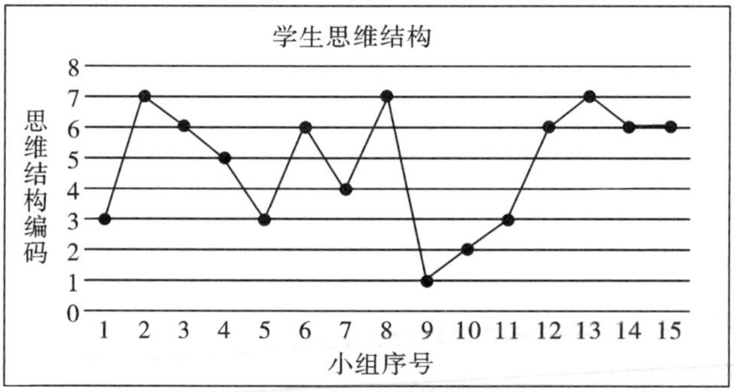

图 6-13 学生思维结构线图

6.4.2 学生能力领域结果分析

本轮教学中，学生的能力领域变化主要通过元认知能力进行体现，本研究中在教学实施前后分别对学生的元认知能力以调查问卷的方式进行评测，通过数据收集、录入及遴选等预处理的过程，笔者在 SPSS 中通过 t 检验分析学生元认知能力的变化。

研究结论：相较于传统的科学教学方式，智慧教室中基于 APT 的教学方式有利于学生元认知能力的培养。

本轮教学中采用的元认知能力评测问卷主要包含 12 个题目，分别计算在教学实施前后学生在 12 个题目中测试得分的平均值，作为学生元认知能力的整体水平值，在 SPSS 中通过两独立样本 t 检验分析前测与后测中两种学习环境下学生的元认知能力是否存在差异，结果如表 6-13 所示。

表 6-13　两种环境下学生元认知能力前、后测两独立样本 t 检验结果

维度	组　别	*N*	*Mean*	*S. D.*	*t*	*d*
前测	传统科学教室中基于“讲授＋实验”的教学	47	3.62	0.74	0.46	—
	智慧教室中基于 APT 的教学	50	3.56	0.83		
后测	传统科学教室中基于“讲授＋实验”的教学	46	3.61	0.78	2.81**	0.58
	智慧教室中基于 APT 的教学	50	4.07	0.81		

由表 6-13 可知，在前测中，两个班级的平均值和标准差分别为 3.62、3.56 和 0.74、0.83，虽然采用传统科学教学方式的班级略高于实施智慧教室中基于 APT 教学的班级，但两者之间并不存在显著差异，表明在教学实施前，两个班级的元认知能力处于同一水平。实施教学后，两个班级的元认知能力发生了变化，平均值分别为 3.61、4.07，标准差分别为 0.78 和 0.81，两者之间存在显著差异，且实施智慧教室中基于 APT 教学的班级元认知能力明显高于另一班级，表明这种教学方式能够有效促进学生的元认知能力。笔者在 SPSS 中进行了两配对样本 t 检验分析，探究两种环境下的学生元认知能力提升程度，结果如表 6-14 所示。

表 6-14　学生元认知能力两配对样本 t 检验结果

组　别	学生前测成绩		学生后测成绩		*N*	*t*	*d*
	Mean	*S. D.*	*Mean*	*S. D.*			
传统科学教室中基于“讲授＋实验”的教学	3.62	0.75	3.61	0.78	46	0.05	—
智慧教室中基于 APT 的教学	3.55	0.83	4.07	0.81	50	2.34*	0.63

由两配对样本 t 检验结果可知，在传统科学教学环境下学生的前、后测元认知能力水平基本持平，并不存在显著差异；但在智慧教室中基于 APT 的教学环境下，学生的前、后测元认知能力平均值和标准差分别为

3.55、4.07 和 0.83、0.81，且后测中的元认知能力在 0.05 的水平上显著高于前测，即学生的元认知能力得到了显著提升。通过以上分析可知，相较于传统的科学教学方式，智慧教室中基于 APT 的教学方式更有利于学生元认知能力的培养。

6.4.3 学生情感领域结果分析

对于学生在情感领域的评测包括学习动机和认知负荷，所使用的问卷同第一轮教学，在教学实施前后分别测量学生的学习动机，以期发现学生在学习动机方面的变化；认知负荷的测量则在教学实施后，分析两种环境下学生的认知负荷是否有所不同。

1. 学生学习动机分析

（1）智慧教室中基于 APT 的教学方式能够显著提升学生的学习动机

学生的学习动机主要通过自我报告的形式进行评测，在教学实施前、后分别对学生的学习动机进行测量，回收的问卷数量分别为 47 份、50 份和 45 份、50 份。对数据进行异常值处理及多重插补缺失值后，将学习动机中所有问题得分的平均值作为学习动机的值，在 SPSS 中通过两独立样本 t 检验分析两种环境下的前、后测学习动机是否不同，结果如表 6-15 所示。

表 6-15 学习动机前、后测两独立样本 t 检验结果

维度	组 别	*N*	*Mean*	*S. D.*	*t*	*d*
前测	传统科学教室中基于“讲授＋实验”的教学	47	3.60	0.64	1.18	—
	智慧教室中基于 APT 的教学	50	3.46	0.58		
后测	传统科学教室中基于“讲授＋实验”的教学	45	3.59	0.43	2.65**	0.73
	智慧教室中基于 APT 的教学	50	3.99	0.65		

由表 6-15 可知，两个班级教学实施前的学习动机并不存在显著的差异，但实施传统科学教学的班级学习动机平均值略高于另一班级。通过教学实施后，两个班级的学习动机出现了明显的差异，在智慧教室中实施基于 APT 教学的班级的学生学习动机显著高于传统教学的班级，平均值分别为 3.99 和 3.59，表明这种教学方式更有利于激发学生的学习动机。为进一步阐述学习动机的提升程度，研究通过两配对样本 t 检验分析比较两种环

境下前、后测中的学习动机，结果如表 6-16 所示。

表 6-16 学习动机两配对样本 t 检验结果

组 别	学生前测成绩		学生后测成绩		*N*	*t*	*d*
	Mean	*S. D.*	*Mean*	*S. D.*			
传统科学教室中基于“讲授＋实验”的教学	3.60	0.66	3.59	0.74	45	0.08	—
智慧教室中基于 APT 的教学	3.46	0.58	3.99	0.73	50	4.51***	0.80

通过对两个班级的学习动机分别进行两配对样本 t 检验分析，结果表明，开展 2～3 周的传统科学教学并不能提升学生的学习动机；但在智慧教室中基于 APT 的教学方式下，开展 2～3 周的基于协作探究的专题教学能够显著提升学生的学习动机，前测中的平均值为 3.46，后测中的平均值为 3.99，且该显著效果的效应量为 0.80，具有比较可观的实用价值。

（2）学习动机对学生的元认知能力产生显著影响，但认知成绩方面则不存在显著的影响

为分析不同的学习动机是否会对学生的认知领域、能力领域产生影响，依据学习动机得分，将学生划分为高动机组、中等动机组和低动机组，通过协方差分析探究不同学习动机组学生的认知成绩与能力水平是否有所不同。为防止前测中的知识成绩与元认知能力水平会对后测中的水平产生影响，本研究采用协方差分析分别控制前测的知识成绩和元认知能力。分析结果发现，在控制前测知识成绩的前提下，智慧教室中基于 APT 教学环境下的学习动机并不会对学生的后测知识成绩产生影响。学习动机与学生元认知能力的协方差分析结果如表 6-17 所示。

表 6-17 学习动机与元认知协方差分析主体间效应检验

来源	Type Ⅲ的平均和	df	*MS*	*F*	*P*
组间误差	0.29	2	0.14	0.42	0.66
	15.02	44	0.34		

由表 6-17 中的主体间效应检验可知，学习动机与前测中元认知能力的交互作用不显著，即自变量与协变量满足了斜率同质性假设的前提，可以进行协方差分析。研究进一步在 SPSS 中进行协方差分析，结果如表 6-18 所示。

表 6-18 学习动机与元认知能力协方差分析表

来源	Type Ⅲ的平均和	df	*MS*	*F*	*P*	η_p^2
组间误差	16.563	2	8.28	24.89	0.000***	0.52
	15.31	46	0.33			

注：* 表示 $p<0.05$，** 表示 $p<0.01$，*** 表示 $p<0.001$。

由表 6-18 可知，学生的学习动机水平对元认知能力在 0.001 的水平上产生了显著影响，且通过比较均值发现，动机水平越高，则学生的元认知能力越强，该分析结果表明，在智慧教室中采用基于 APT 模型的教学方式时，可通过提升学生的学习动机以达到提升学生元认知能力的目标。

通过协方差分析结果可知，学习动机对认知成绩没有产生显著的影响，但通过比较不同动机水平的学生的后测总分成绩、浅层学习成绩及深层学习动机发现，两种环境下学生的认知领域与动机水平关系并不相同，具体如图 6-14、图 6-15 所示。

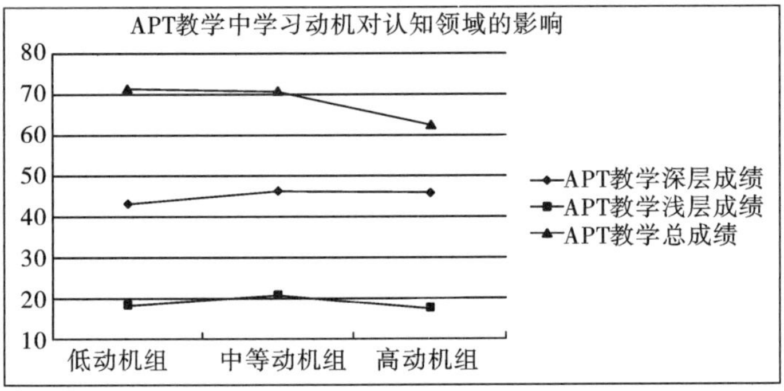

图 6-14 APT 教学中的学习动机对认知领域的影响

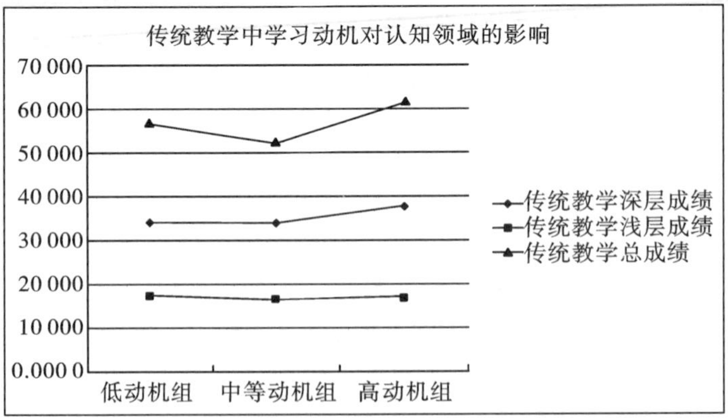

图 6-15 传统教学中的学习动机对认知领域的影响

由图 6-14、图 6-15 可知，在智慧教室中基于 APT 模型的教学方式下，学生的深度学习与浅层学习呈现出两种不同的走势，即对于深度学习来说，学习动机水平高的组其深度学习的成绩也高；在浅层学习方面则正好相反，动机最低的组其浅层学习的水平却越高；而处于动机中等组的学生认知总成绩最高，即在这种新型环境中开展教学，学生的动机太高并不利于其浅层学习。在传统教学中，学生的学习动机越高，则其认知成绩越高。

2. 学生认知负荷分析

研究结论：两种环境下的认知负荷并不存在显著差异。

本轮教学中对学生的认知负荷进行测量，该问卷包含 2 个问题，分别代表心理努力和心理负荷。在 SPSS 中分别对学生的心理努力与心理负荷得分进行两独立样本 t 检验分析，结果如表 6-19 所示。

表 6-19　认知负荷两独立样本 t 检验结果

维度	组　别	*N*	*Mean*	*S. D.*	*t*	*d*
心理努力	传统科学教室中基于“讲授＋实验”的教学	47	5.64	1.99	0.61	—
	智慧教室中基于 APT 的教学	50	5.88	1.92		
心理负荷	传统科学教室中基于“讲授＋实验”的教学	47	4.32	1.70	1.12	—
	智慧教室中基于 APT 的教学	50	3.94	1.63		

由表 6-19 可知，两种环境下的心理努力和心理负荷均不存在显著差异，表明智慧教室中虽然有多种软、硬件技术，但并不会对学生造成过大的心理负担，且在这种环境下，学生认为课程的难度略低于传统教学。

6.4.4　学生深度学习整体状态分析

两种环境下的学生深度学习状态如下所示。

1. 智慧教室中基于 APT 教学的环境下，多数学生处于②、③号区域，即处于高能力—中等认知和高能力—高认知水平

本研究依据学生的动机得分，将其划分为低动机组、中等动机组和高动机组。再根据学生的认知领域水平（知识成绩）和能力领域水平（元认知能力），以散点图的方式在坐标轴中描绘，并用不同的色块代表不同动机水平的学生，具体结果如图 6-16 所示。

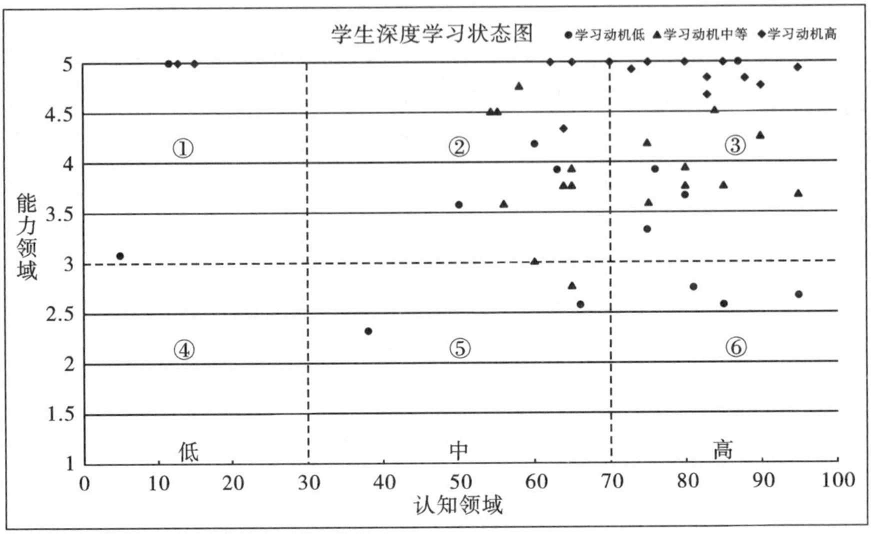

图 6-16　智慧教室中基于 APT 教学的学生深度学习状态图

由图 6-16 可知，第三轮的设计研究中，在智慧教室中基于 APT 的教学方式下，大多数的学生均处于②、③号区域，即高能力—中等认知水平、高能力—高认知水平的区域。对于学习动机比较低的学生来说，有 5 名学生处于低能力区域，2 名学生处于低认知、高能力区域，其余学生均处于②、③号区域。中等动机水平的学生中，仅有 2 名学生处于低能力、中等和高认知水平区域，其他学生均处于②、③号区域的中间部位。但在高动机水平的学生则有 2 名处于①号区域，出现了低认知、高能力的现象，笔者回顾本轮教学研究的过程发现，这 2 名学生在学习过程中经常会出现被游戏或其他与学习内容、活动无关的程序吸引的情况。在完成后测问卷与测试题目时，注意力可能还集中在平板电脑上无法自拔，因此导致其认知成绩非常低，而其较高的能力水平也可能并非完全是其能力的真实反映。

2. 传统的科学教学环境下，学生的深度学习状态分布比较散，主要处于中等认知和高认知区域

本研究依据学生的学习动机分组及学生的认知领域成绩与能力得分绘制传统教学环境下的深度学习状态散点图，如图 6-17 所示。

由图 6-17 可知，从整体来看，学生主要处于②、③、④和⑤号区域，即处于中等认知和高认知水平。低动机水平的学生主要处于⑤号区域，即中等认知—低能力水平，另有 3 名学生处于②号区域，3 名学生处于④号区域，1 名学生处于⑥号区域，以上分析表明低动机的学生整体处于比较低

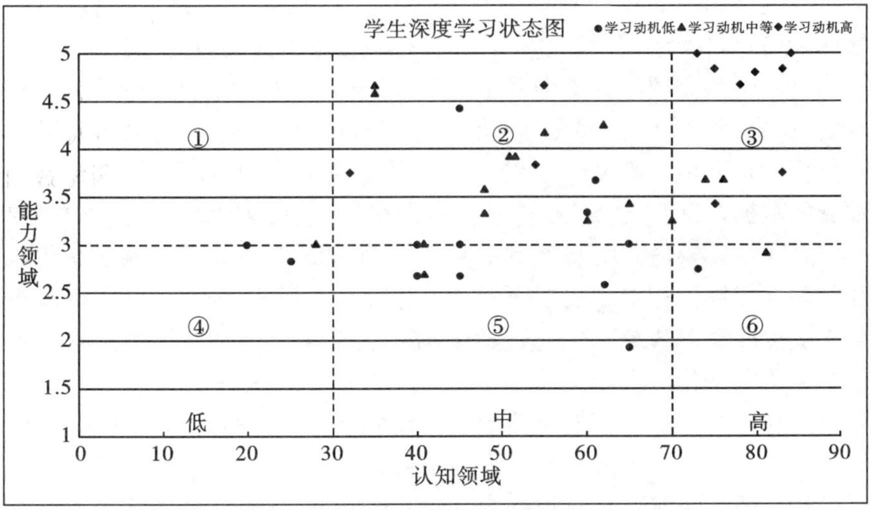

图 6-17　传统教学中的学生深度学习状态图

的能力水平。中等动机的学生主要处于②号区域，即处于中等认知—高能力水平，另有 2 名学生处于③号区域，即高认知—高能力水平。高动机的学生则主要处于③号区域，另有 3 名学生处于②号区域，并未出现低认知或低能力的情况。通过以上分析可知，在传统的教学环境中，学生的深度学习所处位置比较分散，即部分学生的认知成绩和能力水平处于中等或较低的水平，但主要是中等和低动机的学生。

6.5　本章小结

本轮教学在第二轮设计研究的基础上对教学评价、教学法和技术进行改进。在教学评价方面，设计以同伴互评、自我评价为核心的评价方式，并以量规作为引导，最大限度地促进学生的参与度，培养学生大胆质疑的精神，提升其元认知能力，在本轮教学中不仅要求学生对同伴的探究、协作和汇报等过程进行打分，还需要提出书面建议。在教学法中主要采用 PBL 教学法，学生在整个专题教学中只完成 1 个任务，即根据兴趣自主选择相关的 1 个或多个探究主题，并设计研究方案，完成探究，将研究成果可视化，并展示汇报，教师在此过程中主要是引导者与教练的角色。本轮教学中技术的应用比较开放，主要由学生依据自身的兴趣、需求和研究方案进行选取，用到的软件主要包括 iTeach、iBooks、Keynote、Safari、星空漫步、发现地球、iMovie以及问卷星等。本轮研究将设计的教学评价、教学法和信息技术应用于教学中，并在智慧教室中开展教学实践。

为进一步探究智慧教室中基于APT教学方式的效果，本轮研究将对比传统的以“讲授+实验”为主的教学方式与智慧教室中基于APT的教学方式，分析两种环境下教学方式的优劣。通过搜集认知领域、能力领域和情感领域的数据，并在SPSS中进行分析，发现了如下结果。

（1）在认知领域，智慧教室中基于APT的教学方式更有利于学生取得较高的测试成绩；相对于浅层学习，智慧教室中基于APT的教学方式更有利于学生深度学习成绩的提升；学生的作品中体现出来的思维结构基本处于低水平关联结构。

（2）在能力领域，相较于传统的科学教学方式，智慧教室中基于APT的教学方式有利于学生元认知能力的培养。

（3）在情感领域，智慧教室中基于APT的教学方式能够显著提升学生的学习动机；学习动机对学生的元认知能力产生显著影响，但认知成绩方面则不存在显著的影响；两种环境下的认知负荷并不存在显著差异。

（4）学生的整体深度学习状态结果主要包括智慧教室中基于APT教学的环境下，多数学生处于②、③号区域，即处于高能力—中等认知和高能力—高认知水平；传统的科学教学环境下，学生的深度学习状态分布比较散，主要处于中等和高认知区域。

7 基于三轮教学实践的学生深度学习效果对比分析

近几年来，深度学习已重回大众视线，成为当前教育研究的重要领域。国际新媒体联盟从 2014 年起，将深度学习的提升作为促进中小学教育技术发展的关键，由此可见深度学习在基础教育中的重要性。目前我国中小学教育正处于改革的关键时期，由应试教育向全面的素质教育转变，但依据笔者多年在中小学调研的观察发现，无论学习环境发生何种改变，教师仍然更加关注学生的学习成绩，但成绩只是深度学习中的一小部分，并不是全部。为解决这种问题，本研究将以促进学生的深度学习为目的，探究在新型的信息化环境下如何开展教学，并对学生的深度学习进行评测。基于此，本研究提出了 APT 教学模型，并设计了深度学习三维评价模型。

本研究在建构主义和多元智能理论的基础上，提出了如图 3-6 所示融评价、教学法和技术为一体的 APT 教学模型，并初步解析该模型包含的 3 个核心要素、4 个复合要素及 2 个外部影响因素。为进一步对该模型的要素进行验证，笔者设计了《APT 教学模型的组成要素教师调研问卷》，通过数据收集、整理和遴选后，再运用探索性因子分析和验证性因子分析对 APT 教学模型中的要素进行实证研究，因子分析及路径分析的结果发现 APT 模型包括 3 个核心要素（评价、教学法和技术）、2 个复合要素（技术支持的评价和技术支持的教学化评价）以及 1 个外部影响因素。基于此，本研究对智慧教室中的课堂教学进行了三轮的设计，并分析在智慧教室中开展基于 APT 模型的教学能否促进学生的深度学习的研究。

当前国内对于深度学习的研究多集中于理论部分，仅有少部分的研究开展是基于数据的实证研究。因此，本书在学者对深度学习的理论及实证研究基础上，对深度学习的评测方法及促进深度学习的教学设计策略进行细化及可操作化。首先本研究提出了如图 3-18 所示深度学习评测的三维模型，包括认知领域、能力领域和情感领域三个维度。在认知领域设计了基于“布鲁姆教学目标分类＋SOLO 分类理论”的评测框架，能力领域则设计了包含探究能力、元认知能力、协作学习能力和批判性思维等多种能力在内的评测指标，情感领域则包括学习兴趣、学习动机、自我效能感和认知负荷等多种反映学生情感的维度。本研究认为深度学习是一个比较广的概念，研究者可以根据教学或研究的不同目的，分别在不同的领域选择相应的测量指标进行评测。因此，本书选择基于“布鲁姆教学目标分类＋SOLO分类理论”的认知领域评测，基于探究能力、元认知能力和协作能力的能力领域评测以及基于学习动机和认知负荷的情感领域评测，并依据该模型在三轮教学中进行评测。

在智慧教室中实施三轮的APT教学后，笔者及所在团队基于三维的深度学习评测模型进行数据收集与分析。研究结果发现，通过三轮教学后，相较于传统的科学教学环境，智慧教室中基于APT的教学能够显著提升学生的知识掌握程度，尤其对学生的深度学习更加有效。在能力领域，智慧教室中基于APT教学的方式有利于学生探究能力中的观察记录和协作学习能力的提升，但第一轮中两个班级的元认知能力并不存在显著差异，经过两轮修正后，第三轮中两个学生的元认知能力已产生了显著差异。在情感领域，前两轮教学中，两种教学方式并未对学生的学习动机产生显著影响，但第三轮教学中两个班级的学习动机却产生了显著差异；除第二轮的心理负荷以外，三轮教学中的认知负荷在两种教学方式下均不存在显著差异。通过对两种环境下的学生深度学习整体状态分析发现，与传统的科学教学相比，智慧教室中基于APT教学环境下，越来越多的学生集中于③号区域，即高认知—高能力的区域，且动机越高，学生的能力越强。

基于上述的研究结果，本书分别从智慧教室中基于APT教学与学生的深度学习理论与实践的角度进行讨论，并回归到本书的研究目标，即如何通过设计智慧教室中基于APT的教学促进小学生在科学课程中的深度学习，以及找出APT教学设计中存在的一些不足，并探索出一些在教学中可操作实施的具体教学策略与原则。

7.1 智慧教室中基于APT教学与学生深度学习发展研究

本书基于设计研究的范式，开展了三轮的智慧教室中基于APT教学，本节将对比三轮教学中的研究结果，分别从认知、能力和情感三个维度进行讨论，探讨促进学生深度学习的策略。

7.1.1 APT 教学设计与学生认知领域发展研究

本研究在三轮教学实施的前后对学生的知识掌握情况进行评测，并对学生在学习过程中所表现出来的思维结构进行分析，三轮教学中学生的认知发展情况分析如下。

1. 三轮教学中学生知识掌握情况发展

笔者基于布鲁姆教学目标设计了前、后测试题目，通过数据分析发现，三轮专题教学实施后，智慧教室中基于 APT 教学方式下学生的学习成绩显著高于传统科学教学环境。尤其是在第三轮教学中，传统科学教学中学生的前测成绩显著高于另一班级，但在后测中实施智慧教室中基于 APT 教学班级学生的成绩显著高于传统教学的班级，智慧教室环境下学生的后测成绩优于前测，即该班级学生的测试成绩得到了大幅度的增长，其平均值增长达 33.54 分，且标准差也显著低于传统科学教学环境中的班级，说明学生的学习成绩分布更加均衡。

本研究依据布鲁姆教学目标分类法将学生的认知划分为深度学习与浅层学习，通过浅层学习和深度学习成绩的结果分析发现，三轮教学后测结果显示，两种教学方式下学生的浅层学习成绩均不存在显著差异，但深度学习成绩却存在显著差异。本研究认为这一结果具有一定的合理性，因为传统的科学教学中，主要的教学流程是教师先讲授，学生后探究，教师在讲授过程中对于某些知识的讲授会比较细致，能跟学生多次强调这些简单的知识点，而且比较浅层的知识点并不需要学生的实践与深入探究即可掌握，且这种理论知识以讲授为主的教学方式更加符合中国学生比较被动的学习习惯。

对于学生的深度学习来说，在前测成绩不存在显著差异的前提下，三轮教学中，开展智慧教室中基于 APT 教学的班级学生深度学习成绩显著高于传统教学的班级，且随着时间的推移，差异会越来越显著。这也启示我们在科学教育中，如果想要达到高阶的教学目标，则应采取智慧教室中基于 APT 的教学，这样更有利于学生的学习。在传统的科学教学中，虽然学生也有探究的机会，但一节课中往往老师讲授的时间仍在半节课以上，这样学生便无法深入探究。而本研究中依据 APT 教学模型提出的基于协作探究的专题教学策略更加强调学生的自主性，专题教学打破各个知识点之间的壁垒，组合成完整的任务或项目，教师主要承担教练与引导者的角色，从而学生的主体性得到了体现。

2. 三轮教学中学生思维结构对比研究

在每一轮教学的过程中，学生均产出了过程性的作品，如第一轮教学中的探究实验记录单，第二轮教学中的小组拍摄视频，以及第三轮教学中的学生探究作品。根据彼格斯等级对学生的过程性作品进行编码。通过对编码进行描述性统计分析发现，第一轮教学到第三轮教学的平均值分别为 4.42、4.46 和 4.80，以上数据表明，虽然三轮教学中学生的思维结构并不存在显著差异，但三轮教学的平均值呈现逐步的增长趋势，具体如图 7-1 所示。

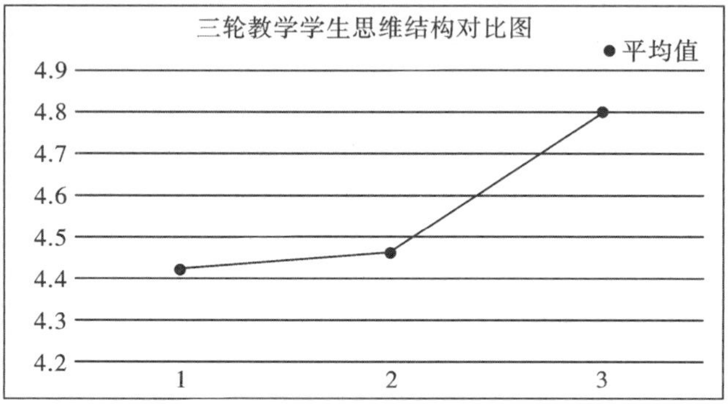

图 7-1　三轮教学学生思维结构对比图

由图 7-1 可知，从第一轮教学到第三轮教学中，学生的思维结构呈现逐渐增长的趋势，这个研究结果表明，本书中对智慧教室中基于 APT 教学的修正是有效的，能够对学生的思维结构产生正面的影响。三轮教学中的学生思维结构均处于 4 到 5 之间，即处于高度的多点结构与低水平关联结构之间，通过智慧教室中基于 APT 的教学后，学生能够在完成作品的过程中提出与任务或主题相关的多个要点，对每个要点进行详细解释、举证等，并能够将提出的要点与主题或内容相关联，且通过解释、例证等方式产生一些新的观点，虽然有一小部分的观点偏离了主题，但仍然值得加以肯定。如在第一轮教学中比较好的小组实验记录单在对实验现象记录及解释的部分，不仅记录了操作的步骤、实验的现象，还包括对实验现象的解释，实验记录单如图 7-2、图 7-3 所示。

如图 7-2 所示，该小组的实验记录单能够对课题“土壤中有什么”作出正确的假设：“土壤中含有沙、砂砾、小石头和灰尘等”，在实验现象记录和解释的部分能够通过图文的方式对实验现象进行解释，提出了多个相关的实验现象的点，且彼此之间产生了联系，属于高关联思维结构。在结论部分，能够根据实验现象得出结论，并对结论进行解释，将结论与猜想进行回应，得出“土壤是由砂、小石子、黏土、腐殖质、水和空气等物质组成的混合物”的结论。而对于采取传统科学教学方式的班级，大部分学生在实验记录单中所体现出的思维结构并不能达到关联结构水平，很多小组都只能简单记录实验步骤或者现象，在假设及结论以及解释方面没有具体的体现。具体内容如图 7-3 所示。

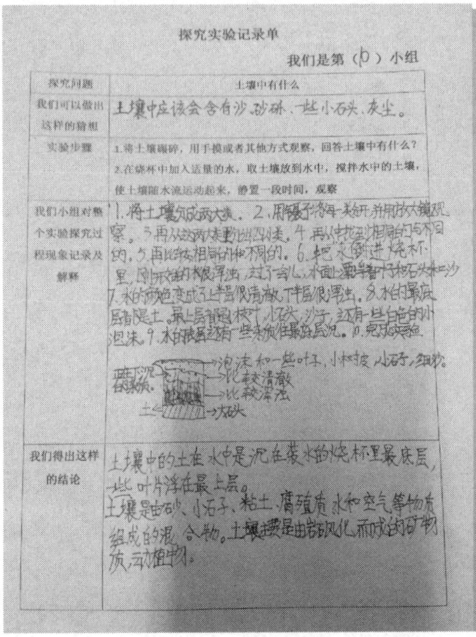

探究实验记录单

我们是第（6）小组

探究问题	土壤中有什么
我们可以做出这样的猜想	土壤中应该会含有沙、砂砾、一些小石头、灰尘。
实验步骤	1.将土壤碾碎，用手摸或者其他方式观察，回答土壤中有什么？ 2.在烧杯中加入适量的水，取土壤放到水中，搅拌水中的土壤，使土壤随水流运动起来，静置一段时间，观察
我们小组对整个实验探究过程现象记录及解释	[illegible]
我们得出这样的结论	土壤中的土在水中是沉在装水的烧杯里最底层，一些叶片浮在最上层。土壤是由砂、小石子、粘土、腐殖质、水和空气等物质组成的混合物。

图 7-2　较好的学生实验记录单图

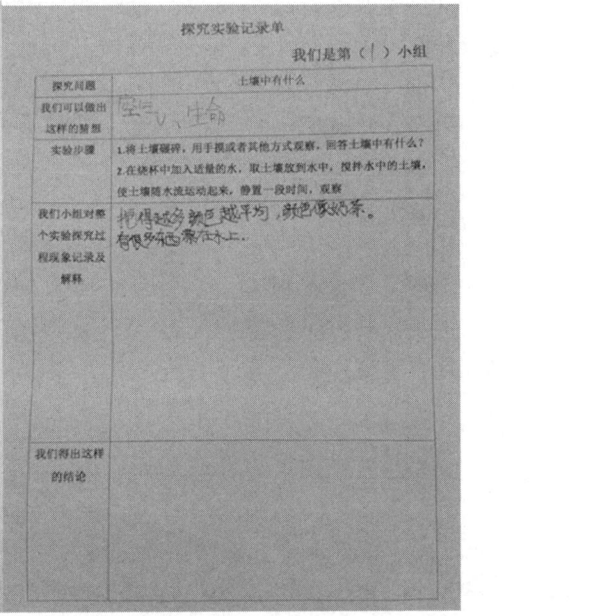

探究实验记录单

我们是第（1）小组

探究问题	土壤中有什么
我们可以做出这样的猜想	[illegible]
实验步骤	1.将土壤碾碎，用手摸或者其他方式观察，回答土壤中有什么？ 2.在烧杯中加入适量的水，取土壤放到水中，搅拌水中的土壤，使土壤随水流运动起来，静置一段时间，观察
我们小组对整个实验探究过程现象记录及解释	[illegible]
我们得出这样的结论	

图 7-3　较差的学生实验记录单图

在第三轮教学中，采取智慧教室中基于 APT 教学的班级学生产出了多种形式的作品，学生能够对作品的相关问题的定义、现象进行模拟和结论进行解释，在思维结构方面有更进一步的深入，具体如图 7-4 所示。

图 7-4　第三轮教学中小组学生作品

7.1.2 APT 教学设计与学生能力领域发展研究

本次教学中对学生的能力领域的评测主要依据不同的教学目标选择不同的能力进行评测，在第一轮教学中，有关于能力的教学目标是促进学生的探究能力和元认知能力的提升，第二轮教学的目标是促进学生的协作学习能力的提升，第三轮教学目标是促进学生的元认知能力的提升。研究发现，三轮教学中，两种环境下的学生的能力差异越来越大，智慧教室中基于 APT 的教学更能有效促进学生的能力发展。

在第一轮与第三轮教学中，本研究对学生的元认知能力进行评测。在第一轮教学中，前测中采取两种教学方式下的学生元认知能力并不存在显著差异，在后测中，采用智慧教室中基于 APT 教学后的学生元认知能力与传统教学环境下也并不存在显著差异。这个研究结果表明，在第一轮教学中，智慧教室中基于 APT 的教学方式没有对学生的元认知能力产生影响。这与教学前的预期产生了一定的偏差，在该轮教学中，课堂教学的评价方式是以学生的自我评价为主，在实施的过程中，由于时间关系，自评仅仅在实验完成后由学生自主完成，评价的结果并没有反馈给老师，教师在此过程中也并未进行良好的监督，这导致部分学生并未真正完成自评，而且第一轮教学自评主要以小组为单位，大多数学生也许没有参与到评价中，所以，在该轮教学中两个班级的学生元认知能力之间并不存在显著差异。在后续设计学生的自评时，笔者都尽量增加学生的参与度的设计，丰富以学生为主体的评价方式。

在第三轮教学中，两种教学方式实施前，两个班级学生的元认知能力并不存在显著差异，但在后测中，采用智慧教室中基于 APT 教学的班级的学生元认知能力在 0.01 的水平上显著高于采用传统教学方式的班级。通过对两个班级的学生的元认知能力进行两配对样本分析可知，采用 APT 教学的班级在前后测中有显著提升，而传统教学的班级则并未表现出增长变化。该研究结果表明，在第三轮教学中的评价、教学法和技术以及彼此之间的融合更有利于学生元认知能力的培养。在本轮教学中，评价的设计以学生为主体，采取同伴互评与学生自评相结合的方式，并且评价不仅仅要求学生给予定量的评价，还需尽可能提出自己的建议，表达自己的想法。在前两轮的教学中，学生主要是以口头表达的方式进行建议和交流，这并不能保证每一名学生都参与评价，而且在公开场合下对其他同学进行评价和建议，会导致部分学生不愿说出自己的真实想法，对同学的评价只能从积极的一面出发。以技术支持的自评与互评方式能够提高学生的评价参与度，将评价作为学生学习的过程也能够支持学生元认知能力的发展。

7.1.3 APT 教学设计与学生情感领域发展研究

动机是促使学生达到相应目标的一种内在心理力量①，学习动机是为达到一定学习目标，激发并维持学生学习活动的内在心理状态②。研究表明，学习动机会对学生的知识获取③、元认知④、自我效能等产生影响，学习动机本身也会受到学习环境、教学方法与手段等因素的影响。因此，本研究对两种教学环境下的学习动机进行分析，探讨两种不同的教学方式是否会对学生的学习动机产生影响。此外，本研究对学习动机与学生的认知、能力之间的关系进行分析。由表 4-17、表 5-12、表 6-15 和表 6-16 可知，在第一轮与第二轮教学中，学生学习动机的差距已明显扩大，在第三轮教学中，两种环境下的学习动机在 0.01 的水平上产生了显著差异，且智慧教室中基于 APT 的教学环境下学生的前、后测提升程度在 0.001 的水平上显著，且传统科学教学环境下学生学习动机的提升程度并不显著。该研究结果表明智慧教室中基于 APT 的教学能够对学生的学习动机产生正向的影响。纵观三轮教学的设计与实施过程，评价方式逐步多样化，评价中学生的主体性也得到了重视；教学方法中，专题教学、协作探究以及基于 PBL 的教学方式也能够对学生的情感领域产生影响。通过协方差分析的结果可知，学生的学习动机对能力领域产生了显著的影响，但对于学习成绩，仅在第二轮产生了显著影响。由此表明，学生在刚接触智慧教室环境时，会由于感觉新鲜而影响其学习效果及动机水平，但随着接触时间的增加，学生逐渐适应了新的环境，这种影响则会逐步减小。

对于学生的认知负荷，研究结果表明，除第二轮的心理努力之外，两

---

① 池丽萍，辛自强．大学生学习动机的测量及其与自我效能感的关系［J］．心理发展与教育，2006（2）：64-70．

② 张敏，雷开春，王振勇．4～6 年级小学生学习动机的结构分析［J］．心理科学，2005（1）：183-185．

③ 杨文阳，胡卫平．CSCL 中学习动机对知识获取和学习活动影响的实证研究［J］．电化教育研究，2015（2）：32-37．

④ 汪玲，郭德俊．元认知与学习动机关系的研究［J］．心理科学，2003（5）：829-833．

种教学环境下的认知负荷均不存在显著差异。教学前，笔者预期两种环境下的认知负荷会存在差异，由于智慧教室环境中为学生提供了多种多样的软件程序，且这些软件都是学生第一次接触，但研究数据表明并不存在显著差异。由于本次研究面对的所有对象均来自城市，大多数学生家长具备高学历，且家庭经济条件良好，学生在生活中常常能够接触到高科技产品，所以对平板电脑及软件并不陌生，这应该是导致在本研究中两种教学环境下学生的认知负荷不存在显著差异的重要原因。在日后的科学教学中应该采用多样化的、体现学生主体性的评价方式，以及专题教学、协作探究和基于 PBL 的教学方式等。

7.1.4 学生深度学习的状态变化

研究结论：学生的深度学习散点逐渐集中于②、③号区域，且能力领域的值越来越大。

本研究将学生的学习动机划分为高、中、低三个级别，并将其认知领域得分、能力领域得分以散点图的形式进行绘制。从第一轮的学生深度学习散点图中发现，基于 APT 教学环境下，大部分学生的元认知能力均高于中间值 3，且大部分处于 3.5～5 的区域内，大部分低动机者的元认知能力集中于 4 以下，而中等动机和高动机者处于高元认知能力的区域。但总体来说在这种环境下认知主要分布在认知领域的中等区和高分区。而传统的学习环境下，大部分学生都处于②号区域，即中等认知区域。在第二轮教学中，在智慧教室中基于 APT 教学的环境下，大部分学生集中于高认知区，尤其部分低动机的学生，大部分的中等学习动机学生都处在高认知区，且所有学生的能力领域得分均比较高，即智慧教室环境中基于 APT 教学能够显著提升学生的深度学习。第三轮的设计研究中，在智慧教室中基于 APT 的教学方式下，大多数的学生均处于②、③号区域，即高能力—中等认知水平、高能力—高认知水平的区域。对于学习动机比较低的学生来说，有 5 名学生处于低能力区域，2 名学生处于低认知—高能力区域，其余学生均处于②、③号区域。以上分析表明，通过三轮的教学设计与修正，学生的深度学习散点逐渐集中于②、③号区域，即认知领域和能力领域水平逐步提高，且能力领域的值越来越大。

7.1.5 智慧教室中基于 APT 教学的设计策略与启示

通过分析 APT 教学设计对学生认知领域、能力领域和情感领域的影响，能够对如何提高小学科学教学效果有一定的启示，本研究将从评价、教学内容、教学法与活动和技术等角度探究如何更好地设计科学教学。

1. 教学内容的整合性

基于 APT 的教学强调内容的统整性，即在科学教学中以教学专题为基本内容。科学教材在设置时采用螺旋上升的方式，因此，在设计教学内容时不仅要将一个单元内的知识点打乱，按照一定的教学逻辑进行整合，也要将前期已学的知识或者以后要学的部分相关知识进行关联，组成教学专题，起到承上启下的作用。

2. 学习内容的可选择性

教师在设计教学内容时，应该提供比较丰富的教学材料，并进行分层，如可分为必学与选学，学生可以在此范围内根据自己的兴趣和生活经验进行选择，以增加学生在探究中的兴趣与动机。

3. 教学评价的多样性

传统的教学评价主要以测验、即时评价、教师点评为主，本研究强调教学评价的丰富性，要综合采用同伴互评、学生自评以及教师评价等方式，以提高学生的参与度。

4. 学生作为评价主体

传统的教学评价是为了甄别学生或者为教师提供教学修正的依据，本研究中强调要将学生作为评价的主体，学生将自我评价或同伴互评作为一种学习的方式，在此过程中学生可以作为一名评判者，与已有知识建立联系，建构新的知识，以此提升学生的元认知能力。

5. 评价量规的规范

在第一轮教学中可以很明显地发现评价量规对学生科学探究的正面影响，由于基于 APT 的教学方式强调以学生为主体，在探究过程中也多以学生的协作探究或自主探究为主。因此，为学生提供适量的支架材料尤为重要，而一份科学规范的量规不仅仅为评价提供依据，也为学生的学习提供了支持。

6. 教学方式以 PBL 为主

科学教学的目的不仅仅是让学生掌握科学知识，更重要的是掌握科学的思维方式与问题解决方式，传统的科学教学往往脱离于学生的生活实践，本研究强调以 PBL 为主，将科学知识置于真实的情境中，学生通过完成项目或任务达到提升问题解决能力的目标。

7. 科学探究的深入

传统的科学教学以课时为单位，在每一课时中完成一节教学内容，前半节课由教师讲授相关的理论基础，学生探究的时间为 10～20 分钟，但完整的科学探究过程包括提出问题、做出假设、制订计划、收集证据、处理信息、得出结论、表达交流、迁移应用和反思评价等过程。学生无法在较短的时间内经历比较完整的科学探究过程，因此本研究强调将科学实验进行整合，提高探究的深入度，强调学生自主探究的规范性、科学性。

8. 教学活动的连贯性

传统的科学活动设置主要依据教材内容，每一课时的科学活动都独立于其他课时，这就导致学生科学知识与探究的不连贯。本研究强调活动与活动之间的连贯性与延续性，彼此相辅相成。

9. 教学环境的连通性

本研究在第二轮的教学中，将学生探究的环境拓展到教室外、校园内，通过教学实施、数据分析等完成过程发现，这种移动学习的方式对学生的学习具有良好的教学效果，因此，在日后的科学教学中可以尝试将学生置于真实的环境中，将教学环境拓展到户外。

10. 信息技术使用的开放性

信息技术是 APT 教学中一个关键要素，传统教学中的信息技术使用方式主要由教师决定，学生没有可选择的余地。本研究也是经历了由比较封闭到开放的过程，在第一轮教学中教师已提前设计了信息技术的使用方式；在第二轮教学中采用半开放的方式，学生在部分教学活动中有比较小的选择权；在第三轮教学中教师仅仅指定一小部分使用方式，而学生可以在一定的范围内进行比较自由的选择，通过课堂观察与数据分析发现，学生在认知、能力和情感等领域都得到了一定的提升，且学生在课堂上的探究也更深入。因此，本研究建议在可控的范围内，应该让学生使用信息技术的方式具有一定的开放性。

7.2 智慧教室中基于 APT 教学的小学科学课程的实践研究

在教学实施前，本研究依据 APT 教学模型，形成了基于协作探究的专题教学策略，并对该教学策略的组织方式、教学流程等进行设计，如图 7-5 所示。该教学策略强调教学内容要以整合的专题为主，基于 PBL、探究式学习，给学生以一定的自主性，将学习空间拓展。通过三轮的教学实施发现，该教学策略能够有效促进学生在科学课程中的深度学习，该策略的主要环节包括主要包含 4 个环节，即设置任务、协作探究、成果分享以及评价反馈。

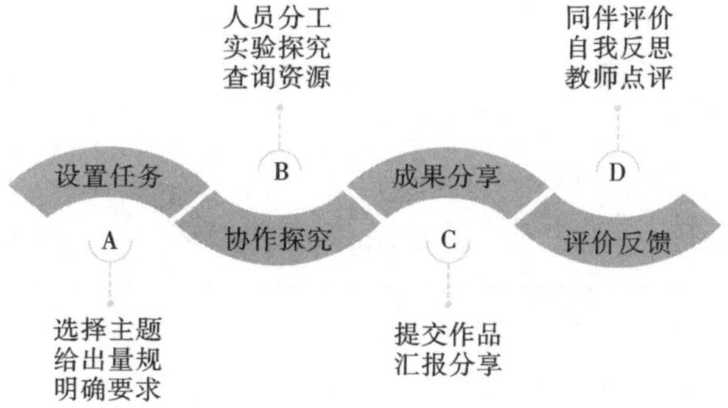

图 7-5　APT 模型下教学流程图

依据图 7-5 中的教学流程，本研究开展了三轮基于设计研究的教学，第二轮、第三轮教学分别对前一轮教学中发现的问题进行教学设计的改进，对课堂教学评价、教学法和技术等要素进行再设计，并付诸实施，最后通过搜集数据与分析评估该轮教学，为下一轮教学的设计提供依据，三轮教学的具体过程如表 7-1 所示。

表 7-1　三轮教学实践的实施过程

改进项目	第一轮教学实践	第二轮教学实践	第三轮教学实践
教学内容	以教科书教学内容计划为主	以校本课程教学内容为主	以修订的教材内容为主
课时数	3	6	6
教学方式	探究学习为主，辅以 PBL 教学、协作学习	以 PBL 教学、移动学习、探究学习和协作学习为主，并辅以教师讲解、演示法等	以 PBL 教学、协作学习、自主学习和探究学习为主
评价方式	以学生自评为主，辅以教师点评和个别同伴点评	以同伴评价、学生自评为主，辅以教师即时评价，并用技术来支持评价方式	以同伴评价为主，辅以学生自评、教师即时评价，并用技术来支持评价方式
技术应用	以 QQ、Safari 等软件支持知识查阅和分享	运用指南针等学科教学软件，iTeach 学习管理系统，iBooks、白板等知识呈现软件，问卷星等软件支持教学评价	iTeach、iBooks、Keynote、Safari、星空漫步、发现地球、iMovie 以及问卷星等

续表

改进项目	第一轮教学实践	第二轮教学实践	第三轮教学实践
教学场所	智慧教室内	智慧教室＋校园	智慧教室内
课堂学习文化	教师主导学生的学习活动、移动终端的使用	教师引导学生开展课堂学习活动，移动终端的使用由学生主导	教师提出任务，由学生主导学习活动，移动终端的使用由学生主导

8 总结与展望

8.1 研究总结

提升学生的深度学习是当前教学中追求的重要目标之一，本书是以智慧教室为背景，探究信息化教学环境下提升学生学习深度的较优途径，构建基于评价的 APT 教学模型及相关教学原则，并通过实证研究，以小学科学为例验证该模型在智慧教室环境下的深度学习效果。

本研究主要分为三部分内容，首先，在建构主义理论和多元智能理论的基础上，依据信息化环境下的多个教学模型及当前中小学教师的信息化教学现状，构建了基于评价的 APT 教学模型。该模型融评价、教学法和技术为一体，运用探索性因素分析、验证性因素分析和路径分析对模型的关键要素进行解析，最终确定该模型的 3 个核心要素、2 个复合要素及 1 个外部影响因素，为后文中的教学设计提供理论支撑。其次，本书对 21 世纪对学生提出的要求进行梳理，找出学生应具备的关键能力，全面构建全球化背景下深度学习的评测维度及指标，包括认知、能力和情感三个领域。最后，本书在设计研究的范式下，综合运用对比研究、内容分析法、调查研究法和高级统计分析等研究方法，探究智慧教室环境下基于 APT 的教学方式对小学科学教学中学生深度学习的影响。

基于以上设计研究的思路，本书设计了三轮在智慧教室环境下，以促进学生深度学习为目标的小学科学 APT 教学。通过数据收集与分析过程发现学生在认知、能力和情感三个领域都发生了变化，主要变化如下。

1. 智慧教室中基于 APT 教学方式下的学生学习成绩显著高于传统科学教学环境下的学生学习成绩

学生的认知评测主要包括基于布鲁姆教学目标分类的知识掌握程度与基于 SOLO 分类理论的思维结构。对于学生的知识掌握程度来说，研究发现，在前两轮的设计研究中，两种环境下的学生在前测中的学习成绩不存在显著差异，但在后测中均产生了显著差异，且采用智慧教室中基于 APT

教学的班级成绩优于传统科学教学班级。在第三轮教学中，传统科学教学班级的前测成绩较高，但在后测中则实现了反转，采用APT教学方式的班级成绩显著优于传统科学班级，表明学生的成绩得到了极大的提升。

（1）相较于浅层学习，智慧教室中基于APT的教学方式更有利于学生的深度学习成绩的提升

本研究依据布鲁姆教学目标分类将学生的认知划分为深度学习与浅层学习，通过对浅层学习和深度学习成绩的结果分析发现，三轮教学后测中，在部分测试浅层学习的题目上，传统的以“讲授＋实验”为主的教学方式更有利于学生成绩的提升。但对于深度学习成绩的影响则完全相反，采用智慧教室中基于APT教学的班级学生的深度学习成绩显著高于传统科学教学环境下的班级，且提升程度更大，即在基于APT的教学环境下的专题教学、整合性任务及协作探究的教学方式更有利于学生高阶学习目标的达成。

（2）基于SOLO分类理论对学生的思维结构评测结果表明，三轮教学中，基于SOLO分类理论的学生思维结构均处于高水平的多点结构，但呈现缓慢的增长趋势

分析发现学生在过程性作品中表现出来的思维结构平均值均处于4至5之间，为高水平的多点结构，学生能够在作品中提出与任务或主题相关的多个要点，并对每个要点进行详细解释、举证等，但还不能在观点之间建立准确的联系。从第一轮教学到第三轮教学中，学生的思维结构呈现比较缓慢的增长趋势，这个研究结果表明，本书中开展的三轮逐步修正的设计研究能够促进学生的思维结构发展。

2. 智慧教室中基于APT的教学均能更有效促进学生的能力发展，且两种教学环境下的学生的能力差异逐步增大

依据每轮教学的不同目标，本研究评测学生相应的能力。第一轮教学中主要评测学生的探究能力和元认知能力，第二轮教学评测学生的协作学习能力，第三轮教学评测学生的元认知能力。结果表明，第一轮教学中，智慧教室中基于APT的教学对学生探究能力的影响显著优于传统科学教学，但在元认知能力方面，两者之间并不存在显著差异；第二轮教学中，两种环境下学生的协作学习能力存在显著差异，采用智慧教室中基于APT教学的班级显著高于传统科学教学环境下的班级；第三轮教学中，采用智慧教室中基于APT教学的班级元认知能力优于传统科学教学环境下的班级，即评价、教学法、技术以及彼此之间的融合有利于学生元认知能

力的培养。

3. 智慧教室中基于APT的教学能够对学生的学习动机产生正向的影响，且两种教学方式下的认知负荷均不存在显著差异

本研究对学生情感方面的评测主要包含学习动机和认知负荷。通过三轮的教学设计与修正，两种教学方式下学生的学习动机已逐渐呈现出显著差异。虽然智慧教室环境为学生提供了丰富的技术，但并未对学生造成过多的技术负担。

8.2 研究创新

本研究的创新之处主要体现在以下几方面：

1. 基于实证数据验证APT模型的要素，提出了基于APT的教学设计原则，拓展了信息化环境下的教学理论

APT教学模型提出融评价、教学法和技术为一体，在教学设计中不仅要考虑A、P、T三个核心要素，更要关注融合所产生的复合要素。本研究在调查研究的基础上，以实证数据为依托，运用因子分析验证了APT模型的关键要素。基于此，本书进一步提出了基于APT的教学设计原则，为教学实践奠定了基础，拓展了信息化环境下的教学理论。

2. 基于设计研究范式下的小学科学APT教学实践为科学教学提供了新的视角

本书在设计研究范式下，基于APT教学模型，以设计、发展、实施、效果评估、再设计、再发展、再实施、再评估……为主线，设计了三轮智慧教室中基于APT的教学实践，通过对比，研究探究传统科学教学方法与智慧教室中基于APT教学下的深度学习的不同。本研究在教学环境上突破了传统教室的空间限制，将教学活动延伸到户外开展；教学方法方面则主要以专题教学、PBL、协作探究为主，为学生提供了整合性的任务与充足的完成时间；在评价方式方面则将学生作为评价的主体，与传统教学方式相比有了很大不同；在技术的应用方面则以学生的自主性为前提，学生可依据自身兴趣与任务需求选择相应的应用软件。

3. 构建深度学习的三维评测模型并在实际教学中展开评测，丰富了深度学习领域的理论与评测体系

本研究构建了包括认知领域、能力领域和情感领域的深度学习三维评测模型，并应用该模型在三轮APT教学实践中评估小学生的深度学习效

果。该模型从学生的知识掌握程度、思维结构、元认知能力、探究能力、协作学习能力、学习动机和认知负荷等多个角度评测学生的学习情况，丰富了深度学习领域的理论与评测体系。

8.3 研究不足与展望

8.3.1 研究不足

本研究在计划与执行的过程中，由于笔者的能力与精力的限制，也存在一些不足之处，具体如下：

1. 每一轮教学持续的时间较短

本研究共设计了三轮的教学，每一轮教学持续的时间在2～3周，由于科学课程的课时数较少，因此每轮教学最多为6课时，但学生的能力和情感领域的发展需要长时间的积累，较短的时间内实施对学生的情感和能力评测可能与实际情况有偏差，本研究中提出的理论模型还有待在更长时间的教学实践中进行验证。

2. 过程性作品以小组为主，缺少个人作品

本研究在设计教学的过程中，已经考虑到要依据再生性作品对学生的能力进行评价，但由于课程内容及教学活动的限制，课堂教学中仅产生了小组作品，每名学生在其中的贡献只能通过学生的主观性描述来判断，这并不能准确判断每名学生的能力变化。

3. 部分能力领域与情感领域的评测以问卷为主，并未体现出学生全部的主观情感活动

本书的元认知能力、协作学习能力和情感领域中的学习动机、认知负荷主要通过问卷调查的方式进行评测，但问卷主要以学生的主观自我报告为主，对学生的能力与情感方面的评测可能会有所偏差。

8.3.2 研究展望

在开展研究的过程中，笔者不断地设计、实施、反思，以促进教师的教与学生的学。每一次教学均与教师进行多次沟通，包括课前的教学设计研讨、教学实践跟踪与观察以及课后的教学反思，通过长时间一线教学研究经验的积累，为本研究的实施奠定了夯实的基础。针对智慧教室中如何促进学生的深度学习这一议题，本研究在对信息化环境教学现状进行分析

后，构建了基于评价的 APT 教学模型，并开展了一系列的实证研究，但不可否认的是，本研究还需要继续深入开展，主要包括如下几方面：

1. 深度学习的情感、能力领域评测的细化

本研究在对深度学习中的能力和情感两个领域的评测中主要以问卷调查的方式为主，在日后的研究中，笔者将进一步结合多种定性与定量的过程性数据以及情感计算等方面为学生的能力、情感进行准确的评估。

2. APT 教学模型在其他学科的继续实践

本研究在实施 APT 的教学模型时主要以科学学科为例，但在三年的智慧教室相关研究过程中，笔者在多个学科均开展了基于 APT 的教学实践，因此，如何在语文、数学、英语等主干学科开展以 PBL 为导向、协作探究为途径促进学生的深度学习是未来需要深入研究的议题。

3. 深入探究适合智慧教室环境下应用的软件，进一步支持学生的学习

目前的多种学习平台与应用软件主要关注在如何方便教师的教学上，而教育的本质是促进学生的发展，因此如何深入挖掘学习平台及应用程序对学生的影响，如为学生的创作提供平台、为学生的评价提供即时反馈以及支持学生课堂上再生性作品的产生等，是日后笔者在教学实践中需要进一步积累并在后续研究中继续扩展的方向。

附　录

附录 A　《基于 APT 理论框架的教师课堂教学要素调研》问卷

一、基本信息

1. 您的性别：○男　○女
2. 您的年龄是：________
3. 您的学历：○中专　○大专　○本科　○硕士及以上
4. 您所在的省份：________
5. 您所在学校属于：○教学点　○小学　○初中　○高中　○其他________
6. 您的教龄是：________
7. 您执教的学科是：________
8. 您的职称：________

二、教师信息技术能力［矩阵量表题］［必答题］

(C：学科知识能力)

1. 我知道如何应用所教的学科知识解决现实世界中的问题。
○非常同意　○同意　○一般　○不同意　○非常不同意
2. 我具备足够的学科领域知识。
○非常同意　○同意　○一般　○不同意　○非常不同意
3. 我能不断丰富自己的学科前沿知识，拓宽专业视野。
○非常同意　○同意　○一般　○不同意　○非常不同意

(P：教学法能力)

4. 我能根据不同的教学环境、学生特点使用不同的教学方法。
○非常同意　○同意　○一般　○不同意　○非常不同意
5. 我能够为学生创造具有挑战性的活动来鼓励他们积极参与和思考。
○非常同意　○同意　○一般　○不同意　○非常不同意

6. 我知道如何在课堂中组织和管理教学。

○非常同意　○同意　○一般　○不同意　○非常不同意

7. 我能够指导学生积极参与小组讨论与活动。

○非常同意　○同意　○一般　○不同意　○非常不同意

(T：信息技术能力)

8. 我能够学会信息技术。

○非常同意　○同意　○一般　○不同意　○非常不同意

9. 我能够紧跟信息技术发展的步伐。

○非常同意　○同意　○一般　○不同意　○非常不同意

10. 当我遇到技术问题时，我知道如何解决这些问题。

○非常同意　○同意　○一般　○不同意　○非常不同意

11. 我能够制作不同教学环境下所需的课件资源。

○非常同意　○同意　○一般　○不同意　○非常不同意

12. 我能够整合使用网络工具（如 QQ、微信等）来指导学生的学习。

○非常同意　○同意　○一般　○不同意　○非常不同意

13. 我能够使用学习管理系统、教学资源网来支持教学。

○非常同意　○同意　○一般　○不同意　○非常不同意

(A：评价能力)

14. 我能够在课堂上运用多元的评价方式评估学生。

○非常同意　○同意　○一般　○不同意　○非常不同意

15. 我能够根据教学目标合理设计课堂评价方案。

○非常同意　○同意　○一般　○不同意　○非常不同意

16. 我能够科学评估学生的高阶思维能力（如创造力、解决问题的能力等）。

○非常同意　○同意　○一般　○不同意　○非常不同意

17. 我能够设计并使用评价量规对学生进行评价。

○非常同意　○同意　○一般　○不同意　○非常不同意

18. 我能够自如运用学生自评与同伴互评的方式组织学生进行评价。

○非常同意　○同意　○一般　○不同意　○非常不同意

19. 我能根据评价的反馈结果对教学过程实施有效干预。

○非常同意　○同意　○一般　○不同意　○非常不同意

(TA：技术支持的评价能力)

20. 我能够在课堂上利用信息技术组织学生开展自评互评等。

○非常同意　○同意　○一般　○不同意　○非常不同意

21. 我可以选择合适的工具和方法对评价数据进行初步处理。

○非常同意 ○同意 ○一般 ○不同意 ○非常不同意

22. 我能够使用在线问卷调查平台、学习管理平台或电子档案袋等工具，持续性地记录学生的学习情况。

○非常同意 ○同意 ○一般 ○不同意 ○非常不同意

（TP：技术支持的教学法能力）

23. 我能够根据不同教学活动，选择相应的信息技术工具。

○非常同意 ○同意 ○一般 ○不同意 ○非常不同意

24. 我能够使用信息技术创设教学情境。

○非常同意 ○同意 ○一般 ○不同意 ○非常不同意

25. 我能够指导学生通过信息技术获取更多的知识。

○非常同意 ○同意 ○一般 ○不同意 ○非常不同意

26. 我能够指导学生通过信息技术进行合作。

○非常同意 ○同意 ○一般 ○不同意 ○非常不同意

27. 我能够指导学生通过信息技术计划和监管自己的学习。

○非常同意 ○同意 ○一般 ○不同意 ○非常不同意

（PA：教学法与评价融合能力）

28. 我能够使用诊断性评价了解学生的已有知识。

○非常同意 ○同意 ○一般 ○不同意 ○非常不同意

29. 我能够在课堂讲授过程中对学生的学习表现进行即时评价。

○非常同意 ○同意 ○一般 ○不同意 ○非常不同意

30. 我能够在教学活动完成后，合理设计评价活动对学生一节课或一段时间的表现进行评估。

○非常同意 ○同意 ○一般 ○不同意 ○非常不同意

31. 我能够在教学活动的不同阶段使用相应的评价方式对学生进行评价。

○非常同意 ○同意 ○一般 ○不同意 ○非常不同意

（APT：评价、教学法、技术融合的能力）

32. 我能够设计出基于真实问题的教学情境，用合适的技术手段将其呈现出来以吸引学生，并开展合理的评价。

○非常同意 ○同意 ○一般 ○不同意 ○非常不同意

33. 我能够设计好活动顺序，帮助学生使用合适的技术进行知识建构，并对学生建构的过程进行合理的评价。

○非常同意　○同意　○一般　○不同意　○非常不同意

34. 我能够合理使用网络工具指导学生进行协作学习，并对活动效果进行评价。

○非常同意　○同意　○一般　○不同意　○非常不同意

35. 我能够使用合适的工具帮助学生进行自主学习，并通过信息技术对学生自主学习效果进行评价。

○非常同意　○同意　○一般　○不同意　○非常不同意

36. 我能够构思出指导学生使用合适的工具进行探究的活动，并能够基于技术对学生开展合理的评价。

○非常同意　○同意　○一般　○不同意　○非常不同意

附录 B　测试题与问卷

B1　第 1 轮测试题与问卷

B1. 1　“土壤中有什么”前测题

一、选择题（20 分）。

1. 由于受水、大气、气温或动植物的作用，岩石破碎，这种现象叫做（　　）。

A. 侵蚀　　B. 腐烂　　C. 风化

2. 古人修栈道时，常用火来烧岩石，当岩石温度升得很高时，再在岩石上浇冷水，这样岩石便裂开了，这是人们利用了（　　）可使岩石变化的原理。

A. 热和冷的作用　　B. 水的冲刷　　C. 人类活动的作用

3. 因为土壤中有（　　），所以很多小动物可以生活在土壤里。

A. 沙　　B. 黏土　　C. 空气

4. 最大的土壤颗粒是（　　）。

A. 砂砾　　B. 沙　　C. 粉沙

二、填空题（20 分）。

1. 土壤是由________、________、________、________、________和________等物质组成的混合物。

2. 根据颗粒大小可以把土壤的微粒分类，从大到小分别是砂砾、________、________、________。

三、简答题（30分）。

1. 你知道有关土壤的哪些知识？有人说：土壤是地球上最有价值的资源。你认为这个观点正确吗？写出你的理由。

2. 你知道什么是岩石风化现象吗？

四、探究题（30分）。

育才小学科学兴趣小组的成员在探究土壤的成分时，利用所学知识提出了探究的问题，建立了好几种猜想，并且利用试验中简单的工具证明了各种猜想。请你完成下列试验探究的过程。

1. 提出问题：____。

2. 科学猜想：

例如：(1) 土壤中有空气；

请你完成以下三个猜想。

(2) ____；

(3) ____；

(4) ____。

3. 实验探究：你会通过什么方法证明猜想（1）是正确的？请写出你要用的探究工具，并且把你的想法或者你的探究方法表达出来，方法越多越好。可用文字或图示将实验过程表达出来。

4. 你可以预测实验现象吗？

B1.2　“土壤中有什么”后测题

一、选择题（20分）。

1. （　　）是地球上最有价值的资源。

A. 水源　　B. 黄金　　C. 土壤

2. 腐殖质的主要来源是（　　）。

A. 植物的叶、根和茎　　B. 腐烂的生物　　C. 细菌

3. 岩石上布满了裂缝是岩石的（　　）现象。

A. 侵蚀　　B. 腐烂　　C. 风化

4. 河边的鹅卵石又光又圆，是由于（　　）形成的。

A. 热胀冷缩　　B. 水的冲刷　　C. 植物的作用

二、填空题（20分）。

1. 土壤是由________、________、________、________、________和

________等物质组成的混合物。

2. 土壤中还有________和________。________是动植物腐烂时产生的黑色物质，________是溶解在水中的矿物质，它们都是植物生长必需的营养元素。

3. 土壤分层实验中，最底层是________，中间是________，最上层是颗粒最小的________，浮在水面上的是一些________。

三、简答题（30 分）。

1. 你知道有关土壤的哪些知识？有人说，土壤是地球上最有价值的资源。你认为这个观点正确吗？写出你的理由。

2. 你可以用画图的方式表示风化过程吗？

四、探究题（30 分）。

达尔文说过："犁是人类最古老而又有价值的发明物之一，可是，远在人类出现以前，土地早已被蚯蚓耕耘过了。"所以，蚯蚓又有"活犁耙"或"生物犁"的美称，这是对蚯蚓恰如其分的评价。请同学们想一想蚯蚓生活在泥土中对土壤有什么作用呢？

请你完成下列实验探究的过程。

1. 探究问题：____。

2. 科学猜想：____。

3. 设计探究计划。

你会通过什么方法证明猜想是正确的？请写出你要用的实验材料，并且把你的想法或者探究方法表达出来，方法越多越好。

4. 你能预测一下实验现象吗？

B1.3　《小学生科学学习动机、元认知与知识建构调查问卷》

亲爱的同学们：

我们对你们学习时会做些什么很感兴趣，请仔细阅读下面的句子，根据自己的学习情况，哪一个选项最符合你的情况，请在相应的○里打上"✓"，本次作答不计入成绩，请如实作答。

班级：　　姓名：　　性别：○男　○女　　学号：　　小组号：

一、元认知

1. 我可以很好地判断我对知识的掌握程度。

○非常不同意　○不同意　○一般　○同意　○非常同意

2. 当有需要的时候我会主动地去学习知识。
○非常不同意　○不同意　○一般　○同意　○非常同意
3. 我会尝试各种新的学习方式。
○非常不同意　○不同意　○一般　○同意　○非常同意
4. 我知道老师希望我能够掌握哪些知识。
○非常不同意　○不同意　○一般　○同意　○非常同意
5. 当我了解学习内容时，我就能学得很好。
○非常不同意　○不同意　○一般　○同意　○非常同意
6. 在学习的时候，我会通过画图的方法帮助我理解。
○非常不同意　○不同意　○一般　○同意　○非常同意
7. 做作业时，我会反思是不是学到了想学的知识。
○非常不同意　○不同意　○一般　○同意　○非常同意
8. 我会想不同的办法来研究土壤的组成成分，并选最简单的一种。
○非常不同意　○不同意　○一般　○同意　○非常同意
9. 开始学习之前，我会想一下自己需要学会什么知识。
○非常不同意　○不同意　○一般　○同意　○非常同意
10. 当学习新知识时，我会反思学得怎么样。
○非常不同意　○不同意　○一般　○同意　○非常同意
11. 我会更加关注重要的学习内容。
○非常不同意　○不同意　○一般　○同意　○非常同意
12. 我可以从感兴趣的内容中学到更多的知识。
○非常不同意　○不同意　○一般　○同意　○非常同意

二、学习动机

1. 我认为学习科学非常有趣且有意义。
○非常不同意　○不同意　○一般　○同意　○非常同意
2. 我认为科学课的知识值得我们学习。
○非常不同意　○不同意　○一般　○同意　○非常同意
3. 我会积极地搜集更多的信息去学习科学知识。
○非常不同意　○不同意　○一般　○同意　○非常同意
4. 我在科学课堂上会思考，并积极回答。
○非常不同意　○不同意　○一般　○同意　○非常同意
5. 我认为科学课程的学习与我们生活实际相关的科学知识都非常重要。
○非常不同意　○不同意　○一般　○同意　○非常同意

6. 我学习科学的目的仅仅是应付考试。

○非常不同意 ○不同意 ○一般 ○同意 ○非常同意

7. 我认为学习的科学课程很有趣，所以我愿意努力学习。

○非常不同意 ○不同意 ○一般 ○同意 ○非常同意

8. 我认为学好科学知识对每一个人都是非常重要的。

○非常不同意 ○不同意 ○一般 ○同意 ○非常同意

9. 我认为用 iPad 学习科学的方式非常有趣并且充满挑战。

○非常不同意 ○不同意 ○一般 ○同意 ○非常同意

10. 在本次科学课程的学习中，你付出的努力（如理解、记忆、思考等）属于几级？在认为合适的数字上画“✓”。（其中“1”表示付出了最少的努力，“5”表示付出了中等的努力，“9”表示付出了最大的努力）（仅后测中有）

1 2 3 4 5 6 7 8 9

最少的努力 中等的努力 最大的努力

11. 你认为本次科学课程学习的难度属于几级？在认为合适的数字上画“✓”。（其中“1”表示非常容易，“5”表示中等难度，“9”表示非常困难）（仅后测中有）

1 2 3 4 5 6 7 8 9

非常容易 中等难度 非常困难

亲爱的同学，谢谢你认真、耐心地作答，祝你生活愉快，学业进步，全家人生活开心！

B2 第 2 轮测试题与问卷

B2.1 《学生协作学习调查问卷》

亲爱的同学们：

经过本次科学课的学习，相信聪明的你一定学会了许多知识。现在，你就是诚实的小记者，根据下面的问题开始采访自己。该问卷不会影响你的成绩，请按照自己的真实想法在相应的○或□里打上“✓”。谢谢合作！

班级：________ 学号：________ 性别：○男 ○女

1. 你认为准确找到一个地方所在的位置必须具备的条件有哪些？（可多选）

□方向 □距离 □参照物 □其他（请填写你想到的其他条

件）________

2. 略。

3. 如右图所示，请问如何从A点走到B点：________________________________

____

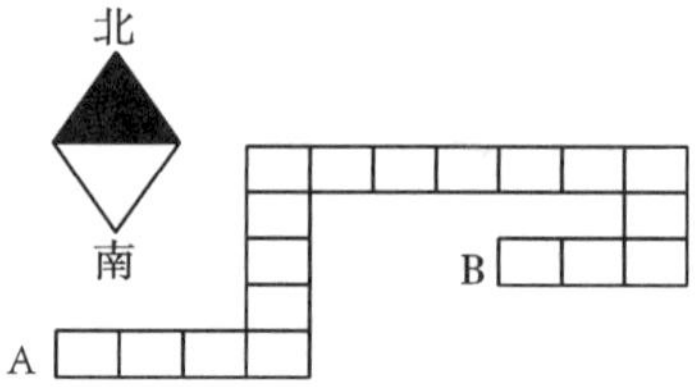

4. 我在听取完同学的意见后愿意给他们回馈并与他们交流。

○非常愿意　○愿意　○不愿意　○非常不愿意

5. 我可以依据同学的想法或知识，提出综合大家意见的观点。

○非常顺利　○顺利　○不顺利　○非常不顺利

6. 我可以接受其他同学对我提出的意见或看法，并有建设性地采纳大家提供的建议

○非常高　○高　○不高　○非常不高

7. 我经常帮助其他同学改进他们的想法。

○非常有趣　○有趣　○没兴趣　○非常没兴趣

8. 我可以公开地向其他同学说明我的想法。

○非常想　○想　○不想　○非常不想

9. 当我不懂同学的想法时，我会请他们再说明得更清楚一些。

○非常值得　○值得　○不值得　○非常不值得

10. 我可以组织同学（例如进行任务分工），在指定的时间内，共同完成我们被交付的任务。

○非常重要　○重要　○不重要　○非常不重要

11. 我们小组完成任务的过程非常顺利。

○非常重要　○重要　○不重要　○非常不重要

12. 我认为我们小组的协作程度非常高。

○非常愿意　○愿意　○不愿意　○非常不愿意

13. 你认为学习科学对每一个人都重要吗？

○非常重要　○重要　○不重要　○非常不重要

14. 你认为学习科学很有趣吗？

○非常有趣　○有趣　○没兴趣　○非常没兴趣

15. 你想要在科学课上学习和观察到更多知识吗？

○非常想　○想　○不想　○非常不想

16. 你认为学习科学知识值得吗？
○非常值得　○值得　○不值得　○非常不值得
17. 你认为学好科学课重要吗？
○非常重要　○重要　○不重要　○非常不重要
18. 你认为掌握与日常生活相关的科学知识重要吗？
○非常重要　○重要　○不重要　○非常不重要
19. 你愿意主动查找并学习更多科学知识吗？
○非常愿意　○愿意　○不愿意　○非常不愿意
20. 你认为学习科学对每一个人都重要吗？
○非常重要　○重要　○不重要　○非常不重要

B3　第 3 轮测试题与问卷

B3.1　“地球的运动”前测题

一、单选题（每小题 5 分，共 2 题，总分 10 分）。

1. 地球自转的方向是（　　）。

A. 由东向西　B. 由西向东　C. 由南向北　D. 由北向南

2. 地球时区图中，相邻两个地区时差相差（　　）小时。

A. 1 小时　B. 5 小时　C. 12 小时　D. 24 小时

二、多选题（每小题 5 分，共 2 题，总共 10 分）。

1. 四季的形成与下列哪些选项有关？（　　）

A. 地球自转　B. 地球公转
C. 地轴的倾斜　D. 太阳的东升西落

2. 极昼极夜现象可能在下列哪些地区出现？（　　）

A. 南极　B. 武汉　C. 赤道　D. 北极

三、判断题（每小题 5 分，共 1 题，总共 5 分）。

北极星的位置并不在头顶正上方，而是在人们视线往上倾斜的北方的天空中。（　　）

四、简答题（每小题 15 分，共 4 题，总共 60 分）。

1. 你认为昼夜的交替是什么原因引起的？
2. 你认为四季的交替是什么原因引起的？

3. 你认为极昼极夜现象的产生是什么原因引起的？

4. 你知道地球公转有什么规律？

五、论述题（每小题15分，共1题，总共15分）。

地球运动产生的自然现象有哪些？（尽可能多地列出你所知道的自然现象）

B3.2 “地球的运动”后测题

一、单选题（每小题5分，共3题，总分15分）。

1. 地球自转的方向是（　　）。

A. 由东向西　　B. 由西向东　　C. 由南向北　　D. 由北向南

2. 地球时区图中，相邻两个地区时差相差（　　）小时。

A. 1小时　　B. 5小时　　C. 12小时　　D. 24小时

3. 地球绕太阳公转一周的时间是（　　）。

A. 一年　　B. 一月　　C. 一小时　　D. 一天

二、判断题（每小题5分，共2题，总共10分）。

4. 北极星的位置并不在头顶正上方，而是在人们视线往上倾斜的北方的天空中。（　　）

5. 地球在自转的同时还绕着太阳转动，称为地球的公转。（　　）

三、简答题（每小题15分，共5题，总共75分）。

6. 我们在地球上为什么会看到太阳东升西落？

7. 北极星“不动”的原因是什么？

8. 摆的快慢与什么因素有关？

9. 为什么北京比乌鲁木齐先迎来黎明？

10. 请问通过本次“地球的运动”单元课程的学习你有哪些收获？（学到了哪些知识，是否达到了自己的预期目标，或者你能想到的其他。）

B3.3 “地球的运动”调查问卷

亲爱的同学们：

为了帮助大家更加了解自己的学习状况，我们编制了《小学生深度学习调查问卷》，请仔细阅读下面的句子，你在学习、做课堂作业或家庭作业时，哪一个选项最符合你的情况，请在相应的○打上“✓”，我们会严格保密你的信息，请按照自己的学习情况如实作答。谢谢你的配合。

班级：________　　学号：________　　性别：○男　○女

1. 我可以很好地判断我对知识的掌握程度。

○从不　○很少　○有时　○经常　○总是

2. 当有需要的时候，我会主动地去学习知识。

○从不　○很少　○有时　○经常　○总是

3. 我会尝试各种新的学习方式。

○从不　○很少　○有时　○经常　○总是

4. 我知道老师希望我能掌握哪些知识。

○从不　○很少　○有时　○经常　○总是

5. 当我了解学习内容时，我就能学得很好。

○从不　○很少　○有时　○经常　○总是

6. 在学习的时候，我会通过画图的方法帮助我理解。

○从不　○很少　○有时　○经常　○总是

7. 做作业时，我会反思是不是学到了想学的知识。

○从不　○很少　○有时　○经常　○总是

8. 我会想不同的办法来解题，并选最简单的一种。

○从不　○很少　○有时　○经常　○总是

9. 开始学习之前，我会想一下自己需要学会什么知识。

○从不　○很少　○有时　○经常　○总是

10. 当学习新知识时，我会反思自己学得怎么样。

○从不　○很少　○有时　○经常　○总是

11. 我会更加关注重要的学习内容。

○从不　○很少　○有时　○经常　○总是

12. 我可以从感兴趣的内容中学到更多的知识。

○从不　○很少　○有时　○经常　○总是

13. 我发现，有时候学习能够给我很大的个人满足感。

○从不　○很少　○有时　○经常　○总是

14. 我经常会发现新的有趣的知识，并愿意花费课外时间学习这些知识。

○从不　○很少　○有时　○经常　○总是

15. 我发现学习的知识有时令人兴奋，就像一本好的小说或一部好的电影。

○从不　○很少　○有时　○经常　○总是

16. 我在课堂上会思考问题并积极回答。

○从不　○很少　○有时　○经常　○总是

17. 我将会特别注意那些由老师或同学推荐的读物。

○从不　○很少　○有时　○经常　○总是

18. 一旦我开始学习某个单元主题时，我都能够非常感兴趣。

○从不　○很少　○有时　○经常　○总是

19. 我学习的目的仅仅是应付考试。

○从不　○很少　○有时　○经常　○总是

20. 我认为在学校学习的课程很无趣，所以我不愿意努力地学习。

○从不　○很少　○有时　○经常　○总是

21. 我只愿意学习那些我认为必须要学习的知识。

○从不　○很少　○有时　○经常　○总是

22. 因为学习的材料很有趣，所以我愿意努力学习。

○从不　○很少　○有时　○经常　○总是

23. 我认为学习与考试无关的内容是毫无意义的。

○从不　○很少　○有时　○经常　○总是

参 考 文 献

一、中文类

[1] 霍力岩. 论教育特征的变化——从工业社会到信息社会 [J]. 教育科学研究，2000 (5)：3-8.

[2] 联合国教科文组织总部，联合国教科文组织总部中文科. 教育——财富蕴藏其中 [M]. 北京：教育科学出版社，1996.

[3] 核心素养研究课题组. 中国学生发展核心素养 [J]. 中国教育学刊，2016 (10)：1-3.

[4] 约翰逊，亚当斯贝克尔，埃斯特拉达，等. 新媒体联盟地平线报告：2014 基础教育版 [R]. 张铁道，白晓晶，李国云，等译. 奥斯汀，得克萨斯：新媒体联盟，2014.

[5] 约翰逊，亚当斯贝克尔，埃斯特拉达，等. 新媒体联盟地平线报告：2015 基础教育版 [R]. 张铁道，白晓晶，李国云，等译. 奥斯汀，得克萨斯：新媒体联盟，2015.

[6] 约翰逊，刘德建，黄荣怀，等. 2016 新媒体联盟中国基础教育技术展望：地平线项目区域报告 [R]. 奥斯汀，得克萨斯：新媒体联盟，2016.

[7] 康淑敏. 基于学科素养培育的深度学习研究 [J]. 教育研究，2016 (7)：111-118.

[8] 徐春华，傅钢善. 视频标注工具支持的深度学习研究——以 MOOC 学习环境为例 [J]. 现代教育技术，2017 (3)：13-19.

[9] 秦瑾若，傅钢善. 基于深度学习理论的 MOOC 学习活动设计——以“现代教育技术”课程为例 [J]. 现代教育技术，2017 (5)：12-18.

[10] 曾明星，李桂平，周清平，等. 从 MOOC 到 SPOC：一种深度学习模式建构 [J]. 中国电化教育，2015 (11)：28-34.

[11] 刘红晶，谭良. SPOC 助学群组促进深度学习的策略和方法研究 [J]. 电化教育研究，2017 (2)：73-81.

[12] 丁永刚，金梦甜，张馨，等. 基于SPOC的翻转课堂2.0教学模式设计与实施路径 [J]. 中国电化教育，2017 (6)：95-101.

[13] 李利. 旨向深度学习的翻转课堂设计 [J]. 现代教育技术，2017 (4)：67-73.

[14] 顾小清，冯园园，胡思畅. 超越碎片化学习：语义图示与深度学习 [J]. 中国电化教育，2015 (3)：39-48.

[15] 刘哲雨，侯岸泽，王志军. 多媒体画面语言表征目标促进深度学习 [J]. 电化教育研究，2017 (3)：18-23.

[16] 胡航，董玉琦. 技术促进深度学习："个性化-合作"学习的理论构建与实证研究 [J]. 远程教育杂志，2017 (3)：48-61.

[17] 刘哲雨，郝晓鑫. 深度学习的评价模式研究 [J]. 现代教育技术，2017 (4)：12-18.

[18] 中华人民共和国教育部. 全日制义务教育科学（3～6年级）课程标准（实验稿）[M]. 北京：北京师范大学出版社，2002.

[19] 中华人民共和国教育部. 全日制义务教育科学（1～6年级）课程标准（修订稿）[M]. 北京：北京师范大学出版社，2014.

[20] 赖肖冰，姜建文，卞祖武，等. 小学科学教学现状及其影响因素研究 [J]. 教学与管理，2010 (18)：61-62.

[21] 李念. 基于生本课堂理念下小学科学教学模式的应用研究 [D]. 西安：陕西师范大学，2015.

[22] 杨改学. 教育信息化进程中的反思 [J]. 电化教育研究，2006 (3)：7-11.

[23] 蔡旻君，芦萍萍，黄慧娟. 信息技术与教学缘何难以深度融合——兼论信息技术应用于课堂教学时需正确处理的几组重要关系 [J]. 电化教育研究，2014 (10)：23-28.

[24] 祝智庭，管珏琪. 教育变革中的技术力量 [J]. 中国电化教育，2014 (1)：1-9.

[25] 马相春，钟绍春，徐妲，等. 基于电子书包教学系统的翻转课堂教学模式实践研究 [J]. 电化教育研究，2017 (6)：111-115.

[26] 沈书生，刘强，谢同祥. 一种基于电子书包的翻转课堂教学模式 [J]. 中国电化教育，2013 (12)：107-111.

[27] 于迪. 电子书包支持下的个性化学习策略研究 [D]. 沈阳：沈阳师范大学，2016.

［28］王晓晨，黄荣怀，王梦舒，等．智慧教室环境下的中小学课堂人际互动分析［J］．电化教育研究，2016（12）：111-116．

［29］王晓晨，江绍祥，黄荣怀．面向智慧教室的中小学课堂互动观察工具研究［J］．电化教育研究，2015（9）：49-53．

［30］张屹，祝园，白清玉，等．智慧教室环境下小学数学课堂教学互动行为特征研究［J］．中国电化教育，2016（6）：43-48．

［31］刘阿玲．电子书包在小学英语课堂互动教学中的应用研究［D］．济南：山东师范大学，2016．

［32］张屹，陈珍，白清玉，等．基于移动终端的 PBL 教学对小学生元认知能力的影响研究——以小学科学课程“地球的运动”为例［J］．中国电化教育，2017（7）：79-87．

［33］邵征锋，张文兰，李喆．基于电子书包的 PBL 教学模式应用探究——以小学数学课为例［J］．现代教育技术，2016（5）：37-43．

［34］王玉玺，张妲，钟绍春，等．基于电子书包的探究式教学模式设计——以小学科学教学为例［J］．中国电化教育，2014（2）：95-100．

［35］张屹，白清玉，李晓艳，等．基于 APT 教学模型的移动学习对学生学习兴趣与成绩的影响研究——以小学数学“扇形统计图”为例［J］．中国电化教育，2016（1）：26-33．

［36］李玉顺，史鹏越，夏长胜．平板电脑教育教学实践成功应用的学校案例剖析——丰师附小数字课堂与数字文化实践之思考［J］．中国电化教育，2014（5）：97-103．

［37］陈会元．基于智慧教室的体验式学习模式研究——以初中化学为例［D］．长春：东北师范大学，2016．

［38］白清玉，张屹，沈爱华，等．基于同伴互评的移动学习对小学生学习成效的影响研究——以科学课程为例［J］．中国电化教育，2016（12）：121-128．

［39］张屹，陈蓓蕾，李晓艳，等．智慧教室中基于 APT 模型的 iPad 电子教材设计与应用研究——以小学英语五年级上册《Toby's Dream》为例［J］．电化教育研究，2016（8）：63-71．

［40］卜彩丽，冯晓晓，张宝辉．深度学习的概念、策略、效果及其启示——美国深度学习项目（SDL）的解读与分析［J］．远程教育杂志，2016，34（5）：75-82．

［41］何玲，黎加厚．促进学生深度学习［J］．计算机教与学：现代教

学，2005（5）：29-30.

［42］段金菊，余胜泉. 学习科学视域下的 e-Learning 深度学习研究［J］. 远程教育杂志，2013（4）：43-51.

［43］张静，陈佑清. 学习科学视域中面向深度学习的信息化教学方式变革［J］. 中国电化教育，2013（4）：20-24.

［44］张浩，吴秀娟. 深度学习的内涵及认知理论基础探析［J］. 中国电化教育，2012（10）：7-11.

［45］黄荣怀，杨俊锋，胡永斌. 从数字学习环境到智慧学习环境——学习环境的变革与趋势［J］. 开放教育研究，2012（1）：75-84.

［46］张亚珍，张宝辉，韩云霞. 国内外智慧教室研究评论及展望［J］. 开放教育研究，2014（1）：81-91.

［47］陈卫东，叶新东，张际平. 智能教室研究现状与未来展望［J］. 远程教育杂志，2011（4）：39-45.

［48］普旭. 我国中小学智慧教室建设规范初探［D］. 武汉：华中师范大学，2013.

［49］聂风华，钟晓流，宋述强. 智慧教室：概念特征、系统模型与建设案例［J］. 现代教育技术，2013（7）：5-8.

［50］祝智庭，贺斌. 智慧教育：教育信息化的新境界［J］. 电化教育研究，2012（12）：7-15.

［51］杨南昌. 学习科学视域中的设计研究［D］. 上海：华东师范大学，2008.

［52］张文兰，刘俊生. 基于设计的研究——教育技术学研究的一种新范式［J］. 电化教育研究，2007（10）：13-17.

［53］余凯，贾磊，陈雨强，等. 深度学习的昨天、今天和明天［J］. 计算机研究与发展，2013（9）：1799-1804.

［54］刘建伟，刘媛，罗雄麟. 深度学习研究进展［J］. 计算机应用研究，2014（7）：1921-1930.

［55］孙志军，等. 深度学习［EB/OL］.［2017-02-24］. http://baike.baidu.com/link?url=_SJFSzD_kafBj96Y4kJWI-EpXars6.

［56］段金菊. e-Learning 环境下促进深度学习的策略研究［J］. 中国电化教育，2012（5）：38-43.

［57］吴秀娟，张浩，倪厂清. 基于反思的深度学习：内涵与过程［J］. 电化教育研究，2014（12）：23-28.

［58］约翰逊，刘德建，黄荣怀，等．2016 新媒体联盟中国基础教育技术展望：地平线项目区域报告［R］．奥斯汀，得克萨斯：新媒体联盟，2016.

［59］奥姆罗德．学习心理学［M］．6 版．汪玲，李燕平，廖凤林，等译．北京：中国人民大学出版社，2015.

［60］安布罗斯，等．聪明教学 7 原理：基于学习科学的教学策略［M］．庞维国，等译．上海：华东师范大学出版社，2012.

［61］伊列雷斯．我们如何学习［M］．孙玫璐，译．北京：教育科学出版社，2010.

［62］加涅．学习的条件［M］．傅统先，等译．北京：人民教育出版社，1985.

［63］慕彦瑾，段金菊．基于认知心理学理论的深度学习设计研究［J］．内蒙古师范大学学报（教育科学版），2012（7）：65-69.

［64］杜娟，李兆君，郭丽文．促进深度学习的信息化教学设计的策略研究［J］．电化教育研究，2013（10）：14-20.

［65］安德森，等．布卢姆教育目标分类学：分类学视野下的学与教及其测评［M］．修订版．蒋小平，等译．北京：外语教学与研究出版社，2009.

［66］刘宇，解月光．大学生深层学习的过程研究及思考［J］．中国电化教育，2014（7）：56-62.

［67］景红娜．网络教学环境下深层学习研究［D］．徐州：徐州师范大学，2011.

［68］彼格斯，科利斯．学习质量评价：SOLO 分类理论（可观察的学习成果结构）［M］．高凌彪，张洪岩，译．北京：人民教育出版社，2010.

［69］吴秀娟，张浩．基于反思的深度学习实验研究［J］．远程教育杂志，2015（4）：67-74.

［70］付亦宁．大学生深层学习影响因素及其关系的实证分析［J］．苏州大学学报（教育科学版），2015（2）：93-101.

［71］陈明选，张康莉．促进研究生深度学习的翻转课堂设计与实施［J］．现代远程教育研究，2016（5）：68-78.

［72］王纾．研究型大学学生学习性投入对学习收获的影响机制研究——基于 2009 年“中国大学生学情调查”的数据分析［J］．清华大学教育研究，2011（4）：24-32.

[73] 张浩，吴秀娟，王静. 深度学习的目标与评价体系构建 [J]. 中国电化教育，2014 (7)：51-55.

[74] 蔡慧英. 语义图示工具支持的协作问题解决学习的研究 [D]. 上海：华东师范大学，2016.

[75] 金莺莲，裴新宁. 学习科学视域中的社会性学习：过去、现在与未来 [J]. 开放教育研究，2014 (6)：81-87.

[76] 乔伊斯，韦尔，卡尔霍恩，等. 教学模式 [M]. 8 版. 兰英，等译. 北京：中国人民大学出版社，2014.

[77] 叶晓芸，秦鉴. 论浅层学习与深度学习 [J]. 软件导刊，2006 (2)：19-21.

[78] 谢幼如. 网络课堂协作知识建构模式研究 [D]. 重庆：西南大学，2009.

[79] 王丽，谈云兵. 基于博客的深度学习研究——以苏州教育博客为例 [J]. 中国远程教育，2009 (23)：40-43.

[80] 龚雷雨，袁锦明. 深度学习理念下的有效教学设计例谈 [J]. 生物学通报，2010 (10)：37-39.

[81] 安富海. 促进深度学习的课堂教学策略研究 [J]. 课程·教材·教法，2014 (11)：57-62.

[82] 冯锐，杨红美. 基于故事的深度学习探讨 [J]. 全球教育展望，2010 (11)：26-32.

[83] 许小荣. 基于深层学习的高职语文教学策略探究 [J]. 现代语文：学术综合版，2015 (5)：87-89.

[84] 王建军. 深度学习理念下的有效教学设计——“甲烷”的磨课实践与教学体悟 [J]. 化学教学，2015 (1)：42-45.

[85] 孙珂. 促进“深层学习”：世界高水平大学的教学特征分析 [J]. 教育探索，2014 (5)：145-149.

[86] 李宇韬. 促进小学生数学概念深层学习的“意义联结”策略分析 [J]. 中小学教材教学，2016 (4)：46-49.

[87] 何克抗，李文光. 教育技术学 [M]. 北京：北京师范大学出版社，2009.

[88] 规划编制专家组. 《教育信息化十年发展规划（2011—2020 年）》解读 [M]. 北京：人民教育出版社，2012.

[89] 杨浩，郑旭东，朱莎. 技术扩散视角下信息技术与学校教育融合

的若干思考［J］. 中国电化教育，2015（4）：1-6.

［90］田月. 基于概念图的深度学习研究——以高职《计算机应用基础》课程为例［D］. 扬州：扬州大学，2014.

［91］纪宏璠，雷体南，方红. 基于Ittools 3.0的深度学习过程设计与实践研究［J］. 现代教育技术，2015（2）：40-46.

［92］何智. 教室历史变迁与影响未来教室发展的因素［J］. 中小学信息技术教育，2014（2）：82-85.

［93］夸美纽斯. 大教学论［M］. 北京：人民教育出版社，2006.

［94］欧阳明，杨彦栋，贺卫宏. 从我国电化教育的发展历史看其发展特点［J］. 电化教育研究，2011（9）：106-108.

［95］黄荣怀，胡永斌，杨俊锋，等. 智慧教室的概念及特征［J］. 开放教育研究，2012（2）：22-27.

［96］程玫. 智慧学习环境中的学习行为分析研究［D］. 南京：南京邮电大学，2014.

［97］胡永斌，李馨，赵云建. 欧盟学校教育信息化发展现状——访欧盟iTEC"未来教室"项目负责人威尔·埃利斯博士［J］. 中国电化教育，2016（2）：121-125.

［98］Joseph Tao. HP打造首间未来教室，硬件到位的初尝试（视频）（2013）［EB/OL］.［2017-03-26］. http://cn.engadget.com/2013/05/06/hp-classroom-of-the-future-tw/.

［99］黄荣怀. 中小学数字校园的建设内容及战略重点［J］. 北京教育：普教版，2009（8）：60-61.

［100］苏泽庭. 信息化背景下的智慧教育推进策略研究——以宁波市为例［J］. 中国电化教育，2015（2）：46-50.

［101］何克抗. 智慧教室＋课堂教学结构变革——实现教育信息化宏伟目标的根本途径［J］. 教育研究，2015（11）：76-81.

［102］杨宗凯. 教育信息化十年发展展望——未来教室、未来学校、未来教师、未来教育［J］. 中国教育信息化，2011（17）：14-15.

［103］瞿超，江丰光. 我们距离未来教室有多远——以台北市某小学未来教室为例［J］. 发明与创新·教育信息化，2014（3）：54-57.

［104］邹华杰. 智慧教室环境下的初中信息技术教学实验研究［D］. 南昌：江西师范大学，2013.

［105］姚方莉. 智慧教室环境下小学高年级空间与图形教学研究［D］.

西安：陕西师范大学，2015.

［106］郁晓华，黄沁，张莹渊，等. Cloud Card对个人学习空间建设的新启示［J］. 中国电化教育，2016（2）：41-48.

［107］李红美，张剑平. 面向智慧教室的ARS互动教学模式及其应用［J］. 中国电化教育，2015（11）：103-109.

［108］祝智庭，沈德梅. 学习分析学：智慧教育的科学力量［J］. 电化教育研究，2013（5）：5-12.

［109］邵征锋，李喆，张文兰. "电子书包"的概念及应用前景探究［J］. 中小学信息技术教育，2013（5）：73-77.

［110］胡旺，杨成. 基于智慧教室的教学模式设计研究［J］. 广东广播电视大学学报，2015（4）：87-92.

［111］李幸，李晓夏. 美国初中智慧教室构建的经验及启示［J］. 软件导刊：教育技术，2015（11）：92-95.

［112］未来学习的一天［EB/OL］.［2017-05-13］. https://v. qq. com/x/page/h0189ekwplz. html.

［113］TEAM Model智慧教室简介［EB/OL］.［2017-05-13］. http://www. habook. com. cn/about. aspx? HtmlName=media.

［114］Engadget. 未来教室［EB/OL］.［2017-05-13］. http://cn. engadget. com/2013/05/06/hp-classroom-of-the-future-tw/.

［115］姚方莉. 智慧教室：未来教育的新方向［J］. 中国医学教育技术，2014（4）：356-359.

［116］走进大陆首家TEAL教室　感受南开互动课堂［EB/OL］.［2017-05-13］. http://news. nankai. edu. cn/nkyw/system/2016/11/12/000304794. shtml.

［117］你的教室够潮吗？——对外经贸大学教室改造案例［EB/OL］.［2017-05-13］. http://www. vccoo. com/v/f2433a.

［118］陈迪. 互动媒体支撑下的课堂教学研究［D］. 武汉：华中师范大学，2012.

［119］孔庆梅. 基于"未来教室"环境下的初中地理课堂教学实践思考［J］. 苏州教育信息化，2015（2）：26-27.

［120］张红娟. 未来教室，打造不一样的课堂——未来教室有效教学的探索［J］. 考试周刊，2016（32）：179-180.

［121］李美凤，李艺. TPCK：整合技术的教师专业知识新框架［J］.

黑龙江高教研究，2008（4）：74-77.

［122］陈静. 整合技术的学科教学法知识视阈下教师的教育技术能力培养［J］. 电化教育研究，2009（6）：29-32.

［123］焦建利，钟洪蕊. 技术—教学法—内容知识（TPACK）研究议题及其进展［J］. 远程教育杂志，2010（1）：39-45.

［124］董利亚，冯锐. 在线学习社区培育与发展模型的构建及其策略研究［J］. 远程教育杂志，2016（2）：98-105.

［125］阮全友，杨玉芹. 整合技术的学科和教学知识框架的发展：从TPACK、TSACK到TMACK［J］. 中国远程教育，2014（11）：20-26.

［126］闫志明，李美凤. 整合技术的学科教学知识网络——信息时代教师知识新框架［J］. 中国电化教育，2012（4）：58-63.

［127］教育部办公厅. 全国中小学教师信息技术应用能力标准（试行）［Z］. 2014-05-27.

［128］汪基德. 从教育信息化到信息化教育——学习《国家中长期教育改革和发展规划纲要（2010—2020年）》之体会［J］. 电化教育研究，2011（9）：5-10.

［129］张屹，马静思，周平红，等. 中小学教师信息技术应用能力现状及培训建议［J］. 中国电化教育，2015（1）：104-110.

［130］赵士果. 促进学习的课堂评价研究［D］. 上海：华东师范大学，2013.

［131］张冬梅. 多元智能理论述评［J］. 新课程学习：学术教育，2010（8）：130-131.

［132］加德纳. 智能的结构：经典版［M］. 沈致隆，译. 杭州：浙江人民出版社，2013.

［133］裴纯礼，张进宝，杨雪萍，等. “全国中小学教师教育技术能力水平考试”教学人员考试大纲（初级）的研制［J］. 电化教育研究，2007（6）：25-29.

［134］吴明隆. 问卷统计分析实务［M］. 重庆：重庆大学出版社，2010.

［135］薛薇. SPSS统计分析方法及应用［M］. 北京：电子工业出版社，2013.

［136］吴明隆. 结构方程模型：AMOS的操作与应用［M］. 重庆：重庆大学出版社，2009.

［137］加涅. 教学设计原理［M］. 上海：华东师范大学出版社，2007.

［138］顾明远. 教育大辞典：增订合卷本［M］. 上海：上海教育出版社，1998.

［139］黄梅. 基于三维目标的化学教学策略研究［D］. 重庆：西南大学，2009.

［140］安德森，等. 布卢姆教育目标分类学：分类学视野下的学与教及其测评［M］. 蒋小平，等译. 北京：外语教学与研究出版社，2009.

［141］冯锐，任友群. 学习研究的转向与学习科学的形成［J］. 电化教育研究，2009（2）：25-28.

［142］彭聃龄. 普通心理学［M］. 北京：北京师范大学出版社，2010.

［143］吴有昌. SOLO分类学对布卢姆分类学的突破［J］. 华南师范大学学报（社会科学版），2009（4）：44-47.

［144］孟献华. 情感领域下的教学目标建构［J］. 教学研究，2004（1）：66-67.

［145］冒兵. 情感领域的历史教学目标评价［J］. 当代教育科学，2013（24）：57-59.

［146］钟启泉. "三维目标"论［J］. 教育研究，2011（9）：62-67.

［147］杨九民. 教学系统设计理论与实践［M］. 北京：北京大学出版社，2014.

［148］池丽萍，辛自强. 大学生学习动机的测量及其与自我效能感的关系［J］. 心理发展与教育，2006（2）：64-70.

［149］张敏，雷开春，王振勇. 4～6年级小学生学习动机的结构分析［J］. 心理科学，2005（1）：183-185.

［150］杨文阳，胡卫平. CSCL中学习动机对知识获取和学习活动影响的实证研究［J］. 电化教育研究，2015（2）：32-37.

［151］汪玲，郭德俊. 元认知与学习动机关系的研究［J］. 心理科学，2003（5）：829-833.

［152］詹艺，任友群. 整合技术的学科教学法知识的内涵及其研究现状简述［J］. 远程教育杂志，2010（4）：78-87.

［153］未来教室新面貌——从美国、新加坡、中国案例初探［EB/OL］.［2017-03-26］. http://www.fjber.com/JounalShows.aspx?id=1560.

二、外文类

[1] DEDE C. The role of digital technologies in deeper learning [M]. San Francisco：Jobs for the Future，2014.

[2] MARTON F，SÄLJÖ R. On qualitative differences in learning：Ⅰ. outcome and process [J]. British journal of educational psychology，1976 (1)：4-11.

[3] ENTWISTLE N J，PETERSON E R. Conceptions of learning and knowledge in higher education：relationships with study behaviour and influences of learning environments [J]. International journal of educational research，2004 (6)：407-428.

[4] PASK G. Styles and strategies of learning [J]. British journal of educational psychology，1976 (2)：128-148.

[5] BIGGS J. Individual differences in study processes and the Quality of Learning Outcomes [J]. Higher education，1979 (4)：381-394.

[6] SKIPTON C，MATULICH E，PAPP R，et al. Moving from dumb to smart classrooms：technology options and implementation issues [J]. Journal of college teaching & learning，2011 (6)：10-15.

[7] BROWN A L. Design experiments：theoretical and methodological challenges in creating complex interventions in classroom settings [J]. Journal of the learning sciences，1992 (2)：141-178.

[8] COLLINS A. Toward a design science of education [M] //New directions in educational technology. Berlin：Springer Berlin Heidelberg，1992：23-40.

[9] RICHARDSON J T E. Approaches to learning or levels of processing：what did Marton and Säljö (1976a) really say? The legacy of the work of the Göteborg Group in the 1970s [J]. Interchange，2015 (3)：239-269.

[10] SVENSSON L. On qualitative differences in learning：Ⅲ. study skill and learning [J]. British journal of educational psychology，1977，47 (47)：233-243.

[11] FRANSSON A. On qualitative differences in learning：Ⅳ. effects of intrinsic motivation and extrinsic test anxiety on process and outcome

[J]. British journal of educational psychology, 1977 (3): 244-257.

[12] ENTWISTLE N, HANLEY M, HOUNSELL D. Identifying distinct approaches to studying [J]. Higher education, 1979 (4): 365-380.

[13] William and Flora Hewlett Foundation. Deeper learning competencies [EB/OL]. [2016-04-15]. http://www.hewlett.org/uploads/documents/Deeper_Learning_Defined__April_2013.pdf.

[14] BIGGS J. Individual and group differences in study process [J]. British journal of educational psychology, 1978 (3): 266-279.

[15] CRAIK I M, LOCKHART R S. Levels of processing: a framework for memory research [J]. Journal of verbal learning & verbal behavior, 1972 (6): 671-684.

[16] WEBB N L. Alignment of science and mathematics standards and assessments in four states: research monograph No. 18 [J]. Monthly notices of the royal astronomical society, 1999 (3): 559-569.

[17] BIGGS J. Learning process questionnaire manual: student approaches to learning and studying [J]. Foreign countries, 1987: 8-13.

[18] MALIE S, AKIR O. Bridging the gaps between learning and teaching through recognition of students' learning approaches: a case study [J]. Research in education, 2012 (1): 75-94.

[19] HALL M, RAMSAY A, RAVEN J. Changing the learning environment to promote deep learning approaches in first-year accounting students [J]. Accounting education, 2004 (4): 489-505.

[20] GORDON C, DEBUS R. Developing deep learning approaches and personal teaching efficacy within a preservice teacher education context [J]. British journal of educational psychology, 2002 (4): 483-511.

[21] LEE M H, JOHANSON R E, TSAI C C. Exploring Taiwanese high school students' conceptions of and approaches to learning science through a structural equation modeling analysis [J]. Science education, 2008 (2): 191-220.

[22] PLATOW M J, MAVOR K I, GRACE D M. On the role of discipline-related self-concept in deep and surface approaches to learning among university students [J]. Instructional science, 2013 (2): 271-285.

[23] FLOYD K S, HARRINGTON S J, SANTIAGO J. The effect of

engagement and perceived course value on deep and surface learning strategies [J]. Informing science the international journal of an emerging transdiscipline, 2009 (12): 181-185.

[24] MELLANBY J, CORTINA-BORJA M, STEIN J. Deep learning questions can help selection of high ability candidates for universities [J]. Higher education, 2009 (5): 597-608.

[25] LAU S, LIEM A D, NIE Y. Task- and self-related pathways to deep learning: the mediating role of achievement goals, classroom attentiveness, and group participation [J]. British journal of educational psychology, 2008 (4): 639-662.

[26] ENTWISTLE N, MCCUNE V. The disposition to understand for oneself at university: integrating learning processes with motivation and metacognition [J]. British journal of educational psychology, 2013 (2): 267.

[27] CHIN C, BROWN D E. Learning in science: a comparison of deep and surface approaches [J]. Journal of research in science teaching, 2000 (2): 109-138.

[28] CAMPBELL C M, CABRERA A F. Making the mark: are grades and deep learning related? [J]. Research in higher education, 2014 (5): 494-507.

[29] LAIRD T F N, SHOUP R, KUH G D, et al. The effects of discipline on deep approaches to student learning and college outcomes [J]. Research in higher education, 2008 (6): 469-494.

[30] NEHRING J H, SZCZESIUL S. Redefining high performance in Northern Ireland: deeper learning and twenty-first century skills meet high stakes accountability [J]. Journal of educational change, 2015 (3): 1-22.

[31] BARROWS H S. A taxonomy of problem-based learning methods [J]. Medical education, 1986 (6): 481-486.

[32] GROVER S, PEA R, COOPER S. Designing for deeper learning in a blended computer science course for middle school students [J]. Computer science education, 2015 (2): 199-237.

[33] WILIAM D. What is assessment for learning? [J]. Studies in educational evaluation, 2011 (1): 3-14.

[34] BLACK P, WILIAM D. Inside the black box: raising standards through classroom assessment [J]. Phi delta kappan, 2010 (1): 139-148.

[35] EARL L M. Assessment as learning [M]. USA: Corwin, 2003.

[36] HWANG G J, CHANG H F. A formative assessment-based mobile learning approach to improving the learning attitudes and achievements of students [J]. Computers & education, 2011 (4): 1023-1031.

[37] WANG T H. Implementation of web-based dynamic assessment in facilitating junior high school students to learn mathematics [J]. Computers & education, 2011 (4): 1062-1071.

[38] KOSTONS D, GOG T V, PAAS F. Training self-assessment and task-selection skills: a cognitive approach to improving self-regulated learning [J]. Learning & instruction, 2012 (2): 121-132.

[39] ENTWISTLE N. Promoting deep learning through teaching and assessment: conceptual frameworks and educational contexts [J]. Higher education academy, 2000 (6): 25-30.

[40] TRAPHAGEN K. Time for deeper learning: lessons from five high schools [R]. Boston: National Center on Time & Learning, 2013.

[41] TURVEY K. Towards deeper learning through creativity within online communities in primary education [J]. Computers & education, 2006 (3): 309-321.

[42] Future Classroom Lab. Future classroom lab regional network (FCL Regio) [EB/OL]. [2017-03-26]. http://fcl.eun.org/fcl-regio.

[43] SHULMAN L S. Those who understand: knowledge growth in teaching [J]. Educational researcher, 1986 (2): 4-14.

[44] KOEHLER M J, MISHRA P, HERSHEY K, et al. With a little help from your students: a new model for faculty development and online course design [J]. Journal of technology & teacher education, 2004 (1): 25-55.

[45] LIU Q T, ZHANG S, WANG Q Y. Surveying Chinese in-service K12 teachers' technology, pedagogy, and content knowledge [J]. Journal of educational computing research, 2015 (1): 55-75.

[46] KOEHLER M J, MISHRA P, YAHYA K. Tracing the development of teacher knowledge in a design seminar: integrating content, pedagogy and technology [J]. Computers & education, 2007 (3): 740-762.

[47] CHAI C S, KOH J H L, TSAI C C, et al. Modeling primary school pre-service teachers' technological pedagogical content knowledge (TPACK) for meaningful learning with information and communication technology (ICT) [J]. Computers & education, 2011 (1): 1184-1193.

[48] ANDERSON T. Critical thinking, cognitive presence, and computer conferencing in distance education [J]. American journal of distance education, 2001 (1): 7-23.

[49] ANDERSON T, ROURKE L, GARRISON D R, et al. Assessing teaching presence in a computer conference context [J]. Journal of asynchronous learning networks, 2001 (5): 1-17.

[50] KIRSCHNER P, STRIJBOS J W, KREIJNS K, et al. Designing electronic collaborative learning environments [J]. Educational technology research and development, 2004 (3): 47.

[51] WANG Q Y. A generic model for guiding the integration of ICT into teaching and learning [J]. Innovations in education and teaching international, 2008 (4): 411-419.

[52] WANG Q Y. Guiding teachers in the process of ICT integration: analysis of three conceptual models [J]. Educational technology, 2009 (49): 23-27.

[53] HOFFMAN B, RITCHIE D. Teaching and learning online: tools, templates, and training [J]. Computer assisted instruction, 1998 (1): 7.

[54] SARFO F K, AMANKWAH S K, OTI-AGYEN P, et al. Information and communication technology access and use and competency level among second-cycle school teachers in Ghana [J]. Journal of media and communication studies, 2016 (5): 43-51.

[55] SCHMIDT D A, BARAN E, THOMPSON A D, et al. Technological pedagogical content knowledge (TPACK): the development and validation of an assessment instrument for preservice teachers [J].

Journal of research on technology in education，2009（2）：123-149.

[56] CHAI C S，KOH J H L，TSAI C C，et al. Modeling primary school pre-service teachers' technological pedagogical content knowledge（TPACK）for meaningful learning with information and communication technology（ICT）[J]. Computers & education，2011（57）：1184-1193.

[57] BLOOM B S. Taxonomy of educational objectives：handbook Ⅰ. cognitive domain [M]. New York：David McKay，1956.

[58] CHAN C C，TSUI M S，CHAN M Y C，et al. Applying the structure of the observed learning outcomes（SOLO）taxonomy on student's learning outcomes：an empirical study [J]. Assessment & evaluation in higher education，2002（6）：511-527.

[59] SCHRAW G，DENNISON R S. Assessing metacognitive awareness [J]. Contemporary educational psychology，1994（4）：460-475.

[60] FLAVELL J H. Metacognitive and cognitive monitoring：a new era of psychological inquiry [J]. American psychologist，1979（10）：906-911.

[61] BIGGS J，KEMBER D，LEUNG D Y P. The revised two-factor study process questionnaire：R-SPQ-2F [J]. British journal of educational psychology，2001（1）：133-149.

[62] HWANG G J，SHI Y R，CHU H C. A concept map approach to developing collaborative Mindtools for context-aware ubiquitous learning [J]. British journal of educational technology，2011（5）：778-789.

后　　记

《智慧教室中基于APT教学的小学生深度学习研究》一书终于接近尾声了，在三年多的时间里，笔者经历了案例设计、整理及数据收集分析等过程。从最初赴实验学校参加教学研讨的生疏，到如今的应付自如，其间经历了太多的艰辛，但也收获了很多的惊喜。本书的完成离不开老师、同学及华中师范大学出版社领导的支持与帮助。

首先感谢我的导师张屹教授，恩师渊博的学识、敏锐的洞察力与在学术上专业的态度都让我非常敬仰，张老师积极、乐观的性格更是时时刻刻影响着我，恩师对人、对事以及学术研究永远充满热情。本书的选题、框架搭建及撰写都离不开恩师的悉心指导。本书的顺利出版也要感谢华中师范大学教育信息技术学院的领导与老师们的支持与帮助，他们是赵呈领教授、刘清堂教授、杨浩教授、游丽书记、黄汉福书记、左明章教授、杨九民教授、赵刚教授、王继新教授、吴军其教授、彭文辉教授、童名文教授、周平红老师……衷心地感谢华中师范大学教育信息技术学院的每一位老师为我提供的学习条件与学术引导。

感谢合作学校华中科技大学附属小学的李晓艳校长、朱映晖老师为我提供的研究场所。感谢熊曳老师在三年的时间里给我提供的帮助，每一次的交流都让我感觉非常愉悦。感谢刘波老师给予的专业性指导，您的教育理念让我非常敬佩。感谢何玲老师、谢玲老师、田乐老师、华中师范大学附属小学的刘峥老师……感谢他们为本研究付出的艰辛努力。

本书的出版，得到了华中师范大学出版社的大力支持，感谢严定友副总编、冯会平主任、刘敏主任、缪玲老师对本书的肯定与建议。

最后要感谢我的父母、弟弟和爷爷奶奶，你们的支持是我研究道路上最强大的后盾，不管遇到什么样的困难，只要有你们在，我觉得都能解决，谢谢你们让我做自己想做的事，你们的鼓励和支持是我前进的动力。

白清玉

2018年3月13日于山西师范大学